LA SOLUTION INTÉRIEURE

DU MÊME AUTEUR

Le Travail d'une vie, Paris, Robert Laffont, 2001.
Vivre en paix, Paris, Robert Laffont, 2003.

www.thierryjanssen.com

Thierry Janssen

La solution intérieure

Vers une nouvelle médecine du corps et de l'esprit

Fayard

ISBN : 978 - 2 - 213 - 62551 - 5

À la mémoire de Denis Mahy.
Pour tous ceux qui cherchent à comprendre.

*L'ambition d'une vraie recherche est
d'ouvrir la voie à des questions nouvelles.*

Henry Corbin

Sommaire

Avertissement

Les points de vue, commentaires et autres renseignements présentés dans ce livre ont pour seuls buts d'informer le lecteur, d'apporter des éléments pour une meilleure connaissance de l'être humain et d'ouvrir un débat concernant l'évolution de la médecine contemporaine. En aucun cas ces points de vue, commentaires et renseignements ne constituent une recommandation de traitement ni ne doivent être considérés comme tels.

Les idées exposées dans les pages qui suivent se fondent sur des faits scientifiquement démontrés et publiés dans la littérature médicale. Le lecteur qui souhaiterait compléter son information et alimenter sa réflexion trouvera les références des sources utilisées dans les notes réunies à la fin de l'ouvrage.

Les cas cliniques évoqués sont issus de ma pratique, de la littérature scientifique ou de l'expérience de praticiens que j'ai rencontrés. Les noms et les informations permettant d'identifier les personnes ont été changés. Leur histoire a souvent été abrégée afin d'en faciliter la compréhension.

INTRODUCTION

Les prémices d'une révolution médicale

Lorsque je travaillais à l'hôpital, l'avenir de la médecine me paraissait essentiellement lié aux progrès de la génétique, des neurosciences et de la robotique chirurgicale. À l'époque, j'étais absorbé par de longues journées passées au bloc opératoire, par la formation de jeunes médecins à la chirurgie urologique, et par des recherches sur l'influence des hormones et des facteurs de croissance sur le cancer de la prostate. Comme la plupart de mes confrères, surchargé de travail, je vivais dans un univers clos et j'étais loin d'imaginer qu'à l'extérieur de nombreux patients s'adressaient à des thérapeutes dont les pratiques n'étaient pas enseignées à l'université. Ce qu'ils trouvaient auprès de ces thérapeutes « alternatifs » ou « complémentaires » n'avait rien à voir avec la technologie sophistiquée de la médecine moderne. Il s'agissait plutôt d'une qualité de contact humain, d'une écoute différente, de bon sens et, surtout, du réveil d'un potentiel de guérison qui sommeille au fond de chacun de nous.

Une étude réalisée en 2002 par le gouvernement américain révèle que 36 % de la population recourt aux thérapies alternatives et complémentaires[1]. Cela représente plusieurs milliards de dollars que les malades n'hésitent pas à dépenser sans aucune possibilité de remboursement. Cette tendance ne se limite pas aux États-Unis. Au Canada, par exemple, le nombre de patients consultant des praticiens alternatifs a plus que doublé en dix ans[2]. Rien qu'au Québec, entre 1989 et 2000, les montants remboursés par les assurances privées pour des soins de médecine alternative sont passés de 20 millions à 250 millions de dollars[3]. Et, en Europe, une étude estime que la proportion des consommateurs de soins complémentaires ou alternatifs varie de 20 à 50 % selon les pays[4]. Elle est évaluée à 48 % en Australie[5] et à 65 % au Japon[6]. La France semble suivre la même évolution puisque 75 % de sa population aurait eu recours, au moins une fois, à une thérapie alternative ou complémentaire, principalement pour des problèmes d'anxiété, de dépression et de douleurs dorsales[7].

Ce n'est qu'après avoir quitté mon poste de chirurgien à l'université de Bruxelles que j'ai découvert l'importance du phénomène en cours. De manière un peu inattendue puisque, au départ, ma motivation n'était pas d'entreprendre des recherches sur d'autres systèmes de soins, mais plutôt de comprendre la nature des liens qui existent entre le corps et l'esprit. Dans ce contexte, je fus amené à étudier les médecines indienne et chinoise, à rencontrer des chiropracteurs et des ostéopathes, à expérimenter le massage et le shiatsu, à pratiquer la méditation, le yoga et le qigong, à me former à diverses thérapies psychocorporelles ainsi qu'à l'hypnose, et même (démarche assez déconcertante pour un chirurgien) à m'initier à certaines pratiques chamaniques auprès de guérisseurs traditionnels. Ces expériences se révélèrent passionnantes et elles apportèrent des éclaircissements à ma compréhension des processus de la maladie et de la guérison. Néanmoins, conditionné par mon éducation scientifique, j'étais convaincu que les univers thérapeutiques que j'avais explorés resteraient parallèles au nôtre et que jamais ils ne seraient intégrés au sein de la médecine conventionnelle.

Depuis, j'ai changé d'avis. En effet, plusieurs séjours aux États-Unis m'ont permis de constater que, en réponse au changement des habitudes de la population, le pragmatisme de la société américaine met en place une série de conditions qui, à terme, pourraient profondément transformer le paysage médical. Ainsi, en 1992, le Congrès américain a voté la création du National Center for Complementary and Alternative Medicine, un nouveau département du National Institutes of Health (organisation responsable de la recherche médicale aux États-Unis), doté d'un budget supérieur à 100 millions de dollars et entièrement consacré à l'étude scientifique de remèdes traditionnels à base de plantes, d'approches comme la méditation, le tai-chi, le yoga, l'acupuncture, l'ostéopathie ou la chiropraxie, et même de pratiques controversées comme les guérisons chamaniques, le toucher thérapeutique ou le reiki[8]. Les mentalités ont donc évolué. Et, une évolution annonçant parfois une révolution, toujours aux États-Unis, plus de quatre-vingts facultés de médecine ont déjà inclus certaines approches alternatives et complémentaires dans leur programme d'enseignement[9]. Parmi ces écoles, on compte des universités prestigieuses comme Harvard, Columbia, Duke et Stanford, les universités d'Arizona, du Maryland et de Pennsylvanie, la Georgetown University School of Medicine et plusieurs centres de l'université de Californie[10].

UNE PHILOSOPHIE DIFFÉRENTE

Cet intérêt pour d'autres médecines paraît tout à fait justifié quand on sait que, d'après l'Organisation mondiale de la santé (OMS), 80 % des systèmes de soins dans le monde relèvent des médecines traditionnelles[11].

En fait, la plupart des thérapies alternatives et complémentaires sont directement issues des médecines traditionnelles. Certaines sont très anciennes. L'OMS les définit comme « un ensemble de pratiques où les patients sont considérés dans leur globalité, au sein de leur contexte écologique. Ces thérapies insistent sur le fait que la maladie ou l'état de mauvaise santé n'est pas seulement causé par un agent extérieur ou une disposition pathologique particulière, mais est avant tout la conséquence du déséquilibre d'une personne par rapport à son système écologique[12] ».

En d'autres termes : les thérapies alternatives et complémentaires tiennent compte des différentes dimensions de l'être humain – physique (le corps et le mouvement), émotionnelle (les ressentis et les sentiments), intellectuelle (le cerveau et ses capacités cognitives) et spirituelle (la compréhension de soi, du monde et des aspects transcendants de la vie) –, en relation étroite avec l'environnement. De leur point de vue, la bonne santé est définie comme un état d'équilibre, une relation harmonieuse entre le corps, les émotions et les pensées d'un individu. Elles préconisent donc une communication fluide entre ces trois aspects de la personne et des rapports intelligents entre l'individu, ses semblables et son milieu de vie.

L'approche est large, globale, holistique. Très différente de celle à laquelle les mentalités occidentales sont habituées. Et pour cause : en Occident, depuis Aristote, le monde est considéré comme un ensemble d'éléments individuels, séparés et isolés. Et, depuis René Descartes, on ne peut étudier que ce qui est visible, perceptible, physique et matériel, l'immatériel devant être laissé aux bons soins des religions. En opérant cette dichotomie, Descartes et, à sa suite, les philosophes des Lumières ont favorisé l'émergence d'une vision morcelée de l'être humain. D'un côté, il y a le corps ; de l'autre, l'esprit. Réduit à sa dimension matérielle, le corps est décrit comme une mécanique précise, logique et séquentielle. Ses constituants sont objectivés, classés et analysés dans leurs détails infimes. La nature et l'univers tout entier étant soumis au même sort, cartésianisme, réductionnisme et matérialisme sont à l'origine des plus grandes découvertes de la science occidentale.

En médecine, le réductionnisme a permis d'immenses progrès. En même temps, il est à l'origine d'une crise importante. Car, à force de considérer le corps comme un objet, la science médicale oublie que l'être humain est aussi des pensées, des croyances, des sentiments et des émotions. Par conséquent, de nombreux malades se plaignent d'être réduits à une somme de résultats d'analyses, ils regrettent de ne pas pouvoir exprimer leurs sensations et leurs intuitions, et, face au caractère déshumanisé, voire parfois brutal, de la médecine technologique, ils se tournent vers des médecines plus « douces ». Pendant ce temps, les médecins, imprégnés de science matérialiste, ont tendance à ne privilégier que les détails. Ils pensent pouvoir traiter un problème particulier en agissant sur un paramètre anormal, mais, ce faisant, ils négligent les répercussions de leur traitement sur le restant de l'organisme et ils ignorent les conséquences de leur action sur l'environnement. Ce manque de vision d'ensemble entraîne bien souvent une surconsommation d'examens et de traitements. Du coup, une industrie pharmaceutique prospère se développe, les coûts de la santé s'accroissent au-delà de toutes les prévisions, et l'on peut se demander combien de temps les systèmes de solidarité sociale et les assureurs privés pourront encore assumer de telles dépenses.

Les approches alternatives et complémentaires constituent peut-être des solutions capables de contrer cette escalade de la consommation de soins. En effet, en privilégiant une vision globale de l'être humain, ces pratiques insistent sur le potentiel interne de chaque individu, elles encouragent à préserver le fragile équilibre du corps et de l'esprit, et elles tentent de mobiliser les capacités d'autoguérison de l'organisme. Leur souci de prévenir la maladie au lieu de la guérir constitue sans aucun doute une attitude plus intelligente, plus responsable, moins chère et moins polluante, en parfait accord avec la logique d'une conscience écologique, respectueuse de l'humain et de la planète.

Pour Andrew Weil, pionnier dans le domaine et créateur d'un programme de formation aux médecines alternatives et complémentaires à l'université d'Arizona, «la médecine allopathique est nécessaire pour traiter 10 à 20 % des problèmes de santé. Pour les 80 à 90 % restants, lorsqu'il n'y a pas urgence ou nécessité de mettre en place des mesures agissant rapidement, on dispose de temps pour expérimenter d'autres méthodes, des traitements souvent moins chers, moins dangereux et finalement plus efficaces, car ils agissent de concert avec les mécanismes de guérison du corps au lieu de les affaiblir[13]».

Le discours qui opposait la médecine conventionnelle aux thérapies alternatives n'est donc plus d'actualité. Il s'agit plutôt d'évaluer l'efficacité et la place de chaque approche au sein d'une «médecine intégrée». C'est dans cet esprit que l'OMS a récemment recommandé une meilleure collaboration entre les médecins conventionnels et les praticiens alternatifs et complémentaires. Car un consensus mondial est en train d'émerger : il faut encourager une réforme du secteur de la santé.

UN MANQUE D'INFORMATION

Mon parcours à mi-chemin de la médecine conventionnelle et des thérapies alternatives et complémentaires ainsi que mes recherches sur la nature des liens entre le corps et l'esprit m'ont conduit à créer une approche psychothérapeutique adaptée à l'accompagnement des maladies physiques. Lors de mes consultations, je rencontre de nombreux patients qui, en complément des traitements de la médecine scientifique, trouvent de l'aide auprès de praticiens alternatifs. La plupart d'entre eux n'osent pas l'avouer à leur médecin. Habituellement, leurs justifications sont : «Il ne comprendra pas», «Il va hausser les épaules et me rire au nez», ou même : «Il risque de se fâcher!» Aux États-Unis, 62 % des consommateurs de médecines alternatives et complémentaires le cachent à leur médecin[14]. Au Japon, ils sont 79 %[15]. On doit sans doute le regretter car, quatre cents ans avant notre ère, Hippocrate insistait déjà sur l'importance d'une relation de confiance entre le médecin et son patient, élément essentiel dans le processus de la guérison.

Le grand danger de ce manque de communication est qu'il laisse la porte ouverte à toute une série de charlatans. J'en ai rencontré plusieurs au cours de mon exploration du monde des «médecines parallèles». J'en ai aussi croisé quelques-uns en blouse blanche dans les couloirs de grands hôpitaux universitaires. Car les charlatans n'abusent pas toujours les gens intentionnellement. Ce sont parfois des praticiens trop peu formés ou mal informés. Certains sont de très bonne foi, mais totalement aveuglés par leurs croyances et leurs superstitions. Ainsi, le besoin de convaincre de certains thérapeutes alternatifs ou de certains médecins conventionnels peut devenir un véritable danger pour la santé des patients.

Parfois, le manque d'ouverture d'esprit des uns ou des autres les pousse à nier, voire à discréditer, certaines approches sans avoir pris la peine d'en vérifier l'efficacité ni d'en comprendre les mécanismes d'action. C'est dommage, car leur ignorance entretient des croyances qui empêchent l'ouverture d'un débat objectif susceptible de faire évoluer la science et de répondre aux inquiétudes des patients. Livrés à eux-mêmes, les malades cherchent alors des informations dans des ouvrages de vulgarisation ou sur des sites Web dont les intentions commerciales et les influences idéologiques ne sont pas toujours faciles à détecter. Il paraît donc urgent pour les professionnels de la santé de s'informer sérieusement afin de pouvoir orienter leurs patients honnêtement. La fonction du «docteur» prendrait alors toute sa dimension puisque, étymologiquement, *docere*, en latin, signifie «enseigner».

De toute évidence, les malades souhaitent recevoir des conseils éclairés de la part de leur médecin conventionnel. Une enquête réalisée auprès de patients atteints d'arthrite rhumatoïde montre que 69 % d'entre eux attendent que leur médecin leur recommande un praticien alternatif en complément de leur traitement[16]. Heureusement, il semble que ce genre de souhait soit de plus en plus fréquemment exaucé. En effet, une étude américaine révèle que 40 % des médecins interrogés réfèrent leurs patients à un chiropracteur ou à un acupuncteur et que, dans 50 % des cas, ils se déclarent satisfaits des résultats du traitement[17]. Une autre étude, canadienne cette fois, indique que 56 % des médecins de famille croient à l'efficacité des médecines alternatives ; 40 % encouragent leurs patients à y recourir et 16 % pratiquent eux-mêmes l'une ou l'autre de ces approches thérapeutiques non conventionnelles[18]. « Sans toujours comprendre comment ça marche, me confiait un médecin généraliste québécois qui pratiquait l'acupuncture depuis dix-sept ans. Mais ça marche ! »

UNE NOUVELLE SCIENCE

L'insuffisante compréhension du mode d'action d'un traitement n'est pas un argument valable pour douter de son efficacité. C'est ainsi que l'aspirine fut prescrite bien avant que l'on comprenne les mécanismes de son action anti-inflammatoire. En revanche, la preuve de l'efficacité d'un remède devrait toujours être apportée avec rigueur. C'est le point faible des médecines alternatives et complémentaires.

Privilégier l'expérience clinique, perfectionner les méthodes et enseigner les innovations ne suffit plus. Aujourd'hui, la médecine réclame des preuves, conditions indispensables pour recommander le recours à de nouvelles thérapies. Conscients de cette nécessité, les chercheurs s'organisent. Ainsi, l'International Society of Complementary Medicine Research a été fondée à Londres en novembre 2003. Par ailleurs, on trouve de plus en plus de revues spécialisées dont les comités de sélection font preuve de la même rigueur que ceux des revues médicales classiques. Et il n'est plus rare de lire des articles concernant les thérapies alternatives dans de prestigieuses revues comme *Science, Lancet*, le *Journal of the American Medical Association*, le *New England Journal of Medicine* ou le *British Medical Journal*. En 2002, *The Medical Clinics of North America* a entièrement consacré son numéro de janvier aux médecines alternatives et complémentaires, allant jusqu'à aborder les bénéfices de la prière et le rôle des thérapies dites «énergétiques» dans le traitement des patients[19]. En 2004, des chercheurs asiatiques ont créé l'*Evidence-Based Complementary and Alternative Medicine*, un journal publié à Londres et disponible en ligne[20]. Cette initiative constitue un pont essentiel entre l'Asie et l'Occident, dont les publications concernant les thérapies alternatives étaient jusqu'alors très influencées par les préoccupations et le contexte américains.

L'intérêt croissant de la communauté scientifique à l'égard des médecines non conventionnelles risque de transformer notre vision de la nature humaine et d'influencer notre façon de concevoir la maladie, la santé et l'aide thérapeutique. Pour s'en convaincre, il suffit de se rappeler qu'au cours des trois derniers siècles chaque étape du progrès scientifique a été une occasion de faire évoluer le concept de maladie. Celui-ci fut successivement dysfonctionnement organique, atteinte cellulaire, déséquilibre moléculaire et, plus récemment, anomalie génétique. Néanmoins, une maladie ne se résume pas à cela. La maladie est «quelque chose» qui fait souffrir l'individu dans son entièreté. Faute de moyens pour objectiver les multiples dimensions de la personne humaine, la médecine réductionniste est incapable de quantifier ou de modéliser la souffrance physique, émotionnelle et intellectuelle des malades. Au plus, elle se spécialise et s'intéresse aux détails; au moins, elle est à même de comprendre et de soulager l'individu dans son ensemble. C'est là que les pratiques alternatives ont un rôle à jouer.

L'enjeu est donc de traduire les concepts holistiques des médecines alternatives et complémentaires dans les termes de la culture scientifique moderne. La tâche n'est pas facile. En effet, les méthodes de la science réductionniste sont destinées à évaluer les effets d'un traitement précis sur des manifestations pathologiques bien définies. Or, dans le cas de nombreux traitements alternatifs et complémentaires, il s'agit d'évaluer l'efficacité d'agents complexes – par exemple, une plante qui possède plusieurs composés chimiques, ou la pratique du qigong qui comporte des massages, des mouvements, des exercices respiratoires et de la méditation – sur l'entièreté de l'individu. Ainsi, le réductionnisme analytique ne semble pas adéquat pour étudier les thérapies non conventionnelles. Du coup, plusieurs spécialistes proposent de prendre de la hauteur et de créer une «science épimédicale» capable d'étudier l'effet d'agents complexes sur le supersystème qu'est l'être humain considéré dans toutes ses dimensions[21].

MIEUX COMPRENDRE L'ÊTRE HUMAIN

Dans un effort de clarification, les chercheurs du National Center for Complementary and Alternative Medicine ont classé les thérapies non conventionnelles en cinq domaines[22] :

• les systèmes de santé alternatifs fondés sur une philosophie, des théories et des pratiques propres. Plusieurs de ces systèmes sont apparus bien avant la médecine conventionnelle. On y retrouve la médecine chinoise, la médecine ayurvédique, l'homéopathie, la naturopathie ;

• les thérapies biologiques qui utilisent des plantes et des substances naturelles, des vitamines et des compléments alimentaires à des doses différentes de celles prescrites par la médecine conventionnelle ;

• la médecine corps-esprit, qui regroupe une série d'approches permettant à la pensée d'influencer les symptômes physiques et les fonctions physiologiques. Cela va de la psychothérapie à la prière en passant par la méditation, la visualisation, l'hypnose et le biofeedback ;

• les méthodes centrées sur le corps, utilisant le mouvement et les manipulations physiques comme le massage, la chiropraxie, l'ostéopathie, les techniques d'Alexander ou de Feldenkrais ;

• les thérapies énergétiques censées agir sur les champs bioélectromagnétiques. On y retrouve, entre autres, les thérapies par champs magnétiques, le toucher thérapeutique et le reiki.

En étudiant certaines de ces disciplines, j'ai été interpellé par le manque de ponts existant entre elles. Il me semblait paradoxal que des méthodes valorisant une vision globale de l'individu apparaissent comme aussi isolées, voire antinomiques. Puis, en prenant le temps de pénétrer la culture et l'histoire de ces différents systèmes de soins, j'ai découvert que les contradictions ne sont pas aussi importantes qu'il y paraît. En fait, derrière les codes et les métaphores propres à chaque approche thérapeutique se cachent des mécanismes physiologiques universels. Il convient donc d'analyser les faits au-delà de leurs apparences.

Pour Leon Chaitow, naturopathe et ostéopathe, responsable d'un programme d'enseignement à l'université de Westminster, à Londres, si l'on veut créer des cliniques de « médecine intégrée », il faut comprendre et assimiler le langage des autres, placer le patient au centre de toutes les préoccupations et donc abandonner les problèmes d'ego[23]. L'ego est humain. Par conséquent, l'ego est aussi médical. On le retrouve tant chez les praticiens alternatifs que chez les médecins conventionnels. Le problème n'est pas nouveau puisque, au XVIIe siècle déjà, Molière le dénonçait dans son théâtre où, bien souvent, l'intérêt du patient était oublié au profit de l'intérêt de la médecine et des médecins. Soucieux d'éviter cet écueil, Leon Chaitow réunit une fois par semaine une équipe pluridisciplinaire pour parler des cas particuliers et s'interroger sur les différentes approches possibles. Depuis quinze ans, les thérapeutes de sa clinique de « médecine intégrée » ont appris les théories et les méthodes de leurs collègues, développant une véritable complicité au service de leurs patients.

Longtemps, les thérapies alternatives et complémentaires ont évolué dans un contexte empreint de foi religieuse, de superstitions et d'ésotérisme. La nature humaine étant ce qu'elle est, ce genre d'environnement a parfois favorisé l'exploitation de la crédulité des malades. Il paraît donc important de débarrasser ces pratiques de leur folklore afin d'établir un dialogue avec la science médicale du XXIe siècle. Néanmoins, on ne peut négliger le rôle éventuel du contexte culturel de ces thérapies dans le processus de la guérison. Il apparaît donc tout aussi important que la science occidentale évite les pièges du dogmatisme réductionniste. Pour ces raisons, lors du symposium annuel qui s'est tenu en 2004 à Exeter, au Royaume-Uni, les responsables américains déclaraient vouloir inciter un plus grand nombre de chercheurs à s'intéresser aux médecines alternatives et complémentaires tout en invitant les praticiens de ces approches à se former aux méthodes de la recherche scientifique.

Certaines intuitions des cultures traditionnelles sont aujourd'hui expliquées rationnellement par notre culture scientifique. D'autres restent totalement étrangères à la pensée médicale occidentale. Cela ne devrait pas représenter un obstacle pour l'étude des médecines alternatives et complémentaires. Bien au contraire, la véritable démarche scientifique consiste à observer des faits, à tenter de les reproduire et à essayer d'en comprendre les mécanismes. Cette compréhension passe par la formulation d'hypothèses qui devront être testées *in vitro*, au laboratoire, ou *in vivo*, sur des organismes vivants. Parfois, il faut inventer de nouveaux moyens d'observation afin de vérifier la validité d'une hypothèse. Mais peu importe que celle-ci se révèle vraie ou fausse, le véritable scientifique se réjouira toujours puisque, dans les deux cas, le résultat de ses recherches apporte davantage de connaissance. Pour bâtir de nouvelles hypothèses et inventer de nouveaux moyens d'observation, il faut pouvoir se détacher de concepts et de croyances que l'on pensait définitivement acquis. « Quand le fait que l'on rencontre ne s'accorde pas avec une théorie régnante, il faut accepter le fait et abandonner la théorie », préconisait déjà, au XIXe siècle, le célèbre physiologiste Claude Bernard. Il s'agit alors de changer de paradigme.

Parfois, le désir de tout expliquer en termes savants engendre de véritables délires. Dans ces cas, il vaudrait mieux admettre la validité de certaines métaphores en attendant de pouvoir les traduire dans le langage de la science moderne. D'autant plus que, à la vitesse où progresse la connaissance scientifique, on peut espérer qu'il ne faudra plus attendre très longtemps avant de combler le fossé qui sépare les médecines alternatives et complémentaires de la médecine conventionnelle. Déjà, nous commençons à accepter l'idée que le psychisme agit sur le corps et que, en retour, l'état du corps influence les processus cognitifs et les ressentis émotionnels. Des études d'avant-garde indiquent que le concept oriental d'énergie est une réalité physiologique, biochimique et électronique – un support de l'information qui organise la matière vivante. Certains chercheurs pensent que les champs électromagnétiques émis par le corps permettent une communication subtile et invisible entre les individus. Les laboratoires des plus grandes universités s'intéressent à l'influence de l'amour et des émotions positives sur la bonne santé du corps et de l'esprit. Fluidité et cohérence sont au centre des investigations scientifiques. De nouveaux modèles sont inventés pour décrire l'humain.

Pourquoi tombe-t-on malade ? Qu'est-ce qui déclenche la guérison ? L'être humain a inventé de nombreuses médecines pour soulager ses tensions et ses douleurs. Comment établir des liens et construire des passerelles entre ces différentes approches ? Des médecines de l'esprit qui agissent sur le corps. Des médecines du corps qui agissent sur l'esprit. Des médecines de l'énergie qui soignent le corps et l'esprit. La compréhension de ces diverses pratiques thérapeutiques offre une opportunité unique de replacer l'être humain – en tant que personne physique, émotionnelle et intellectuelle – au centre du débat scientifique. C'est aussi l'occasion inespérée d'inventer des solutions plus adaptées à l'évolution de nos sociétés, confrontées à l'urgence de préserver la planète sur laquelle nous vivons. C'est ce que je vous propose d'explorer, ensemble, dans ce livre.

De manière délibérée, nous ne nous intéresserons pas à l'homéopathie, à la médecine par les plantes et à l'influence de l'alimentation. Ces domaines sont certes essentiels, mais j'ai voulu privilégier l'examen des pratiques ne faisant intervenir que la personne humaine comme agent de la guérison. Au terme de notre enquête, nos idées seront peut-être plus claires. Nous aurons alors de nouvelles clés pour exploiter l'immense potentiel qui nous anime.

MONSIEUR TOMÈS
Monsieur, nous avons raisonné sur la maladie de votre fille, et mon avis, à moi, est que cela procède d'une grande chaleur de sang : ainsi je conclus à la saigner le plus tôt que vous pourrez.

MONSIEUR DES FONANDRÈS
Et moi je dis que sa maladie est une pourriture d'humeurs causée par une trop grande réplétion : ainsi je conclus à lui donner de l'émétique.

MONSIEUR TOMÈS
Je soutiens que l'émétique la tuera.

MONSIEUR DES FONANDRÈS
Et moi, que la saignée la fera mourir.

MONSIEUR TOMÈS
C'est bien à vous de faire l'habile homme !

MONSIEUR DES FONANDRÈS
Oui, c'est à moi, et je vous prêterai le collet en tout genre d'érudition.

MONSIEUR TOMÈS
Souvenez-vous de l'homme que vous fîtes crever ces jours passés.

MONSIEUR DES FONANDRÈS
Souvenez-vous de la dame que vous avez envoyée en l'autre monde il y a trois jours.

MONSIEUR TOMÈS
Je vous ai dit mon avis.

MONSIEUR DES FONANDRÈS
Je vous ai dit ma pensée.

MONSIEUR TOMÈS
Si vous ne faites saigner tout à l'heure votre fille, c'est une personne morte.

MONSIEUR DES FONANDRÈS
Si vous la faites saigner, elle ne sera pas en vie dans un quart d'heure.

SGANARELLE
À qui croire des deux, et quelle résolution prendre sur des avis si opposés ? Messieurs, je vous conjure de déterminer mon esprit, et de me dire sans passion ce que vous croyez le plus propre à soulager ma fille.

MOLIÈRE, *L'Amour médecin*, 1665.

PREMIÈRE PARTIE

Une médecine de l'esprit pour soigner le corps

1

Embarrassant :
l'effet placebo

L'IMAGINATION AU POUVOIR

Notre vie est remplie de faits étranges et d'histoires bizarres. Parfois, la curiosité de certains scientifiques permet d'en percer le mystère. Walter Cannon, professeur à l'université Harvard entre les deux guerres mondiales, possédait ce genre d'esprit toujours prêt à questionner et à inventer. On lui doit, entre autres, la compréhension du rôle du système nerveux autonome dans la réponse aux stimuli extérieurs, le concept d'autorégulation des systèmes biologiques (homéostasie) et l'idée de la réponse *fight or flight* («combattre ou fuir»).

Intrigué par les phénomènes inhabituels, Cannon entretenait une correspondance avec le docteur Lambert, un médecin qui officiait auprès des populations indigènes d'Australie. Les deux récits que j'ai choisis dans cette correspondance illustrent l'immense défi lancé à la science occidentale par les civilisations traditionnelles[1].

Rob vivait dans le nord de l'Australie, sur la terre de ses ancêtres. Un soir, peu de temps après s'être converti à la religion chrétienne, alors qu'il rentrait chez lui, Rob rencontra Nebo, le sorcier de son clan. Le vieil homme lui en voulait d'avoir renié les traditions ancestrales. Le regard courroucé, il pointa un os d'animal dans la direction de Rob. Aussitôt, celui-ci ressentit un profond malaise. Lorsque le docteur Lambert l'examina, il ne constata aucune fièvre ni aucune douleur. Pourtant, Rob se sentait mal. Très vite, son état se dégrada. Le lendemain, il ne pouvait plus quitter son lit. Il était convaincu qu'il allait mourir, car personne n'avait échappé aux sorts de Nebo. Désemparé, le docteur Lambert partit à la recherche du sorcier et menaça de le chasser de ses terres s'il arrivait quoi que ce soit à Rob. Impressionné par les menaces de Lambert, Nebo finit par accepter de rendre visite au malade pour lui expliquer qu'il s'agissait d'un malentendu. Le soulagement de Rob fut presque instantané. Le soir même, il reprit son travail, joyeux et en pleine forme.

Quelque temps plus tard, un Canaque qui travaillait dans une plantation de canne à sucre se présenta à la consultation du docteur Clarke, un confrère de Lambert. Affolé, l'homme prétendait qu'il allait mourir, car un sorcier lui avait jeté un sort. Après un examen clinique et des tests d'urine et de selles absolument normaux, Clarke tenta de rassurer le patient. Néanmoins, celui-ci s'affaiblit rapidement. Clarke demanda alors au contremaître des Canaques de réconforter l'ouvrier. En vain, car le contremaître le confirma : l'homme allait mourir. Aucun doute n'était permis, il n'y avait pas d'espoir d'échapper à la sentence du sorcier. Le lendemain, le patient décéda sans que le docteur Clarke ait pu faire quoi que ce soit.

Il m'est arrivé de raconter ces deux histoires aux étudiants en médecine. Immanquablement, leurs premières réactions étaient du genre : « Les histoires de sorciers, c'est dans la tête que ça se passe ! » Ou encore : « Les peuplades primitives sont très facilement influençables par la suggestion. » J'attirais alors leur attention sur le fait que cela avait beau se passer dans la tête, c'était le corps des victimes de la sorcellerie qui mourait ou qui guérissait ! Parfois, certains étudiants fronçaient les sourcils. « Si le corps est à ce point influençable par l'esprit, me dit un jour l'un d'entre eux, comment savoir ce qui intervient réellement dans la guérison des malades ? » La question est essentielle. Tous les médecins et tous les thérapeutes devraient se la poser.

Pour Walter Cannon, la mort par envoûtement vaudou serait le résultat d'une exposition intense et prolongée à un stress émotionnel. Une cause psychologique (le fait de croire que l'on est condamné à mourir, victime d'un mauvais sort) pourrait donc entraîner un effet physiologique (l'activation excessive du système nerveux sympathique, des modifications cardiovasculaires brutales, l'épuisement et le dérèglement de tout l'organisme).

Tout se passe comme si la personne envoûtée souhaitait « faire plaisir » à son envoûteur en présentant les manifestations prévues par le sort qu'il lui a jeté. Cela paraît incroyable. Pourtant, nous allons voir que ce genre d'événement ne se produit pas seulement au sein des peuplades dites « primitives ». On le rencontre tous les jours dans la pratique médicale, lorsqu'un patient réagit à un traitement qui, en principe, ne devrait avoir aucun effet. On qualifie ce mystérieux phénomène de placebo – qui veut dire « je plairai » en latin.

L'« EFFET DU SENS »

Une étude publiée en 1955 dans le *Journal of the American Medical Association* par Henry Beecher, de l'université Harvard, indiquait que, chez 35 % des patients, la douleur était soulagée par la prise d'un comprimé de sucre ou une injection de sérum physiologique[2]. Un esprit critique pourrait mettre en doute la réalité de cette souffrance. Cependant, plusieurs patients de l'étude présentaient d'importantes douleurs postopératoires. L'effet placebo n'est donc pas réservé aux « malades imaginaires ». Il concerne de véritables symptômes.

À l'université de Turin, en Italie, Fabrizio Benedetti a montré que l'analgésie obtenue avec un placebo est supprimée si l'on administre au patient de la naloxone – une substance qui bloque les récepteurs cérébraux de la morphine et des opiacés naturels produits par l'organisme. La preuve est donc faite : l'analgésie placebo agit de manière spécifique au niveau des circuits neurologiques de la douleur[3]. Une étude scandinave réalisée à l'aide d'un scanner tomographique à émission de positrons (PETscan) a d'ailleurs montré que le placebo antidouleur active les mêmes zones cérébrales que celles qui sont stimulées lors de l'analgésie par les opiacés[4]. Et, d'après une étude américaine réalisée par résonance magnétique fonctionnelle du cerveau et publiée en 2004 dans la revue *Science*, le placebo exerce son action à la fois sur la composante sensitive et sur la composante subjective de la douleur[5].

L'effet placebo est donc bien réel. Il peut influencer la pression sanguine, diminuer les œdèmes, réduire l'acidité gastrique, baisser le taux de cholestérol, modifier le nombre des globules rouges et des globules blancs, et même améliorer l'activité cardiaque enregistrée par électrocardiogramme[6]. Des études plus récentes réévaluent son incidence à la hausse. On parle de 70 %, voire de 100 %[7]. Certains avancent que tout acte thérapeutique comporte un effet qui ne dépend pas spécifiquement du traitement, mais simplement de facteurs inhérents à la relation entre le thérapeute et le malade.

On sait aujourd'hui que la réputation du praticien et la confiance en ses capacités interviennent dans l'apparition de l'effet placebo. Un thérapeute bienveillant, amical et capable d'empathie en produira un d'autant plus prononcé. Cependant, ce qui marche dans un contexte culturel donné ne marchera pas forcément dans un autre. Les formules magiques des sorciers africains auront probablement peu d'effet sur un patient hospitalisé à New York ou à Paris. En revanche, dans l'environnement thérapeutique occidental, le nombre de pilules prescrites, leur taille et leur couleur influencent le résultat obtenu. Par exemple, on a constaté que la prise de deux comprimés d'un placebo est plus efficace que celle d'un seul. Le même placebo se révélera encore plus puissant s'il est administré par voie intraveineuse. Ce constat de la supériorité des injections est valable pour les États-Unis, mais pas pour l'Europe, où ce mode d'administration n'a pas la même signification. Par ailleurs, les gélules et les capsules sont perçues comme plus bénéfiques que les comprimés. Les comprimés blancs, bleus et verts apaisent. Les jaunes, les rouges et les orange stimulent. La médication est d'autant plus efficace que la taille des comprimés est importante, à l'exception des petites pastilles rouges ou jaunes, qui semblent les plus actives[8].

Les mécanismes en cause semblent donc reposer à la fois sur la suggestion opérée par le thérapeute et sur les attentes du patient. Une étude réalisée en 1975 sur des sujets asthmatiques le démontre. Herbert Benson, l'un des pionniers dans le domaine des relations entre le corps et l'esprit, a proposé aux patients d'inhaler un allergène très actif. Le but était d'aggraver leurs symptômes respiratoires afin de tester l'efficacité d'une nouvelle médication contenue dans un second inhalateur. Après avoir aspiré deux bouffées du premier flacon, la moitié des patients développèrent des difficultés respiratoires aiguës. Lorsqu'ils inhalèrent le contenu du second flacon, les symptômes s'améliorèrent rapidement. Leur respiration devint plus aisée et des tests sanguins indiquèrent un retour à la normale de la teneur en oxygène. On imagine la stupeur des patients testés lorsque, à la fin de l'expérience, Benson leur révéla que les deux flacons ne contenaient aucun allergène ni aucun médicament, simplement de l'eau salée[9] !

Daniel Moerman, anthropologue à l'université du Michigan, préfère qualifier l'effet placebo d'«effet du sens»[10]. Ce qui compte, c'est l'information véhiculée par la médication ou la procédure thérapeutique. Ainsi, la nouveauté d'un traitement semble exercer une influence positive sur son efficacité. Prenons l'exemple de la cimétidine, une molécule capable d'inhiber la sécrétion acide de l'estomac. Dans les années 1970, sa commercialisation sous le nom de Tagamet® est considérée comme une véritable révolution pour le traitement de l'ulcère gastro-duodénal. Les études scientifiques publiées à l'époque montrent une efficacité thérapeutique de la cimétidine de l'ordre de 72 %. Ces bons résultats chutent à 64 % après 1981, date à laquelle la ranitidine, une nouvelle et «meilleure» molécule anti-acide, est lancée sur le marché sous le nom de Zantac®. Avec un score de 75 %, l'efficacité de la ranitidine se révèle alors proche de celle de la cimétidine lorsque celle-ci était à la mode et bénéficiait de l'enthousiasme de ses prescripteurs[11].

La conviction du thérapeute est donc un élément primordial pour l'obtention d'un résultat thérapeutique. Une étude réalisée dans plusieurs centres hospitaliers l'illustre fort bien. Le but était de tester l'efficacité d'un nouveau médicament contre l'hypertension. Dans l'un des centres, les médecins étaient convaincus de la supériorité de la nouvelle molécule par rapport aux anciens traitements. Ils obtinrent d'excellents résultats : la pression sanguine de leurs patients diminua de manière significative. Dans les autres centres, rien ne prouvait la supériorité du médicament par rapport à un placebo. Le doute s'installa et les chercheurs perdirent leur enthousiasme. On décida cependant de poursuivre l'étude et, à la surprise générale, on cessa totalement d'enregistrer de bons résultats avec le nouvel anti-hypertenseur, y compris dans le centre où les premiers tests avaient montré son efficacité. La seule chose qui avait changé, c'était la conviction des chercheurs. Une conviction qu'ils n'arrivaient plus à transmettre à leurs patients[12].

Une remarquable étude réalisée en Angleterre confirme clairement l'impact de la réputation d'un traitement sur son efficacité. Plus de huit cents femmes souffrant de migraines ont été réparties en quatre groupes au hasard et sans que les investigateurs connaissent le type de traitement proposé. Le premier groupe a reçu un comprimé de sucre (placebo) étiqueté «analgésique». Le deuxième a reçu le même comprimé auquel on avait donné le nom d'une aspirine de marque très connue (placebo de marque). Le troisième a reçu un comprimé d'aspirine étiqueté «analgésique». Enfin, le dernier a reçu un comprimé d'aspirine de la marque très connue. Les résultats sont sans équivoque : l'aspirine de la marque connue s'est révélée plus efficace que l'aspirine étiquetée «analgésique», et le placebo de marque s'est révélé plus efficace que le simple placebo[13].

DOCTEUR OU SORCIER ?

L'idée que se fait le malade à propos de l'efficacité d'un traitement influe donc sur le cours de sa guérison. Curieusement, la médecine moderne semble redouter cet aspect de la pratique thérapeutique. Lorsque je travaillais à l'université, je participais à de nombreuses études cliniques afin d'évaluer l'efficacité de certains médicaments ou de certaines technologies. Chaque fois, il fallait exclure l'effet placebo. Comme si celui-ci était un ennemi, une sorte d'empêcheur de soigner en paix.

L'explication tient sans doute au fait que notre culture valorise la performance. Le médecin doit y faire la preuve de ses compétences techniques. Par conséquent, les rôles sont distribués : le patient subit, le médecin soigne et guérit. Une participation active du malade au processus de guérison remettrait en cause l'efficacité et l'utilité du soignant. Dans la même logique, l'industrie pharmaceutique cherche à minimiser l'effet placebo afin de démontrer la nécessité des médicaments qu'elle propose. Croire que le malade possède en lui un potentiel de guérison reviendrait à ébranler la toute-puissance de la science moderne dans son action sur le cours des événements.

Il y a quelques années, j'ai interrogé une centaine d'étudiants en médecine sur les motivations qui les avaient conduits à choisir ces études. Outre des raisons personnelles enracinées dans leur passé, une majorité d'entre eux semblaient redouter la maladie et la mort. Cette peur, souvent non consciente, explique peut-être le retrait de nombreux médecins lorsque la maladie échappe au traitement et que la mort remporte la bataille. En réduisant la maladie, le corps et le malade à des mécaniques prévisibles, la science offre une promesse de contrôle très rassurante pour le médecin. Dès lors, on peut imaginer que le potentiel d'autoguérison du patient représente une part d'inconnu trop importante à intégrer dans les stratégies thérapeutiques. Comme le soulignent la philosophe des sciences Isabelle Stengers et l'ethnopsychiatre Tobie Nathan, l'effet placebo constitue une véritable «blessure narcissique» pour le médecin[14].

Pourtant, au lieu d'éliminer l'impact de l'effet placebo, on pourrait le considérer comme un outil thérapeutique majeur, l'utiliser en pleine conscience, le renforcer, voire le favoriser. Que ce soit de manière consciente ou non, les sorciers et les guérisseurs que j'ai rencontrés recourent sans hésitation à des mises en scène qui impressionnent les malades. Ces sortes de «tricheries sacrées[15]» font partie du cadre thérapeutique. Elles semblent mobiliser les forces psychiques des patients et déclencher le potentiel de guérison qui réside en chaque individu. Peu importent alors les images, les symboles, les métaphores et les explications utilisés, pourvu que l'imagination du patient soit stimulée d'une manière positive et mette en branle les réactions physiologiques qui vont aboutir à un rétablissement de sa santé. Utiliser ce processus naturel de guérison peut alors provoquer des miracles. Claude Lévi-Strauss raconte comment Quesalid, un Indien kwakiult de l'île de Vancouver, a démasqué les ruses des chamans de sa tribu en se faisant initier par eux[16]. Leur technique était simple : il suffisait de garder un petit morceau de matière dans un coin de la bouche, de se mordre la langue pour l'imbiber de sang et, au moment propice, de le brandir comme un objet pathologique extirpé des entrailles du patient.

Sur le point de dénoncer ses maîtres, l'apprenti sorcier fut appelé au chevet d'un malade. N'ayant aucun autre moyen pour l'aider, Quesalid décida de recourir à la tricherie des chamans. Stupéfait par l'efficacité de la technique, il abandonna l'idée de divulguer le secret qui lui avait été transmis. Au contraire, il poursuivit une longue et brillante carrière de guérisseur.

En tant que chirurgien, j'ai longtemps condamné les pratiques des guérisseurs traditionnels. Celles-ci m'apparaissaient comme de simples manipulations de l'esprit. Pourtant, à force d'observer des chamans au travail, il m'a fallu admettre qu'ils induisaient de réels effets physiologiques chez leurs patients. Je me suis formé à certaines de leurs méthodes et cela m'a amené à considérer la démarche chirurgicale sous un autre angle. En effet, à côté d'un effet purement mécanique, bon nombre d'interventions chirurgicales semblent provoquer un « effet du sens » dont l'influence sur les résultats thérapeutiques n'est pas négligeable.

Prenons l'exemple de la ligature de l'artère mammaire interne, pratiquée dans les années 1950 pour soulager des douleurs thoraciques d'origine cardiaque. Le mécanisme thérapeutique invoqué consistait en une augmentation du flux sanguin au sein des artères nourricières du cœur – les artères coronaires – par le biais d'une connexion naturelle entre celles-ci et le réseau des artères mammaires internes. Ce détail anatomique n'étant pas prouvé, il paraissait légitime d'éliminer un éventuel effet placebo. Au hasard et sans le dire au patient, dans la moitié des cas, des chirurgiens procédèrent simplement à la dissection de l'artère sans effectuer la ligature. Les résultats se révélèrent tout à fait surprenants puisque, malgré l'absence de cette ligature, les symptômes des patients régressaient très nettement, leur consommation de médicaments diminuait et le tracé de leur électrocardiogramme montrait des améliorations qui persistaient pendant au moins six mois[17].

Plus récemment, Bruce Moseley, chirurgien orthopédiste à l'université de Houston, a obtenu l'autorisation d'étudier l'effet placebo de la chirurgie endoscopique dans le traitement de l'arthrite du genou. Les cent quatre-vingts sujets savaient qu'ils pourraient éventuellement subir une intervention «à blanc» – qualifiée de *sham* en référence aux pratiques chamaniques (*shamanic* en anglais). Celle-ci se limitait à pratiquer de petites incisions sur la peau du genou sans introduire l'endoscope dans l'articulation et, donc, sans procéder à l'enlèvement du cartilage abîmé. L'évolution postopératoire fut suivie durant deux années, au cours desquelles aucun patient ne fut informé du type de chirurgie dont il avait bénéficié. Or, de façon tout à fait étonnante, il n'y eut aucune différence entre le groupe des patients opérés et le groupe placebo, ni en termes de soulagement de la douleur, ni en termes de mobilité du genou[18]. Ces résultats ouvrent un débat dont on mesure l'importance lorsqu'on sait qu'environ 650 000 interventions de ce type sont pratiquées chaque année aux États-Unis.

À l'université de Denver, des neurochirurgiens pratiquent l'implantation de cellules nerveuses issues de fœtus humains dans le cerveau de patients souffrant de la maladie de Parkinson. Cette intervention permet d'augmenter les taux de dopamine dans les zones du cerveau abîmées par la maladie. Ici aussi, l'effet d'une chirurgie *sham* a été évalué. Sous anesthésie locale, vingt patients ont bénéficié d'une greffe de cellules fœtales sous contrôle radioguidé à travers le cuir chevelu et les os du crâne. Vingt autres ont simplement subi une incision du cuir chevelu alors que l'équipe chirurgicale mimait tous les gestes de la procédure normale. Chaque malade connaissait les conditions du protocole expérimental, mais aucun ne savait s'il avait été ou non réellement opéré. Les investigateurs chargés d'apprécier l'amélioration de la qualité de vie des patients ne savaient pas non plus quel traitement avait été prodigué. À nouveau, les résultats furent surprenants. Comme on s'y attendait, les taux de dopamine ont augmenté chez les patients ayant subi une greffe, alors qu'ils sont restés bas chez les patients du groupe placebo. Cependant, ce qui a conditionné l'amélioration des symptômes de dépression psychologique, de tremblements, de rigidité musculaire et de difficulté de l'expression orale, c'est le fait que les patients étaient persuadés d'avoir bénéficié de la greffe, peu importait que cela fût vrai ou non[19] !

Donner une signification aux événements et un sens à sa vie est essentiel pour tous les êtres humains. Cela est particulièrement vrai lorsque survient la maladie. Un malade est une personne en souffrance. La maladie est une période de doute et d'incertitude – un état chaotique. Guérir consiste avant tout à retrouver un nouvel équilibre – un état de stabilité. Celui qui souffre doit pouvoir réorganiser sa représentation du monde. Or la mythologie et les rituels des guérisseurs traditionnels permettent d'organiser le chaos. En ce sens, ils représentent de précieux outils thérapeutiques. Ainsi, par exemple, les guérisseurs tang-kis, à Taïwan, passent beaucoup de temps à expliquer aux patients les causes de leur maladie et les modalités de son traitement[20]. Une attitude très différente de celle des médecins occidentaux, dont la durée moyenne des consultations est évaluée à une dizaine de minutes.

Connaître le diagnostic de sa maladie et comprendre les principes de son traitement semble constituer l'un des facteurs clés de la guérison. Peu importent les images utilisées pour fournir les explications. L'essentiel est qu'il y ait une explication. Les mots et les concepts sont culturels. Derrière, le sens apparaît comme universel. Un jour, Arnulfo Olivares, un guérisseur mexicain qui venait de chasser des esprits maléfiques hors du corps d'un malade, se retourna vers moi et me dit : « Tu as l'air de douter, docteur. » Il avait raison : le patient avait beau paraître ressuscité, je ne pouvais pas croire que quelques passes à mains nues au-dessus de son ventre aient suffi pour obtenir un aussi bon résultat. « Toi, docteur, me dit alors le guérisseur, tu enlèves les tumeurs, tu tues les microbes et tu combats les virus. Moi, je chasse les démons, j'apaise les ancêtres courroucés et je parle aux esprits malins.

Nous faisons le même métier, docteur. Seuls les mots changent. Dans la tête de nos patients, il y a des images. Ce sont ces images qui guérissent le cœur et le corps des hommes. »

NE PAS NUIRE

La médecine occidentale possède, elle aussi, ses symboles et ses rituels. Les diplômes accrochés sur les murs du cabinet de consultation et les livres qui s'entassent dans la bibliothèque attestent l'expertise du sorcier moderne. L'air sévère, le vocabulaire compliqué, la blouse blanche... tout cela participe au décor. Les lasers, les dopplers, les scanners et autres outils sophistiqués ont une fonction magique évidente. Quant à la mise en scène du théâtre chirurgical, on imagine combien elle peut frapper les esprits et mobiliser les facultés de guérison interne.

Hélas, l'« effet du sens » n'est pas toujours positif. Il peut aussi provoquer des réactions négatives. On lui donne alors le nom d'effet nocebo. Rappelons-nous les morts consécutives aux pratiques du vaudou dont nous parlions en commençant ce chapitre. Sans aller jusque-là, des études montrent clairement que la simple vue de la blouse blanche du médecin peut provoquer de l'hypertension ou de l'hyperglycémie chez les patients[21]. Jerome Groopman, professeur de médecine à Harvard, raconte que, chaque fois qu'il mentionnait la possibilité de l'effet secondaire d'un médicament à l'une de ses patientes, immanquablement celle-ci en faisait l'expérience. Consciente de ce phénomène, la patiente en était arrivée à préférer ne pas connaître la liste des effets secondaires des remèdes qu'elle devait prendre[22].

Le pouvoir de l'autosuggestion est fascinant. Même à propos de l'apparition de symptômes désagréables. C'est ce qu'ont expérimenté les participants à une étude dont la mise en scène était digne de l'imagination du docteur Frankenstein.

Les sujets étaient confortablement assis dans un fauteuil, des électrodes placées de chaque côté de leur crâne. À un moment précis, les chercheurs les ont avertis du passage d'un courant électrique de faible voltage d'une électrode à l'autre, à travers le crâne. Bien entendu il n'y avait aucun courant, le dispositif était fictif, et pourtant plus d'un tiers des sujets ont déclaré avoir ressenti des maux de tête consécutifs à la prétendue décharge électrique[23].

On comprend ainsi comment un sourire, un regard franc ou un ton rassurant peuvent exercer une influence bénéfique sur le processus de guérison. On n'est pas étonné non plus de savoir qu'un haussement d'épaules, une moue dubitative, un soupçon d'anxiété dans la voix entraînent un effet tout aussi important dans le sens négatif. Les mots du thérapeute sont donc un remède ou un poison. Inconscients de leur pouvoir de suggestion, la plupart des médecins ne se rendent pas compte des sorts qu'ils jettent aux malades. Cela vaut bien évidemment pour tous les professionnels de la santé et, d'une manière plus générale, pour tous les êtres humains. Car la suggestion et l'influence sont au cœur de l'ensemble des relations.

Dans ma pratique, je rencontre des patients atteints du cancer. À l'éclat de leur peau et à l'intensité de leur regard, je peux deviner si un mot heureux ou malheureux a été prononcé par le médecin oncologue. Je me souviens ici de Suzanne, une jeune femme atteinte d'un cancer du poumon. Son oncologue lui avait demandé de se soumettre à un scanner de contrôle. Comme convenu, deux jours plus tard, Suzanne appela son médecin pour connaître les résultats de l'examen. Malheureusement, aucun protocole n'était disponible. Il fallait donc qu'elle patiente jusqu'au lendemain. Partagée entre l'énervement et l'angoisse, Suzanne décida de se rassurer elle-même. « Après tout, se dit-elle, je ne vais pas me tracasser pour un résultat dont je ne peux pas encore savoir s'il est bon ou mauvais. » Elle choisit donc de rester dans le présent : elle était en vie, elle se sentait plutôt en forme et elle n'avait pas envie de se laisser gagner par des peurs qui n'avaient peut-être aucune raison d'exister.

Le lendemain, elle rappela l'oncologue. «Les résultats sont assez bons», lui dit-il d'un ton peu réjoui. Suzanne sentit son corps se raidir et ses tempes battre à toute vitesse. «Vraiment bons ?» interrogea-t-elle, la gorge nouée. «Bons», répondit le médecin. À force d'insister, Suzanne finit par entendre le verdict : l'examen ne montrait plus de tumeur. «Mais il faut être prudent, on ne peut pas crier victoire, une récidive est encore possible», ajouta l'oncologue. Suzanne n'en croyait pas ses oreilles : elle se battait depuis six mois contre sa maladie, elle avait passé l'épreuve de la chirurgie, celle de la radio-thérapie et celle de la chimiothérapie, sa tumeur n'était plus visible sur le scanner… et tout ce que son médecin trouvait à lui dire, c'était qu'il fallait avoir peur d'une récidive ! Sur le moment, elle ressentit une grande colère. Elle n'osa rien dire, remercia le médecin et raccrocha le téléphone. Sa colère lui donnait envie de tuer. En même temps, sa joie lui donnait envie de danser.

La nuit suivante, elle se réveilla en sursaut. Et si le ton morne du médecin cachait quelque chose ? pensa-t-elle, angoissée. Et s'il avait voulu la ménager ? Peut-être que les résultats du scanner étaient catastrophiques. En parlant de récidive possible, l'oncologue avait peut-être voulu la préparer au pire… Suzanne n'était plus dans la réalité. Son imagination était tourmentée par la peur. Elle ne ferma plus l'œil de la nuit. Le lendemain, elle ressentit une douleur dans la gorge. Dans la soirée, elle commença à trembler. Une forte fièvre s'empara de son corps. Elle était convaincue qu'elle allait mourir.

Quelques mois plus tard, j'ai eu l'occasion de parler de cet épisode avec l'oncologue de Suzanne. Jamais celui-ci n'avait imaginé que le ton de sa voix avait pu provoquer un tel stress chez sa patiente. Il me confia avoir perdu sa femme d'un cancer. Depuis, il éprouvait beaucoup de mal à rester optimiste face à la maladie.

LES PROMESSES DE L'OPTIMISME

La peur est un signal d'alarme essentiel pour la survie de l'individu. Sans elle, nous n'adopterions pas les stratégies nécessaires pour éviter le danger. Néanmoins, la peur comporte elle-même de grands dangers. L'effet nocebo en est la meilleure illustration. Souvent, nous avons peur de manière tout à fait irrationnelle. Nous angoissons par anticipation pour des raisons qui n'existeront peut-être jamais. Et, sans en être conscients, nous communiquons nos craintes aux autres. La peur devient alors un fléau contagieux dont les dégâts sont parfois mortels.

Une grande partie de mon travail avec les patients atteints du cancer ou du sida consiste à leur apprendre à rester dans la réalité du présent pour éviter qu'ils ne succombent aux peurs inutiles. Nous le verrons plus loin, cette démarche est capitale pour maintenir une bonne immunité et aider au retour de la bonne santé. Car le pouvoir des croyances sur la santé du corps est bien réel.

Une étude épidémiologique publiée en 1992 le prouve. Durant vingt ans, des femmes ont été suivies de manière régulière et traitées afin de supprimer les facteurs de risque cardiovasculaire comme le tabac, un taux élevé de cholestérol et une tension artérielle haute. Parmi ces femmes, le taux de décès dû à un infarctus s'est révélé quatre fois plus élevé chez celles qui étaient persuadées de mourir un jour d'une maladie cardiaque[24].

Un confrère m'a raconté comment, au début de l'épidémie de sida, dans les années 1980 à San Francisco, une aggravation de l'état de santé de jeunes patients séropositifs semblait survenir de façon quasi systématique un nombre précis de semaines après le diagnostic de la contamination. Un point commun reliait ces patients : ils avaient tous lu un article publié dans un magazine gay selon lequel la maladie évoluait de manière fatale après ce délai précis. Le démenti de cette information erronée permit de lever le sort jeté à ces patients.

Ce genre de phénomène pourrait constituer un immense problème pour la santé publique. C'est la raison pour laquelle l'anthropologue et épidémiologiste Robert Hahn s'inquiète de l'influence des médias sur la santé. Dans un rapport publié en 1997, il analyse l'influence d'un éventuel effet nocebo sur un certain nombre de maladies à travers le monde. Plusieurs pathologies verraient ainsi le jour, dans un contexte culturel donné, à la suite de la diffusion d'informations bien précises. C'est ce qui arrive aux jeunes étudiants en médecine lorsqu'ils développent de l'anxiété et des symptômes en rapport avec les maladies qu'ils étudient. Hahn conclut que, tant que l'influence de l'effet nocebo sur la santé collective n'est pas mieux étudiée, il faudrait encourager les médias à plus de prudence dans la diffusion de l'information sur les risques et les causes des maladies et inciter à plus d'optimisme dans les messages adressés au public[25].

Si la peur exerce une influence négative sur la santé, l'optimisme est en revanche très bénéfique. Dans les années 1940, plusieurs centaines d'hommes ont été enrôlés dans la Harvard Study of Adult Development. Un questionnaire avait permis de les situer sur une échelle d'évaluation allant de «très pessimiste» à «très optimiste». Vingt ans plus tard, alors que la moyenne d'âge de ces hommes était de quarante-cinq ans, la qualité de leur santé se révéla être en relation étroite avec leur degré d'optimisme au début de l'observation[26]. Dans les années 1960, le département de psychologie de la Mayo Clinic a lancé une étude un peu similaire, destinée à évaluer les effets d'une attitude optimiste ou pessimiste sur une période de trente ans. Les résultats sont tout aussi concluants, puisque les optimistes ont vécu 19 % plus longtemps que les pessimistes, avec des capacités physiques et une qualité de vie nettement meilleures que ces derniers[27]. Plus récemment, des psychologues de l'université du Kentucky ont mené une enquête au sein d'une congrégation religieuse. Leurs résultats soulignent une nette différence entre les religieuses qui ont vécu dans la joie et la bonne humeur et celles qui, au contraire, ont trouvé peu de satisfactions dans leur vie quotidienne. La durée de vie des optimistes était de dix ans plus longue que celle des pessimistes [28].

Plusieurs études confirment ces conclusions. L'optimisme réduit le nombre de jours de maladie [29], améliore l'immunité [30], favorise la survie après un infarctus [31], permet à des femmes atteintes d'un cancer du sein de vivre mieux et plus longtemps [32]. Indéniablement, une approche positive de la vie prépare un futur positif. Les pessimistes ne devraient donc pas s'étonner de voir leurs craintes et leurs prédictions se réaliser ! Reste à comprendre *comment* un état d'esprit peut influencer un état du corps.

2

Éclairant :
la psycho-neuro-immunologie

UN CONDITIONNEMENT, ÇA TROMPE ÉNORMÉMENT

Comprendre comment un sorcier vaudou, un comprimé de sucre ou une attitude optimiste influencent la santé du corps n'est possible que si l'on abandonne le concept cartésien de la séparation du corps et de l'esprit.

Cela ne devrait pas nous poser trop de problèmes, à condition toutefois de prêter attention aux manifestations de nos pensées dans notre corps. Qui n'a pas senti ses joues s'enflammer à l'idée de devoir prendre la parole en public, ses mains devenir moites à l'évocation d'un examen à passer ? Une bonne nouvelle, un compliment ou un projet agréable suffisent à nous rendre légers, pleins d'énergie, prêts à soulever des montagnes. Les autres nous perçoivent alors comme « lumineux », « pétillants », « en pleine forme ». Et pourtant, une fraction de seconde plus tard, un coup de fil désagréable, une dispute ou la perspective d'une contra-riété peuvent nous faire basculer de ce profond bien-être dans un malaise insupportable. Nous sommes alors anéantis, psychologiquement et physiquement. Nous sombrons dans un état de stress, de fatigue ou de dépression. Nous sommes fragilisés, plus sensibles à la douleur, moins résistants aux infections. Cela, intuitivement, nous le savons.

« La séparation de la psychologie des prémices de la biologie est purement artificielle, car la psyché humaine vit en union indissociable avec le corps[1] », affirmait Carl Gustav Jung. Empiriquement évidente, cette réalité a mis du temps à s'inscrire dans les concepts de la science. Collecter des faits, vérifier leur véracité, émettre des hypothèses et chercher des preuves afin d'étayer ces théories est un processus long et minutieux. Cette lenteur est tout à l'honneur de la méthode scientifique. Et, si l'on considère l'ampleur de la tâche, depuis un siècle, dans le domaine des relations entre le corps et l'esprit, les idées progressent plutôt vite. Sans compter que, avec les récents développements des neurosciences, les choses semblent même s'accélérer. L'un de mes amis, chercheur dans un laboratoire de psychobiologie, me disait avoir l'impression d'être l'un des marins qui, aux côtés de Christophe Colomb, venaient d'apercevoir les rivages d'un nouveau continent. Cela m'a laissé rêveur quant à la suite de l'aventure psychosomatique.

Un article paru en 1895 dans l'*American Journal of Medical Science* rapportait le cas d'une crise d'asthme provoquée par une rose artificielle en papier[2]. Le même genre de phénomène avait été observé par l'écrivain Marcel Proust qui, allergique aux roses, alors qu'il assistait à une représentation de *Pelléas et Mélisande* de Claude Debussy, fut soudainement pris d'éternuements au moment même où Pelléas sortait de la grotte et respirait le parfum des roses. À l'époque, aucune théorie ne permettait d'expliquer ce type de réaction. Incrédulité et dérision étaient plus fréquentes que curiosité et considération. Néanmoins, pour le plus grand profit du progrès scientifique, certains chercheurs continuèrent de publier leurs étranges constatations.

Ainsi Ivan Pavlov. Dans son laboratoire de Saint-Péters-bourg, il s'était aperçu que le son d'une cloche habituellement émis à l'heure du repas suffisait pour déclencher la sécrétion de salive de ses chiens. Pavlov en avait conclu que les animaux associaient le bruit de la cloche à l'approche du repas, selon un « réflexe conditionné » soumis au contrôle d'une « activité nerveuse supérieure ». En 1904, l'importance de cette décou-verte fut saluée par l'attribution du prix Nobel de médecine.

La théorie de Pavlov permettait d'expliquer *pourquoi* des sujets sensibles, ou « conditionnés », connaissaient une crise à la vue d'une rose en papier ou d'une photo montrant un champ de foins coupés[3]. Cependant, elle ne disait pas encore *comment* de tels phénomènes pouvaient se produire.

Un début d'explication fut apporté dans les années 1970 par Robert Ader et Nicolas Cohen, deux chercheurs en psycho-logie qui étudiaient le conditionnement chez l'animal. Dans l'une de leurs expériences, des rats étaient nourris avec de l'eau sucrée mélangée à de la cyclophosphamide – un produit immunosuppresseur dont le goût est très désagréable. Le but était de créer chez eux un dégoût pour l'eau sucrée pure (non mélangée à la substance chimique). De manière tout à fait inattendue, les deux chercheurs constatèrent que les animaux finissaient par mourir. Plus la quantité d'eau sucrée ingurgitée était importante, plus leur taux d'anticorps diminuait et plus rapidement ils trépassaient. De toute évidence, les effets immunosuppresseurs de la cyclophosphamide se produisaient en l'absence de la substance. Le conditionnement opérait donc comme si les rats avaient « imaginé » boire de l'eau mélangée avec le produit. Cette observation amena Ader et Cohen à postuler un lien entre le psychisme et le système immunitaire[4]. Toutefois, ils ignoraient par quelle voie ce lien pouvait s'opérer.

La réponse fut apportée quelques années plus tard lorsque David Felten mit en évidence une innervation très riche au niveau des tissus lymphoïdes responsables de la fabrication et du stockage des cellules immunitaires (le thymus, la rate, les

ganglions lymphatiques, la moelle osseuse et les muqueuses)[5].
Le système nerveux se révéla donc être le chaînon manquant
du lien psycho-immunitaire. Le terme «psycho-neuro-immunologie» fut alors proposé par Ader pour désigner la science qui
venait de voir le jour.

L'«UNITÉ CORPS-ESPRIT»

Jusqu'à la publication des travaux d'Ader et de Felten, les
chercheurs, imprégnés de croyances réductionnistes, imagi-
naient que le système nerveux et le système immunitaire
fonctionnaient séparément, indépendamment l'un de l'autre.

On pensait que la communication au sein de ces deux
systèmes était assurée par des molécules bien spécifiques
propres à chacun d'eux : les neurotransmetteurs (par exemple,
l'adrénaline, la dopamine, la sérotonine, l'acétylcholine) ou les
neuropeptides (par exemple, les endorphines) au sein du
système nerveux ; les cytokines (par exemple, les interleukines
et les interférons) dans le système immunitaire. Or la réalité
s'est révélée être beaucoup plus complexe. Et pour cause : des
neurotransmetteurs et des cytokines sont sécrétés et reconnus
à la fois par le système nerveux et par le système immunitaire.

Des récepteurs pour les neurotransmetteurs produits par le
cerveau ont été mis en évidence à la surface de cellules
immunitaires comme les globules blancs. Et ces globules blancs
sécrètent des neurotransmetteurs qui, en retour, influencent le
cerveau. La connexion entre le cerveau et le système immunitaire ne repose donc pas seulement sur les nerfs qui vont aux
organes lymphoïdes. Les globules blancs se comportent, eux-
mêmes, comme de véritables cellules nerveuses agissant par
voie sanguine. Certains chercheurs vont jusqu'à les qualifier de
«cerveau mobile».

Quant aux cytokines produites par les cellules immunitaires,
elles exercent également une influence directe sur le cerveau.

Elles y déclenchent, par exemple, la fièvre, les changements de l'humeur, les perturbations du sommeil et les modifications des habitudes alimentaires dont nous faisons l'expérience chaque fois que nous sommes grippés, transpirant au fond de notre lit, l'appétit coupé et le moral au plus bas – le repli sur soi étant une adaptation normale du cerveau à la maladie.

La limite entre le système nerveux et le système immunitaire n'est donc pas aussi bien définie qu'on le pensait[6]. Candace Pert, professeur à l'université de Georgetown et codécouvreuse des endorphines, a même montré que les neuropeptides qui servent à la transmission des messages entre les neurones au sein du cerveau agissent également dans les transmissions entre la majorité des cellules du corps, que celles-ci soient immunitaires, digestives ou vasculaires[7].

Ces découvertes remettent en cause l'idée que l'esprit serait uniquement produit par le cerveau. Certes, le cerveau est le siège des processus cognitifs participant à l'élaboration de la pensée et il exerce une action permanente sur le corps. Cependant, en retour, les informations en provenance du corps influent constamment sur le fonctionnement cérébral et l'élaboration de la pensée. Dès lors, le concept d'un lien entre le corps et l'esprit apparaît comme trop dualiste. Il est progressivement remplacé par la définition plus réaliste d'une « unité corps-esprit ».

Dans l'état actuel de nos connaissances, nous pouvons identifier certains éléments clés de cette « unité corps-esprit » :

• le cerveau : composé de deux hémisphères qui jouent des rôles différents dans la gestion des émotions ;

• le système nerveux autonome : transmet l'information entre le cerveau et le restant du corps à l'aide de nerfs stimulants (système sympathique) ou apaisants (système parasympathique) ;

• le système immunitaire : relié au cerveau par le système nerveux autonome et par un système de régulation appelé « axe hypothalamo-hypophysaire-surrénalien » ;

• l'axe hypothalamo-hypophysaire-surrénalien : entraîne une cascade de production d'hormones dans le cerveau (de l'hypothalamus vers l'hypophyse), puis du cerveau jusqu'aux glandes surrénales, qui sécrètent une hormone (cortisol) impliquée dans la régulation des réactions immunitaires ;

• le système endocrinien : constitué de glandes produisant des molécules messagères (hormones) qui contrôlent le fonctionnement de l'organisme (croissance, maturation, digestion, production et consommation d'énergie, sexualité et reproduction) ainsi que les émotions, la mémoire, l'apprentissage et le comportement.

Penser en termes d'information

Ce qui relie les différentes composantes de ce modèle unitaire, leur dénominateur commun en quelque sorte, c'est l'information qui y circule. Le concept d'information représente un niveau très subtil de la compréhension du vivant.

En science, tout a commencé par l'étude de la matière. Puis la célèbre équation d'Einstein : $E = mc^2$ (l'énergie est équivalente à la masse de matière multipliée par la vitesse de la lumière au carré), nous a appris que chaque particule de matière est de l'énergie condensée. Nous avons donc compris que la matière et l'énergie sont interchangeables. Enfin, plus récemment, la théorie de l'information a montré que le principe organisateur de la matière et/ou de l'énergie est l'information. Celle-ci peut donc s'exprimer sous forme de matière ou sous forme d'énergie[8]. Matière, énergie et information sont trois manières différentes d'appréhender la nature des choses. Trois visions qui ont donné naissance à trois grandes révolutions technologiques – la mécanique, l'électronique et, à présent, l'informatique.

En fait, la vie s'est organisée de manière prodigieusement complexe jusqu'à permettre la traduction d'une information matérielle en émotions et en pensées. Pensées qui, en retour, peuvent être exprimées sous forme d'émotions. Émotions qui finissent par se manifester physiquement sous forme de réactions biologiques ou de comportements. C'est donc le trajet de cette information qu'il faut suivre pour comprendre comment l'esprit influence le corps.

Mon ami psychobiologiste a raison : nous avons la chance d'aborder un nouveau continent. Il y a une vingtaine d'années, lorsque j'étais étudiant, la plupart des médecins, et *a fortiori* la majorité des patients, en ignoraient l'existence. Aujourd'hui, nous sommes tous à même de comprendre comment notre esprit peut nous rendre malades ou, au contraire, nous aider à guérir. Après, nous ne serons plus tout à fait les mêmes. Nous ferons probablement plus attention à la manière dont nous pensons. Nous éviterons sans doute de nous imposer de trop grands stress. Notre médecine sera peut-être davantage axée sur la prévention. Nous aurons su mettre à profit les progrès de la connaissance scientifique.

Les mécanismes intimes de la communication corps-esprit exposés ci-après vous paraîtront peut-être un peu rébarbatifs. Si cela devait être le cas, vous pourriez passer au chapitre suivant sans que cela porte préjudice à la suite de votre lecture. Néanmoins, je vous encourage à prendre connaissance de ces informations, car elles comptent parmi les plus passionnantes de la recherche médicale et elles nous ouvrent une porte sur la prodigieuse organisation du vivant.

LES MÉANDRES DU CERVEAU

Trois étages

Notre cerveau est le résultat d'une longue évolution. L'information y est traitée de manière sophistiquée au sein de trois couches superposées : le tronc cérébral (parfois appelé le cerveau reptilien), le système limbique (cerveau mammifère, souvent considéré comme le cerveau émotionnel) et le néocortex (commun aux grands primates et à l'être humain). La finalité de ce dispositif est la préservation de l'équilibre de l'organisme, c'est-à-dire son homéostasie, condition indispensable de sa survie. Pour y parvenir, les stimuli physiques en provenance du monde extérieur ou du corps sont transformés en émotions et en pensées.

Prenons une information physique, par exemple la chaleur, le bruit, la pression ou la douleur. Cette information est tout d'abord traitée dans la partie la plus ancienne du cerveau. Là, des réactions automatiques et réflexes sont déclenchées afin d'assurer le maintien de l'homéostasie. Ensuite, l'information est traduite en émotion au sein du système limbique. À son tour, cette émotion informe le corps en y provoquant des manifestations physiques (augmentation du rythme cardiaque, rougeur des joues, mains moites, tension ou au contraire relâchement). Les sensations qu'elles entraînent indiquent si l'expérience vécue est favorable ou non au maintien de l'homéostasie. En même temps, l'émotion peut être analysée dans la partie la plus évoluée de notre cerveau, le néocortex. Elle y est expérimentée sous la forme d'un sentiment (par exemple, la peur, la colère, le plaisir ou la joie). Décryptée par le néocortex et comparée aux expériences engrangées dans la mémoire, l'information physique et émotionnelle donne naissance à la pensée. Pensée qui à son tour peut être la source de sentiments, d'émotions et donc de manifestations dans le corps. Ainsi, entre le corps et le cerveau, l'information circule dans les deux sens.

Deux hémisphères

La sophistication de notre appareillage cérébral ne s'arrête pas là. En effet, le cerveau est également divisé en deux hémisphères, le droit étant un peu plus volumineux que le gauche. Dans les années 1950, des neurochirurgiens pratiquaient la section des connexions entre ces deux parties afin de traiter certains cas d'épilepsie[9]. Les résultats de cette chirurgie étaient relativement satisfaisants. Néanmoins, les patients opérés n'avaient plus tout à fait les mêmes comportements. On en a conclu qu'il existait des différences dans le mode de traitement de l'information au sein de chacun des deux hémisphères cérébraux[10].

Écouter une symphonie de Mahler en analysant la partition musicale stimule le métabolisme du cerveau gauche. Apprécier cette musique en se laissant bercer par sa mélodie active le cerveau droit[11]. Le cerveau gauche est tourné vers le monde extérieur, qu'il décrypte en permanence. Il est spécialisé dans la pensée analytique, les raisonnements logiques et la parole. Le cerveau droit, lui, perçoit l'information de manière métaphorique et analogique. Sa pensée plus globale lui permet une vision d'ensemble. Il joue un rôle important dans la production d'images mentales, traite les empreintes émotionnelles, leur donne un sens et organise la conscience de soi. En résumé : si l'hémisphère gauche était un mathématicien, le droit serait un poète.

Le psychologue américain Arthur Janov, qui a mis au point la « thérapie primale » fondée sur l'émergence de souvenirs enfouis dans les couches les plus profondes du cerveau, surnomme l'hémisphère droit l'« hémisphère de l'amour ». C'est lui qui permet de ressentir ce que les autres éprouvent. C'est lui encore qui nous donne la possibilité de déterminer si les autres sont sincères. La maturation du cerveau droit est achevée vers l'âge de deux ans. Celle du cerveau gauche débute plus tard. Le petit enfant est donc avant tout un être émotionnel ; ce n'est qu'en grandissant qu'il commencera à raisonner et à prendre de la distance par rapport à ses sentiments. Lorsqu'un bébé décèle l'émotion chez ses parents, c'est l'hémisphère droit qui s'active. Malheureusement, l'augmentation de cortisol consécutive au stress du manque d'affection peut lui causer de sérieux dommages[12]. Dès lors, certaines personnes profondément traumatisées dans l'enfance racontent leur histoire, le visage figé, sans expression, avec le détachement d'un journaliste qui annonce les morts du jour au journal télévisé. Entièrement sous l'emprise de leur cerveau gauche, elles sont coupées de leur douleur. Leur raisonnement logique permet d'occulter la frustration, mais leur souffrance émotionnelle est immense. Elles n'en sont tout simplement plus conscientes, comme si leur hémisphère droit était anesthésié. Du coup, elles peuvent commettre des actes monstrueux sans ressentir la moindre empathie. Au contraire, elles justifient leur attitude par un discours très élaboré issu de l'hémisphère gauche, devenu le maître sans cœur de leurs pensées.

Des émotions

Longtemps considérée comme un phénomène perturbateur, voire inutile, l'émotion est en fait une information essentielle au maintien de notre homéostasie. Comme l'indique son étymologie latine – *e-movere* –, c'est elle qui met le corps et la pensée en mouvement. Rendue visible à travers ses manifestations corporelles, l'émotion constitue une forme de communication qui précède le langage verbal. Ainsi, un changement d'expression dans le regard ou une intonation différente dans la voix permettent d'informer les autres de notre ressenti. Ceux-ci peuvent alors adapter leur comportement en conséquence.

Enfoui au centre du cerveau, un ensemble de structures très anciennes – le système limbique – constitue la plaque tournante de l'information émotionnelle. Les stimuli sensoriels en provenance du corps ou du monde extérieur sont recueillis dans le thalamus. De là, ils sont envoyés d'une part vers une petite structure appelée l'amygdale, d'autre part vers les aires corticales responsables de la représentation consciente des informations visuelles, auditives, tactiles, gustatives et olfactives. L'amygdale attribue une valeur émotionnelle à l'information, engrange la mémoire émotionnelle des faits (dont la mémoire contextuelle est stockée dans l'hippocampe voisin) et envoie des signaux d'alerte au corps en activant le système nerveux autonome ainsi que l'hypothalamus et sa cascade d'hormones.

Ces dernières années, de nombreux travaux ont tenté de comprendre la fonction des émotions. D'un point de vue biologique, il apparaît que les émotions négatives engendrent des réponses efficaces face à toute une série de problèmes de survie. La colère mobilise l'énergie nécessaire pour attaquer ou se défendre. La peur incite à fuir devant le danger. Le dégoût permet de repousser ou de vomir un aliment toxique. L'avantage évolutif des émotions négatives est donc manifeste. Certaines réactions émotionnelles sont d'ailleurs profondément inscrites dans l'agencement des circuits neuronaux du cerveau et elles se produisent avant même que nous en prenions conscience. Ainsi, le neurobiologiste américain Joseph LeDoux a montré qu'il existe deux circuits neuronaux engendrant la peur. L'un est conscient, l'autre non. Le circuit conscient va de l'œil au thalamus et à l'aire visuelle du cortex cérébral (où l'information captée par la rétine devient consciente) avant de gagner les centres émotionnels du système limbique. La peur est alors suscitée par une représentation consciente. En revanche, le circuit non conscient mène directement du thalamus à l'amygdale sans passer par le cortex. La réaction émotionnelle précoce qui s'ensuit attire l'attention sur un stimulus menaçant pour la survie avant que celui-ci ait été analysé avec précision par le cortex visuel. L'avantage de ce circuit non conscient est qu'il ne faut pas attendre de comprendre la situation de manière détaillée pour réagir. C'est ainsi que nous pouvons sursauter devant une forme étirée sur le sol avant de nous apercevoir qu'il ne s'agit pas d'un serpent, mais simplement d'une branche. De la même façon, nous pouvons reconnaître une expression inquiétante sur un visage et ressentir un émoi avant d'avoir identifié la personne en face de nous[13].

Les émotions négatives déclenchent donc des réactions physiques assez stéréotypées visant à préserver notre intégrité et notre équilibre. Mais qu'en est-il des émotions positives ? Pour répondre à cette question, Alice Eisen, psychologue à l'université Cornell, a testé la créativité de sujets à qui elle demandait de compléter une suite de mots par un mot en accord avec eux. Par exemple, le mot « noir » pouvait être ajouté aux mots « nuit », « marché » et « humour ». Elle a constaté que les personnes réussissaient mieux le test lorsqu'elles se trouvaient dans un état d'esprit positif. Dans une autre étude, Alice Eisen a examiné les capacités diagnostiques de médecins en fonction de leur état émotionnel. Les résultats sont sans équivoque : les médecins de bonne humeur intègrent plus rapidement les données, restent moins fréquemment fixés sur une idée et sont davantage prêts à renoncer à des conclusions prématurées[14]. Les émotions positives aident donc à garder l'esprit ouvert.

Barbara Fredrickson, directrice du laboratoire de recherche sur les émotions positives à l'université du Michigan, a montré que les personnes d'humeur chagrine se concentrent davantage sur les détails, tandis que les personnes de bonne humeur ont tendance à tenir compte de la forme d'ensemble, ce qui dénote une pensée clairvoyante et inventive[15]. Elle conclut donc que nos ancêtres ont évolué grâce à leur aptitude au bonheur. Certes, le déclenchement d'émotions négatives permet la résolution de problèmes immédiats, indispensable pour notre survie, mais c'est le recours aux sentiments positifs qui favorise le développement de la personnalité et l'invention de nouvelles solutions en prévision de moments plus difficiles. De plus, le fait de se sentir bien dans sa peau permet de renforcer les liens sociaux ; par conséquent, l'individu positif résiste mieux aux coups durs, et il peut envisager l'avenir avec davantage d'espoir. En augmentant les capacités d'imagination et de résistance face aux événements traumatisants, la joie, le plaisir, la gratitude, la compassion et toutes les émotions positives sont donc des atouts majeurs. Plus que de simplement survivre, elles nous permettent de vivre.

À chaque hémisphère ses émotions

Dans son laboratoire de neurosciences de l'université du Wisconsin, Richard Davidson a étudié le rôle des hémisphères cérébraux dans la gestion des émotions. Pour ce faire, il a présenté des images destinées à éveiller des émotions positives ou négatives à des sujets dont il enregistrait l'activité cérébrale au moyen d'électrodes placées sur le crâne. Lorsque les images provoquaient des émotions positives, l'hémisphère cérébral gauche s'activait. Au contraire, lorsque les images entraînaient des émotions négatives et du stress, les enregistrements montraient une augmentation de l'activité cérébrale droite [16].

En poursuivant leurs investigations, Davidson et son équipe ont constaté que les gens capables de minimiser les événements désagréables de leur vie quotidienne avaient une activité cérébrale prédominante à gauche, tandis que les personnes au tempérament triste ou dépressif présentaient une activité plus importante au niveau de l'hémisphère droit [17].

Les émotions et les sentiments apparaissent donc comme le résultat d'un équilibre. Leurs aspects positifs sont gérés par le cerveau gauche, tandis que leurs aspects plus négatifs dépendent du cerveau droit [18]. Cela explique pourquoi un traumatisme, une tumeur ou une intervention chirurgicale entraînant la perte de la fonction de l'hémisphère gauche peuvent être accompagnés de pleurs, de colère et de désespoir, alors qu'une lésion du cerveau droit déclenche des rires, de la joie et un sentiment de bien-être [19].

Cette latéralisation de la gestion émotionnelle est en relation avec une distribution asymétrique des neurotransmetteurs assurant la communication à l'intérieur du cerveau. Ainsi, la dopamine, associée à la récompense et au plaisir, est plus concentrée au niveau de l'hémisphère cérébral gauche. En revanche, la noradrénaline et la sérotonine se retrouvent en plus grande quantité dans le cerveau droit. Des taux trop élevés de ces deux substances sont associés à des états d'angoisse, alors qu'une quantité trop faible entraîne de la dépression. C'est à ce niveau que des médicaments comme le Prozac® exercent leur action, en augmentant les taux de sérotonine[20].

Les mécanismes de la genèse des émotions et des pensées à partir des perceptions sensorielles sont donc de mieux en mieux compris. Cependant, cela ne nous explique toujours pas comment ces émotions et ces pensées peuvent influencer la santé du corps. Pour cela, il faut quitter le cerveau et pénétrer les défenses de l'organisme.

LES REMPARTS DE L'IMMUNITÉ

Une armée de cellules

Sans en être réellement conscients, à chaque instant de notre vie, nous sommes obligés de redéfinir qui nous sommes. Car il y a nous et le monde autour de nous. Constamment, nous sommes appelés à préciser nos limites. Nous ajustons ce qui nous paraît être la bonne distance entre nous et les autres. Pour cela, nous apprenons à exprimer nos besoins et à affirmer nos refus. Pendant ce temps, au niveau microscopique, notre système immunitaire veille à nous protéger des éventuels intrus. Des milliers de globules blancs circulent en permanence dans tous les recoins de notre organisme pour chasser les envahisseurs (bactéries) ou nous débarrasser de cellules que nous ne considérons plus comme nôtres (cellules infectées par un virus, cellules cancéreuses). Cette armée organisée et hiérarchisée est la garante de notre identité. Sans elle, nous ne pouvons pas continuer d'exister. La sophistication de ce système de défense est l'aboutissement d'une longue évolution. Ainsi, nous possédons une *immunité naturelle* que nous partageons avec des organismes nettement moins développés, et une *immunité spécifique* d'origine plus récente.

L'immunité naturelle est innée. Elle est peu spécifique, mais elle a l'avantage d'être rapide. À la moindre blessure ou infection, une armada de globules blancs (granulocytes neutrophiles) s'agglutinent à l'endroit de la lésion et libèrent des substances toxiques afin de détruire les envahisseurs microbiens. Un service de nettoyage est assuré par d'autres globules blancs (macrophages), qui digèrent les cadavres et les tissus abîmés. Durant cette bataille, des molécules de communication (cytokines) sont libérées en grand nombre. Elles provoquent de la fièvre, engendrent des symptômes inflammatoires (rougeur, gonflement, douleur) et favorisent la guérison des plaies en stimulant d'autres cellules immunitaires. En cas d'invasion parasitaire ou d'allergie, d'autres granulocytes (éosinophiles et mastocytes) sont mobilisés. Enfin, plus récemment, on a identifié des cellules tout à fait particulières : les *natural killer cells* (cellules tueuses ou NK). Celles-ci reconnaissent les cellules infectées par un virus ou les cellules cancéreuses et les détruisent en les aspergeant de substances toxiques. Les cellules NK empêcheraient donc la croissance des tumeurs cancéreuses et la propagation des métastases. Par ailleurs, elles nous protègent au stade précoce des infections virales, en attendant que l'immunité spécifique soit efficace.

Plus récente dans l'évolution, l'immunité spécifique se développe lors des différentes infections qui assaillent l'organisme. Elle fait intervenir des globules blancs appelés lymphocytes. Leur armée est composée de trois bataillons. Les lymphocytes T-cytotoxiques reconnaissent des protéines spécifiques (antigènes) qui apparaissent à la surface des cellules infectées par les virus et les détruisent immédiatement. Ils agissent de la même manière contre les cellules cancéreuses. Les lymphocytes T-helper produisent des cytokines afin de soutenir la réponse des autres cellules immunitaires. Enfin, les lymphocytes B reconnaissent les protéines étrangères (antigènes) à la surface des bactéries, des virus, des substances allergènes et des cellules transfusées ou transplantées. Ils produisent alors des anticorps ou immunoglobulines (IgA, IgM, IgG, IgE et IgD) qui vont se répandre dans la circulation sanguine, dans la salive et dans d'autres sécrétions afin de neutraliser les toxines bactériennes et de se lier aux virus pour empêcher leur entrée dans les cellules.

Nous sommes donc doublement protégés : si un intrus échappe aux défenses de l'immunité innée, il est immédiatement confronté aux assauts de l'immunité acquise. En outre, cet extraordinaire dispositif de défense offre la possibilité d'agir à deux niveaux. Soit les cellules NK et les lymphocytes T-cytotoxiques attaquent les agents pathogènes à l'intérieur des cellules – c'est ce qu'on appelle l'*immunité cellulaire*. Soit les lymphocytes B produisent des anticorps qui combattent les intrus lorsqu'ils sont en dehors des cellules – on parle alors d'*immunité humorale*.

La suprématie des émotions positives

L'équipe de Richard Davidson a voulu savoir si le type de réponse immunitaire variait en fonction de l'activation de l'un ou l'autre hémisphère du cerveau. Les résultats de ses travaux indiquent que l'immunité cellulaire est placée sous le contrôle du cerveau gauche, tandis que l'immunité humorale est plutôt régie par le cerveau droit[21]. Or nous savons que le cerveau gauche gère préférentiellement les aspects positifs des émotions, tandis que le cerveau droit est plutôt en relation avec les émotions négatives. Entretenir des émotions positives renforce donc l'immunité cellulaire. Celle-ci constitue notre défense de première ligne, indispensable pour réagir rapidement et tuer l'adversaire qui se cache à l'intérieur des cellules. Dès lors, on comprend mieux comment une attitude positive et raisonnée influe favorablement sur le cours d'une maladie.

Plusieurs études confirment cette latéralisation du contrôle émotionnel et immunitaire. Adopter une attitude négative engendre une réponse immunitaire plus faible et expose à un plus grand risque de maladie. En revanche, développer des sentiments positifs protégerait de bien des ennuis[22]. Prenons, par exemple, le cas du sida. On sait que la progression de cette maladie est associée à un passage de l'immunité cellulaire à l'immunité humorale[23]. À l'université de Westminster, à Londres, John Gruzelier a enregistré l'activité cérébrale de patients infectés par le virus du sida. Son étude a montré que les patients dont l'activité cérébrale était plus importante dans l'hémisphère gauche avaient un meilleur moral, maintenaient plus longtemps leur immunité cellulaire et connaissaient une progression plus lente de la maladie[24]. Voilà pourquoi j'encourage les patients que je rencontre à combattre la peur, à envisager leur traitement d'une manière positive et à renforcer leurs défenses immunitaires en choisissant de se faire plaisir.

À propos du plaisir, Angela Clow, psychologue à l'université de Westminster, a étudié l'influence des odeurs sur la sécrétion des immunoglobulines IgA – un anticorps sécrété à la surface des muqueuses afin de nous protéger contre d'éventuels envahisseurs. On sait que les odeurs plaisantes activent le cerveau gauche, alors que les odeurs nauséabondes stimulent le cerveau droit. Lorsque les sujets hument une bonne odeur de chocolat, la sécrétion d'IgA est augmentée. En revanche, les sujets qui respirent une odeur de viande pourrie ont des taux d'IgA diminués[25]. Se faire plaisir renforce donc notre immunité. Je ne résiste jamais au plaisir de communiquer cette information à tous ceux qui culpabilisent à l'idée de se faire un peu de bien.

LES VOIES DE L'INFORMATION

Yin-yang neurologique

La transmission de l'information émotionnelle positive ou négative au système immunitaire cellulaire ou humoral et à l'ensemble du corps se fait par l'intermédiaire de voies nerveuses organisées, elles aussi, sur deux modes différents. On a longtemps cru que l'activité commandée par ces voies était autonome et incontrôlable par la volonté. Or il n'en est rien : le «système nerveux autonome» est, en fait, modulable par nos pensées et nos émotions.

Tout semble prévu pour permettre un équilibrage subtil entre deux mouvements opposés et complémentaires. L'une des voies du système nerveux autonome, appelée *sympathique*, active l'organisme en vue de la fuite ou du combat. L'autre voie, appelée *parasympathique*, provoque au contraire un ralentissement des fonctions physiologiques afin d'économiser l'énergie et de permettre la mise en route de processus réparateurs. Du coup, le système sympathique domine plutôt le jour ; le parasympathique prend le relais la nuit. Cependant, à tout moment, notre survie dépend de la capacité d'adaptation de ces deux commandes nerveuses.

Idéalement, il faudrait pouvoir préserver une balance équitable entre la tension sympathique et le relâchement parasympathique. Les taoïstes chinois expriment cela en termes d'énergies : *yang*, quand la poussée et l'activité du système sympathique se manifestent ; *yin*, lorsque la décontraction et la passivité du système parasympathique s'installent. Pour eux, la bonne santé est le résultat d'un équilibre entre ces forces antagonistes, au niveau tant psychologique que physique. Nous verrons plus loin comment ils ont créé une médecine du corps et de l'esprit capable d'assurer le maintien d'un tel équilibre neurologique*.

De son côté, la médecine occidentale commence, elle aussi, à s'intéresser aux interactions psychologiques et physiques responsables de l'équilibre du système nerveux autonome. Ainsi, il a été démontré que l'hémisphère cérébral gauche active préférentiellement le système parasympathique, tandis que l'hémisphère cérébral droit influence surtout le système sympathique[26]. On comprend donc comment la pensée et les émotions influencent le système nerveux autonome et, de là, la santé du corps.

---

* Voir chapitre 9, p. 219.

Prenons le cas des pensées et des émotions positives. En activant le cerveau gauche, elles stimulent le système parasympathique : les muscles se détendent, le rythme cardiaque ralentit, la respiration se calme, les vaisseaux se dilatent, la peau se réchauffe, l'énergie est utilisée pour réparer des blessures, le corps récupère de ses efforts. Pendant ce temps, l'immunité cellulaire, elle aussi sous contrôle du cerveau gauche, confère à l'organisme une protection particulièrement efficace. Les avantages d'un climat émotionnel serein ne sont donc plus à démontrer.

Les hormones du stress

Reste à comprendre comment le stress et les sentiments négatifs peuvent nuire à la santé. Pour cela, nous devons remonter quelques instants dans les méandres du cerveau, plus précisément au niveau de l'hémisphère droit, là où sont gérées les émotions négatives.

En effet, chaque fois que nous éprouvons une émotion négative ou un sentiment conflictuel, l'activation de l'hémisphère cérébral droit déclenche ce que Hans Selye – l'endocrinologue à l'origine de la compréhension du phénomène – a appelé la «réponse au stress»[27]. Celle-ci comporte deux réactions qui se produisent de manière concomitante. La première est nerveuse ; la seconde est hormonale.

La réaction nerveuse stimule le système sympathique. Automatiquement, la partie centrale de la glande surrénale (qui, comme son nom l'indique, est située juste au-dessus du rein) – la *médullo*surrénale – sécrète de l'adrénaline : le rythme cardiaque s'accélère, la respiration s'amplifie, les vaisseaux sanguins de la périphérie se ferment, le sang est redistribué vers les muscles, la sécrétion salivaire se réduit, la température monte et toute l'énergie est mobilisée afin que les muscles puissent se contracter en vue de la fuite ou du combat.

La réaction hormonale, quant à elle, initie une cascade

chimique entre l'hypothalamus, l'hypophyse et la partie périphérique de la glande surrénale – la *cortico*surrénale. Dès lors, l'hypothalamus sécrète de la CRH (*corticotropin releasing hormone*); la CRH stimule la production d'ACTH (*adreno-corticotropin hormone*) au niveau de l'hypophyse; une fois libérée dans la circulation sanguine, l'ACTH déclenche la sécrétion de cortisol par la glande corticosurrénale. Véritable «hormone du stress», le cortisol entraîne une série de modifications métaboliques destinées à fournir suffisamment d'énergie pour affronter les éléments stressants. De plus, parmi beaucoup d'autres effets, il exerce une action anti-inflammatoire très bénéfique, évitant par là un emballement du système immunitaire, et donc une production exagérée de substances toxiques (radicaux libres), dont l'accumulation est néfaste pour la santé de l'organisme.

Il est important de souligner que les mécanismes de la «réponse au stress» sont les mêmes quelle que soit la nature du stress en cause. Souci psychologique ou agression physique, peu importe, le corps réagit chaque fois par une sécrétion d'adrénaline et de cortisol. La «réponse au stress» constitue donc une preuve évidente de l'existence de rapports étroits entre le corps et l'esprit. Elle est aussi, malheureusement, la voie par laquelle nos pensées et nos émotions négatives interviennent dans la genèse de nombreuses maladies.

En effet, comme le précisait Hans Selye, la «réponse au stress» est destinée à permettre une adaptation rapide de l'organisme aux menaces de son environnement. Alerté par des émotions telles que la peur ou la colère, le corps mobilise son énergie, se protège par la fuite, se défend par l'attaque, et assure son intégrité. Une fois le danger écarté, le système sympathique s'apaise, l'axe hypothalamo-hypophysaire-surrénalien se ralentit. La «mise en alerte» n'a aucune raison de se prolonger. Hélas, l'être humain invente souvent des raisons de se stresser sans qu'une réelle menace mette sa vie en péril. Merveilleux outil d'adaptation et d'évolution, son imagination devient alors un immense handicap. Car la persistance de pensées et d'émotions négatives prolonge la mise sous tension de l'organisme ; l'augmentation continue de l'adrénaline et du cortisol finit par entraîner des effets très délétères pour la santé.

L'adrénaline, pour commencer : ses taux élevés augmentent la pression artérielle, le flux sanguin s'intensifie, les turbulences endommagent le revêtement interne des artères, le cholestérol sanguin (élevé en cas de stress) s'infiltre dans l'épaisseur des parois abîmées, une réaction inflammatoire entraîne la constitution de dépôts de calcium, des plaques d'athérome se forment, le calibre des artères se resserre et les petits vaisseaux se bouchent. À la longue, les rétrécissements artériels perturbent l'irrigation du cœur ; un effort physique ou un stress mental suffisent alors à provoquer un manque d'oxygène, le muscle cardiaque souffre et un infarctus risque de se produire.

Le cortisol, ensuite : sur la durée, son action anti-inflammatoire provoque une atrophie des organes lymphoïdes ; le système immunitaire s'en trouve profondément désorganisé et la susceptibilité aux infections augmente. Parfois, les cellules immunitaires s'habituent aux concentrations élevées du cortisol ; dans d'autres cas, la cascade hypothalamo-hypophysaire-surrénalienne s'épuise et les taux de cortisol chutent brutalement ; chaque fois, il s'ensuit un emballement des réactions immunitaires, les phénomènes inflammatoires s'intensifient et des substances toxiques (radicaux libres) endommagent les tissus de l'organisme. Le stress psychologique apparaît alors comme une cause ou, tout au moins, comme un facteur aggravant d'un ensemble de maladies dites « auto-immunes »[28]. Parfois, les dégâts sont tels que des organes entiers cessent de fonctionner, provoquant un diabète, une hypothyroïdie ou une insuffisance des glandes surrénales. Dans d'autres cas, les réactions inflammatoires autodestructrices atteignent le foie, les intestins ou les articulations, causant une hépatite auto-immune, la maladie de Crohn, la rectocolite ulcéro-hémorragique ou des maladies rhumatismales très handicapantes[29]. Toutes ces affections évoluent par poussées[30]. Le stress en augmente la fréquence et la présence d'une bactérie ou d'un virus peut en accentuer la gravité, par exemple dans la sclérose en plaques ou l'ulcère de l'estomac[31].

Mais les dégâts causés par l'augmentation du cortisol ne s'arrêtent pas là : l'insuline est moins efficace, le taux de sucre augmente dans le sang et il existe un risque de diabète ; l'appétit est stimulé et les graisses s'accumulent dans la région abdominale[32] ; les muscles fondent, car leurs protéines sont utilisées pour fabriquer davantage de glucose et fournir ainsi l'énergie nécessaire à la «réponse au stress» ; la masse osseuse diminue, la peau se ride et les plaies cicatrisent mal ; une rétention d'eau contribue à augmenter la tension artérielle ; une atteinte des neurones de l'hippocampe cérébral entraîne des troubles de la mémoire[33] ; et une série d'effets cérébraux provoquent de la fatigue, de l'irritabilité, une humeur dépressive, la perte de la libido, des insomnies, de l'agitation, de l'anxiété, des pleurs ou un sentiment de désespoir[34].

Enfin, outre l'augmentation du cortisol, le stress entraîne toute une série d'autres modifications hormonales destinées à mobiliser l'énergie en vue de la réaction de fuite ou de combat : le pancréas libère du glucagon qui, conjointement avec la suppression de l'insuline, accroît les taux sanguins du sucre ; les hormones thyroïdiennes stimulent le métabolisme. Face au danger, en état de stress, il n'y a évidemment pas lieu de s'accoupler, de se reproduire ou de grandir. D'abord, il faut survivre ! Du coup, la CRH produite par l'hypothalamus et la prolactine libérée par l'hypophyse inhibent plusieurs hormones intervenant dans la libido et la sexualité ; l'ovulation est perturbée, voire stoppée ; la production de l'hormone de croissance est ralentie. Le chambardement hormonal est total ; le langage à l'origine des plus fins ajustements de l'organisme et toute la chimie du corps sont profondément bouleversés. À la longue, les conséquences d'un tel dérèglement finissent souvent par être désastreuses pour la santé.

3

Inquiétant :
les dangers du stress

LA MALADIE À L'ORIGINE DES MALADIES

Du stress, partout et tout le temps

Selon un rapport de l'American Stress Institute[1], de 75 à 90 % des consultations médicales sont motivées par des problèmes en relation avec le stress. En d'autres termes, cela signifie que de nombreuses maladies résultent, en partie tout au moins, d'une tension psychologique prolongée. Cette affirmation est parfois considérée comme une exagération. Néanmoins, ces dernières années, la compréhension des mécanismes intimes de l'« unité corps-esprit » a fait évoluer la pensée médicale. Lentement, mais sûrement.

Ainsi, il n'y a pas si longtemps, l'idée qu'un stress psychologique puisse favoriser le déclenchement d'une affection aussi banale que le rhume paraissait complètement farfelue. Je me souviens d'un confrère chirurgien qui, en 1993, se moquait de l'une de ses patientes parce qu'elle était convaincue de s'être enrhumée du fait du stress que lui procurait la perspective d'une intervention chirurgicale. « Le rhume est une affaire de virus. Vos états d'âme n'ont rien à voir dans cette histoire ! » lui avait-il dit en levant les yeux au ciel. Ayant assisté à la scène, je fis remarquer à mon confrère qu'un siècle auparavant Louis Pasteur avait eu ces derniers mots : « Le germe n'est rien, le terrain est tout. » « Peut-être, me répondit-il, mais personne n'a pu montrer qu'un stress psychologique influence le "terrain" sur lequel le virus du rhume déclenche la maladie. » Erreur ! En effet, en 1991, Sheldon Cohen, professeur à la Carnegie Mellon University de Pittsburgh, a publié, dans le très sérieux *New England Journal of Medicine*, une étude dans laquelle il constatait, après avoir inoculé le virus du rhume dans les narines de plusieurs centaines de volontaires, que la sensibilité des sujets testés était directement liée au degré de leur stress psychologique[2]. Par la suite, Cohen observa que plus le niveau du stress était élevé, plus les symptômes du rhume étaient prononcés. Cela se révéla particulièrement vrai pour la production de mucus au niveau des voies respiratoires[3]. Et, détail important : le stress aigu ne semblait avoir aucune influence particulière sur la sensibilité au virus ; en revanche, le stress chronique augmentait nettement le risque d'infection[4].

La nuance mérite d'être relevée car, en soi, le stress n'est pas négatif, il est même souvent nécessaire. « Sans stress, pas de vie, pas de progrès. Sans tension, pas de création, pas d'évolution », me disait un chaman rencontré dans la région d'Uxmal, au Yucatan. Nous sommes bien forcés d'admettre que les difficultés de la vie nous stimulent et nous incitent à apprendre de nouvelles stratégies pour nous adapter et évoluer. Hans Selye, l'inventeur du mot « stress », a souligné ce point en qualifiant les événements stressants rapidement résolus d'*eustress*, par opposition aux situations chroniques qu'il a appelées *distress* puisqu'elles mettent notre résistance à l'épreuve et finissent par nous épuiser jusqu'à ce que nous tombions malades[5]. Malheureusement, dans les sociétés modernes, malgré les progrès matériels, le confort et la sécurité, le stress chronique ne cesse d'augmenter. On le retrouve dans tous les secteurs de la vie quotidienne. Ses raisons ne sont plus tant physiques que psychologiques.

Et pour cause : l'obsession du progrès et de la croissance justifie tous les sacrifices. Impératifs de performance, obligation de compétition, horaires contraignants et surcharge de travail sont à la base d'un rythme de vie infernal. Et ce dès le plus jeune âge. À l'école, par exemple, des programmes trop volumineux, un déséquilibre entre les activités intellectuelles et physiques ainsi qu'un système d'évaluation élitiste créent un stress quasi permanent chez les élèves. Crampes abdominales, eczéma, otites et rhumes récidivants ne sont probablement pas étrangers à ce mode de fonctionnement. Car, comme toutes les tensions chroniques, le stress scolaire perturbe le système immunitaire. Pour preuve : une étude réalisée à l'école militaire de Westpoint, aux États-Unis, a montré que, parmi deux cents élèves ayant eu un contact avec le virus de la mononucléose, seulement quarante-huit ont développé les signes cliniques de la maladie. L'analyse détaillée de leur dossier a révélé que les malades se différenciaient des bien-portants par une particularité : ils avaient tous un père exigeant – et donc stressant – qui attendait une brillante réussite de son fils[6]. Une autre enquête, menée dans une école d'infirmières, a mis en évidence une corrélation étroite entre l'apparition de poussées d'herpès et la période des examens scolaires[7]. Et un travail effectué auprès d'un groupe d'étudiants en médecine a montré qu'au moment de passer des examens ceux-ci avaient davantage de problèmes infectieux, en rapport avec une diminution du nombre des cellules NK dans le sang et un abaissement du taux des immunoglobulines IgA dans la salive[8].

Le même genre de résultats a été observé chez des personnes ayant perdu leur emploi[9]. Car le stress engendré par certains coups durs de l'existence fragilise l'individu psychologiquement et physiquement. Les sentiments d'isolement et d'abandon, le doute et l'incertitude, la crainte de ne pas arriver à survivre par soi-même sont autant de sources de tensions délétères pour la santé [10]. Au berceau, déjà, le nourrisson séparé de sa mère se met à pleurer, active son cerveau droit et risque de perturber ses défenses immunitaires [11]. Plusieurs études indiquent d'ailleurs que l'eczéma du petit enfant pourrait être la conséquence de son stress [12]. Plus tard au cours de l'existence, la perte d'un être cher entraîne un affaiblissement du système immunitaire qui explique probablement certaines maladies ou même certains décès survenant peu de temps après le deuil ou la séparation. Ainsi, en 1977, une étude australienne, pionnière dans le domaine et publiée dans la revue *Lancet*, montrait que la perte du conjoint provoque une diminution significative de l'activité des lymphocytes T et B [13]. Dix ans plus tard, une étude réalisée auprès de femmes veuves a mis en évidence une augmentation du cortisol et une diminution de l'activité des cellules NK [14].

Notre santé est donc conditionnée par la qualité de nos liens affectifs. De nombreuses études le démontrent. À l'Ohio State University, par exemple, Janice Kiecolt-Glaser a établi que les femmes dont la relation de couple est satisfaisante ont une meilleure immunité que celles qui ne sont pas épanouies avec leur conjoint [15]. Et, dans une expérience où des couples mariés devaient tenir une conversation à propos d'un sujet conflictuel, il est apparu que, lorsque les conjoints adoptaient un comportement négatif ou hostile, leur immunité se dégradait de manière significative [16]. Parfois, hélas, malgré une relation de couple harmonieuse, la peur de perdre l'être aimé, le chagrin de le voir dans la difficulté ou la nécessité de le soigner peut aussi engendrer un stress chronique. Ainsi, des personnes en charge d'un conjoint atteint de la maladie d'Alzheimer ont des taux de cortisol élevés et une moins bonne réponse immunitaire après avoir été vaccinées contre la grippe [17]. De même, des hommes en charge de leur épouse démente ont des taux d'interleukine-6 – une cytokine inflammatoire élevée dans de nombreuses maladies – quatre fois supérieurs à ceux d'hommes d'un groupe contrôle dont les épouses sont bien portantes[18]. Or, nous l'avons vu au chapitre précédent, l'intensification et la prolongation des réactions inflammatoires entraînent des dégâts considérables pour l'organisme*. Enfin, dans une étude d'un genre un peu particulier, Janice Kiecolt-Glaser a montré que des plaies créées volontairement sur la peau cicatrisent moins vite chez les personnes en charge d'un conjoint atteint de la maladie d'Alzheimer que chez d'autres non confrontées à ce problème[19]. Je n'hésite jamais à communiquer ces observations à ceux qui se dévouent pour un parent ou un ami malade. Car, lorsqu'on prend soin des autres, on ne devrait pas sous-estimer sa propre fragilité. C'est précisément dans ces moments-là, au contraire, qu'il faudrait veiller à prendre soin de soi.

Inflammation et dépression

Prendre soin de soi. Yvette n'y avait jamais pensé. Et pour cause : aînée de six enfants, elle s'était toujours occupée de ses frères et sœurs ; puis, veuve à l'âge de trente ans, elle avait consacré sa vie à l'éducation de ses trois enfants. Sa volonté et son courage forçaient l'admiration, mais derrière une apparente sérénité se cachaient une profonde détresse psychologique et une intense souffrance physique. Mais cela, Yvette ne le laissait jamais paraître. Pourtant, depuis l'adolescence, elle souffrait d'ulcères à l'estomac et, peu de temps après le décès de son mari, elle déclara une polyarthrite qui la clouait régulièrement au lit, percluse de douleurs. Lorsque je la rencontrai, Yvette avait cinquante-huit ans. Cinq mois auparavant, son fils cadet s'était tué dans un accident de voiture. Comme à son habitude, en «femme exemplaire», elle avait traversé cette épreuve sans exprimer la moindre émotion. «Il fallait que je

---

* Voir chapitre 2, p. 71.

tienne le coup. Sinon, tout se serait effondré», m'expliqua-
t-elle, les deux mains posées sur son ventre, comme pour
m'indiquer l'endroit de sa douleur. Car, quelques semaines
après la mort de son fils, Yvette avait ressenti des crampes dans
le ventre, accompagnées de terribles diarrhées. Le gastro-
entérologue qui la suivait pour ses ulcères gastriques n'avait
pas mis longtemps à poser un diagnostic : iléite de Crohn – une
inflammation auto-immune de l'intestin.

Le constat me parut évident : ce qu'Yvette se défendait
d'exprimer avec des mots, le stress qu'elle contenait depuis tant
d'années, perturbait ses défenses immunitaires au point
d'enclencher des réactions inflammatoires autodestructrices*.
Et, malgré son apparente «force de caractère», je suspectais un
état dépressif sous-jacent car, souvent, le stress chronique
conduit à la dépression psychologique. Or, selon de récentes
études, c'est cette dépression qui serait à l'origine de l'emballement auto-immune[20]. En effet, n'arrivant plus à faire face aux
problèmes, l'individu perd courage, il n'a plus d'espoir et il
commence à broyer du noir ; l'absence de pensées positives
l'empêche d'inventer de nouvelles solutions** et, pris dans le
cercle vicieux des pensées négatives, il finit par plonger dans un
état de dépression ; le cerveau droit est activé, l'axe hypothalamo-hypophysaire-surrénalien tourne à la limite de ses
capacités*** ; à la longue, l'épuisement de la sécrétion de
cortisol permet la flambée inflammatoire destructrice.

Yvette était troublée. Le fait que j'établisse un lien entre ses
différents problèmes inflammatoires – gastr*ite* ulcéreuse,
polyarthr*ite* rhumatoïde et il*éite* de Crohn – et ses problèmes
de stress et de dépression lui paraissait étrange. Elle croyait
avoir été bien prise en charge par son rhumatologue et son
gastro-entérologue ; elle suivait d'ailleurs leurs traitements à la

---

* Ce mécanisme est décrit au chapitre 2, p. 71.
** Voir chapitre 2, p. 62.
*** Voir chapitre 2, p. 70.

lettre. Si j'avais raison, pourquoi ceux-ci ne lui avaient-ils jamais parlé de la nécessité de changer sa manière d'être et de penser, pourquoi ne s'étaient-ils jamais préoccupés de ses chagrins, de ses frustrations et de ses angoisses ? « Simplement parce qu'il n'y a pas de preuve que cela aurait changé quelque chose à vos problèmes physiques », lui répondirent ses médecins. Je fus obligé de les contredire.

En effet, il existe suffisamment de preuves incriminant des facteurs psychologiques dans la naissance et l'évolution des maladies inflammatoires pour intégrer à leur traitement des mesures destinées à réduire le stress et la dépression des patients. Ainsi, dès 1965, deux chercheurs de l'université de Stanford ont mis en évidence une corrélation entre le stress et l'apparition de symptômes inflammatoires au niveau des articulations. Faute de cadre théorique pour expliquer ces observations, la communauté médicale de l'époque les considéra avec méfiance et s'empressa de les oublier[21]. Néanmoins, quarante ans plus tard, plusieurs études confirment l'existence d'une relation entre le stress, un dérèglement inflammatoire et des lésions articulaires. Ainsi, on a pu montrer que certains cas d'arthrite rhumatoïde se développent après une période de stress chronique ou la répétition de multiples petits stress. Et, chez bon nombre de patients, un événement significatif précéderait le déclenchement des crises[22].

De la même manière, il est aujourd'hui prouvé que l'apparition et l'évolution des maladies inflammatoires de l'intestin – rectocolite ulcéro-hémorragique ou iléite de Crohn – dépendent de l'état psychologique des patients. Ainsi, par exemple, plusieurs cas de colite ulcérative sont apparus chez des Bédouins à la suite du stress psychologique entraîné par le passage d'une vie nomade à une vie sédentaire[23]. Des chercheurs canadiens ont aussi montré que le stress active les rechutes de rectocolite chez le rat[24].

L'inflammation apparaît donc comme un élément essentiel des maladies influencées par le stress et la dépression. Du coup, certains chercheurs n'hésitent pas à considérer le phénomène inflammatoire comme *le* lien pathologique entre le corps et l'esprit. Pour ma part, je pense que, dès l'instant où l'on est amené à prescrire un traitement anti-inflammatoire à un patient, il faudrait avoir le réflexe de creuser sa psychologie et lui conseiller de recourir à des soins susceptibles de le relaxer mentalement et physiquement. Car l'apaisement émotionnel et la détente corporelle stimulent les propriétés réparatrices du système nerveux parasympathique*. Comme nous allons le découvrir dans les chapitres qui suivent, c'est probablement là que les médecines alternatives et complémentaires ont le plus leur rôle à jouer.

Une cascade multifactorielle

Si nous voulons comprendre comment le stress et la dépression influencent la santé du corps, il faut envisager la maladie comme le résultat d'un déséquilibre où les aspects physiques et psychologiques sont étroitement liés, les uns provoquant ou influençant les autres et *vice versa*, dans une suite de réactions de cause à effet qui forment de véritables cercles vicieux. Les processus sont complexes. Il n'est donc pas facile d'identifier les facteurs qui les déclenchent.

Prenons le cas de l'ulcère de l'estomac (plus justement appelé ulcère gastro-duodénal). Pendant longtemps, cette pathologie a été considérée comme un exemple de maladie liée au stress. En effet, des animaux séparés de leur mère ou soumis à des chocs électriques développent des érosions de la muqueuse gastrique et, chez l'être humain, on a observé une nette augmentation du nombre des ulcères perforés après un bombardement ou un tremblement de terre[25]. Néanmoins, dans les années 1980, la découverte d'une bactérie – l'*Helicobacter*

---

* Les propriétés du système nerveux parasympathique sont exposées au chapitre 2, p. 68.

pylori – au niveau des lésions ulcéreuses incita les chercheurs à privilégier une explication infectieuse de l'origine de la maladie. Un traitement antibiotique fut donc préconisé et il se révéla efficace pour prévenir le développement des ulcères. Toutefois, on s'aperçut que seulement 20 % des gens porteurs de la bactérie développaient la maladie. La présence de l'*Helicobacter pylori* n'expliquait donc pas tout[26]. Il fallut alors se résoudre à envisager une explication plus large. Susan Levenstein, gastro-entérologue spécialisée dans la recherche psychosomatique, propose de considérer l'ulcère gastro-duodénal comme la résultante des conséquences physiologiques et comportementales dues au stress. Du côté physiologique, la réaction de stress diminue les défenses immunitaires, réduit le flux sanguin au niveau de la muqueuse digestive, accroît la motilité de l'estomac, diminue la motilité du duodénum et augmente la sécrétion acide. Du côté comportemental, la tension psychique engendre de mauvaises habitudes alimentaires, perturbe le sommeil et accroît la consommation d'alcool et de tabac. La somme de ces différents changements entraînerait une réduction des défenses de la muqueuse digestive ; l'*Helicobacter pylori* pourrait se multiplier en grand nombre ; la réaction inflammatoire s'intensifierait ; un ulcère se formerait et, dans certains cas, pourrait même dégénérer en cancer[27].

Le même genre de cascade multifactorielle est à l'origine de la maladie coronarienne qui conduit à l'infarctus. Ici aussi, le stress engendre une modification des habitudes alimentaires et une consommation accrue de tabac ou d'alcool qui, combinées aux effets de l'hyperactivité du système nerveux sympathique, favorisent l'apparition d'une inflammation – la coronarite – et, du coup, la formation de plaques d'athérome dans la paroi des artères coronaires*. Deux facteurs psychologiques semblent particulièrement impliqués dans ce processus : l'hostilité et la dépression. Et pour cause : les personnes hostiles vivent dans

---

* Ce mécanisme est décrit au chapitre 2, p. 71.

une tension permanente, elles se mettent en colère pour un rien, la moindre contrariété déclenche une réaction au stress, et leur organisme est littéralement imbibé d'adrénaline et de cortisol. Comme le fait remarquer Gregory Miller, qui étudie l'influence de l'hostilité et de la dépression à la Washington University de Saint Louis, dans le Missouri, une personne hostile a tendance à diriger sa rage vers les autres; lorsqu'elle devient dépressive, elle retourne ses griefs contre elle-même. La dépression apparaît alors comme une sorte d'hostilité contre soi[28]. Or, nous l'avons vu, la dépression exacerbe la flambée inflammatoire; celle-ci accélère la formation des plaques d'athérome dans les parois artérielles, entraîne la rupture des plaques existantes et potentialise les phénomènes de coagulation sanguine impliqués dans la formation des caillots et des thromboses. On comprend donc qu'un état psychologique dépressif puisse précipiter la survenue d'une crise cardiaque[29].

Il y a quelques années, alors que j'exposais ces théories à un petit groupe d'étudiants en médecine, l'un d'eux me posa une question : «En admettant que la plupart des maladies résultent d'une cascade multifactorielle, que l'inflammation est un phénomène présent dans la majorité des pathologies et que le psychisme entretient des rapports étroits avec le phénomène inflammatoire, ne pourrait-on pas conclure que la plupart des maladies sont causées ou tout au moins influencées dans leur évolution par des facteurs psychologiques?» La proposition est audacieuse, mais, au vu de tout ce que nous venons d'explorer ensemble, elle n'est pas dénuée de sens.

LE DÉBAT DU CANCER

Des suspicions

À trente-huit ans, Christina, brillant professeur de cancérologie, vient d'apprendre qu'elle a un cancer du sein. La gravité de ce diagnostic lui paraît très relative après le drame qu'elle a vécu. En effet, six mois auparavant, Christina a connu l'horreur. Rien de pire ne pouvait lui arriver : elle a découvert son fils pendu dans la cave de sa maison. «Je le savais, me dit-elle. Depuis la mort de mon fils, je sentais que quelque chose était en train de se passer dans mon corps. En pareilles circonstances, certaines femmes auraient perdu leurs cheveux. D'autres auraient vu leurs règles s'arrêter brutalement à la suite des perturbations hormonales provoquées par le stress et la dépression. Moi, j'ai fabriqué un cancer. Je l'ai compris rien qu'en regardant mes yeux dans le miroir.»

Comme Christina, beaucoup de gens rattachent l'apparition de leur cancer à un événement précis survenu peu de temps avant le diagnostic de la maladie. Ainsi, une enquête australienne a montré que 40 % des femmes atteintes d'un cancer du sein avaient la conviction que leur maladie provenait d'un stress[30]. La perte d'un être cher, une déconvenue professionnelle ou une colère non exprimée : chaque fois, le choc émotionnel et la tension psychologique sont clairement identifiés. Pourtant, à part quelques rares études semblant confirmer ces liens[31], la majorité des publications concluent que, d'un point de vue rigoureusement scientifique, la preuve d'une relation entre un stress particulier et le cancer n'existe pas. À l'université de Leeds, au Royaume-Uni, par exemple, David Protheroe n'a trouvé aucun argument en faveur d'une relation entre le cancer du sein et un événement stressant survenu dans les cinq années précédant l'apparition de la maladie[32]. Et, à l'université Harvard, une enquête réalisée auprès de plusieurs dizaines de milliers d'infirmières n'a montré aucune association entre l'apparition d'un cancer du sein et leur stress professionnel[33].

Souvent, aussi, les patients sont convaincus d'avoir «fabriqué» leur cancer en se «rongeant de l'intérieur». Certains mentionnent des épisodes dépressifs récurrents depuis de nombreuses années. D'autres parlent d'un «manque d'envie de vivre» survenu quelques mois avant le diagnostic de la maladie.

L'idée n'est pas nouvelle. Au IIe siècle de notre ère, déjà, le médecin grec Galien affirmait que les femmes mélancoliques développaient davantage de tumeurs du sein[34]. Néanmoins, ici aussi, en dehors d'une enquête réalisée par des chercheurs de l'université de l'Illinois à Chicago[35], aucune étude épidémiologique sérieuse n'a permis de confirmer un lien direct entre la dépression et le cancer[36]. Par ailleurs, les symptômes dépressifs apparus peu de temps avant la découverte de la maladie pourraient être dus aux perturbations immunitaires et inflammatoires provoquées par la tumeur ; dans ce cas, la dépression ne serait pas une cause, mais plutôt une conséquence du cancer.

Il existe donc un fossé entre l'impression des malades et les résultats des enquêtes épidémiologiques. Faut-il en conclure que le lien entre le stress, la dépression et le cancer est le fruit d'une imagination trop fertile ? Croire à l'existence d'une cause psychologique du cancer répond-il au besoin spécifiquement humain de donner du sens aux événements de la vie ? Les arguments en faveur de cette explication ne sont pas à négliger. En effet, l'annonce d'un cancer provoque souvent une prise de conscience aiguë de la valeur de la vie et de sa finitude. Du coup, certains patients tentent de mettre de l'ordre dans leur existence, ils veulent atténuer leur stress en résolvant leurs conflits émotionnels et ils souhaitent trouver des solutions aux problèmes qui les empêchent de vivre pleinement. On peut donc penser que, rétrospectivement, ces patients se focalisent sur des souffrances psychologiques qui n'ont rien à voir avec leur maladie.

Une hypothèse

« Le fait qu'aucune étude ne puisse établir un lien direct entre le stress, la dépression et le cancer ne prouve rien, me fit remarquer Christina. En tant que cancérologue, je sais que le cancer est une maladie multifactorielle. Il naît de la rencontre de plusieurs causes : certaines prédispositions génétiques, des habitudes tabagiques ou alcooliques, des substances toxiques contenues dans l'alimentation, des produits polluants issus de l'environnement et même des bactéries ou des virus. Alors pourquoi pas le stress et la dépression, en plus ? »

L'hypothèse vaut la peine d'être examinée. En effet, on sait que la cancérisation d'une cellule se produit sous l'effet d'agents cancérigènes qui endommagent l'ADN de ses chromosomes. Normalement, des enzymes spécialisées effectuent les réparations nécessaires. Mais, en cas d'échec, l'accumulation des lésions aboutit à la transformation de la cellule, qui se met à proliférer de manière anarchique. Heureusement, dans bon nombre de cas, la nature ayant prévu des mécanismes d'autoprotection, les cellules immunitaires NK détruisent la cellule devenue cancéreuse avant que celle-ci ait eu le temps de se multiplier. L'organisme possède donc au moins deux moyens d'empêcher le développement d'un cancer : l'un est préventif – la réparation de l'ADN –, l'autre est curatif – l'élimination des cellules malades. Or il semble que le stress et la dépression puissent interférer à ces deux niveaux.

Au niveau préventif, tout d'abord : quelques travaux ont montré que le stress et la dépression compromettent la réparation des chromosomes [37]. Une étude publiée en 2004 dans la prestigieuse revue américaine *Proceedings of the National Academy of Sciences* indique également qu'un stress chronique provoque le raccourcissement des télomères – sortes de capuchons protégeant l'extrémité des chromosomes – et, par conséquent, entraîne un vieillissement prématuré des cellules. Les sujets de l'étude les plus stressés avaient des télomères comparables à ceux de personnes plus âgées d'au moins dix ans [38] ! Ces résultats sont inquiétants puisqu'un raccourcissement des télomères est associé à plusieurs maladies graves, dont certains cancers [39].

Au niveau curatif, ensuite : nous savons que les émotions négatives diminuent l'activité des cellules immunitaires NK. Or, à l'université de Californie de San Diego, Waymond Jung et Michael Irwin ont montré que la diminution de l'activité des

cellules NK observée chez les sujets dépressifs est plus importante si ces derniers sont fumeurs. Les sujets non dépressifs,
quant à eux, fumeurs ou non, conservent une activité NK tout à
fait normale. C'est donc la conjonction du tabac *et* de la dépression qui a un effet particulièrement négatif sur l'immunité[40].
Ces résultats corroborent ceux d'une vaste étude épidémiologique publiée en 1990, qui montrait que des fumeurs dépressifs avaient un risque quatre fois plus élevé de développer un
cancer que les fumeurs non dépressifs, alors que la dépression
non associée au tabac n'augmentait pas le risque de cancer de
manière significative[41].

En théorie, l'hypothèse de Christina paraît donc plausible :
un stress chronique pourrait entraîner une accumulation
d'erreurs au niveau du génome humain ; les cellules prématu-
rément vieillies deviendraient plus sensibles à différents
agents cancérigènes ; un cancer pourrait se déclarer et, dans
le contexte de la faiblesse immunitaire due au stress ou à la
dépression, les cellules malignes pourraient proliférer de
manière incontrôlée[42].

Des certitudes

Un scénario du même genre est peut-être à l'origine de
certains cas où le cancer semble se déclarer soudainement à la
suite d'un choc émotionnel et proliférer de manière extrêmement rapide. Je me souviens de Sylviane, une femme de
cinquante-deux ans chez qui une échographie montrait une
tumeur maligne, d'un diamètre de huit centimètres, sur l'ovaire
droit. Six mois auparavant, le même examen des ovaires s'était
révélé tout à fait normal. Entre-temps, une violente dispute
avec son fils l'avait profondément ébranlée et, progressivement, une douleur sourde s'était installée dans son flanc droit.

De nombreux chercheurs doutent qu'un cancer puisse se
former en une aussi courte période. Pourtant, selon l'hypothèse
que nous venons de discuter, on peut imaginer que des cellules

non encore cancéreuses, mais déjà fragilisées par différents agents toxiques ou un stress chronique, deviennent subitement malignes sous l'effet des bouleversements biologiques dus à un stress intense. Une cause psychologique suffirait donc à rompre un équilibre déjà précaire. Ce n'est bien sûr qu'une hypothèse, mais, face à l'augmentation du nombre de cancers, elle mériterait d'être explorée sérieusement.

En attendant, plusieurs études réalisées chez l'animal ont clairement démontré l'influence négative du stress sur l'évolution des cellules *déjà* cancérisées. Ainsi, des rats porteurs d'un cancer et soumis à des chocs électriques auxquels ils ne peuvent pas échapper connaissent une baisse de leur immunité et une évolution fulgurante de la maladie[43]. De même, chez des souris auxquelles on transplante des cellules malignes avant de les stresser par des rotations de leur cage, on observe une corrélation étroite entre le nombre de tours de la cage et la croissance de leur tumeur[44].

Pour apprécier l'éventuelle participation des causes psychologiques au processus de la cancérisation, il faudrait disposer d'études prospectives menées sur un grand nombre de personnes, pendant plusieurs dizaines d'années, comprenant des dosages biologiques et une évaluation précise du degré de stress ou de dépression. Il faudrait aussi pouvoir distinguer les effets directs des effets indirects du stress et de la dépression sur le cancer, car, comme nous l'avons vu pour l'ulcère de l'estomac ou l'infarctus, les habitudes alimentaires, alcooliques ou tabagiques qui découlent des problèmes psychologiques peuvent, elles aussi, favoriser la naissance de la maladie. Le problème est donc éminemment complexe et, comme le précisait Christina (aujourd'hui guérie), « dans la pratique, ce genre d'études prospectives est très difficile, voire impossible à réaliser. L'acquisition de certitudes quant au rôle du stress dans le cancer prendra donc encore du temps ».

REFUSER LA FATALITÉ

Programmé pour se battre

Du temps. Il en faut pour observer les faits, aiguiser sa curiosité, poser des questions, trouver des réponses et faire progresser la science. L'histoire de Meyer Friedman et Ray Rosenman en est un parfait exemple. Dans les années 1950, ces deux cardiologues partageaient un cabinet à San Francisco. À l'époque, les problèmes cardiaques ne cessaient de se répandre dans la population. Et, comme beaucoup de leurs confrères, ils s'interrogeaient sur les raisons de cette «épidémie». Un détail, en apparence anodin, leur apporta la réponse. En effet, ils avaient remarqué que les chaises de leur salle d'attente étaient anormalement usées, non pas dans le fond mais sur le bord de l'assise et l'extrémité des accoudoirs. Étonnés par cette anomalie, ils se mirent à observer la manière dont s'asseyaient leurs patients et, à leur grande surprise, ils s'aperçurent que ceux-ci ne se détendaient jamais. Au contraire, ils restaient constamment sur le qui-vive, prêts à se lever, impatients de voir leur tour arriver, interrogeant régulièrement la secrétaire sur le temps qu'il leur restait à attendre. Friedman et Rosenman identifièrent ce genre de comportement comme l'un des facteurs favorisant l'apparition des problèmes cardiaques. Agressives et impatientes, les personnalités à risque furent baptisées «Type A», par opposition au profil de «Type B», beaucoup moins stressé[45]. Au moment où elle fut énoncée, cette théorie rencontra un grand scepticisme au sein de la communauté médicale. «Peut-être parce que beaucoup de médecins et, en particulier, de nombreux cardiologues ont un profil de "Type A" extrêmement marqué…», s'amuse à préciser Ray Rosenman[46]. Qui sait? En tout cas, nous l'avons vu, aujourd'hui il n'y a plus aucun doute : l'hostilité des personnalités de «Type A» est néfaste, non seulement pour leurs coronaires, mais pour l'ensemble de leur organisme.

«On a beau en connaître les dangers, il n'est pas facile d'échapper à ses "mauvais réflexes", m'avouait un patient qui venait de vivre son troisième infarctus. C'est comme si on était conditionné à réagir agressivement. À croire que le cerveau est programmé de la sorte. » Il est effectivement difficile pour une personnalité hostile de ne pas tomber dans le piège de son hyperréactivité car, chez elle, la moindre contrariété déclenche une « réponse au stress » exagérée : l'adrénaline est sécrétée en énormes quantités et l'axe hypothalamo-hypophysaire-surré-nalien produit un excès de cortisol. Des études réalisées chez l'animal montrent que les causes de cette hypersensibilité au stress remontent parfois avant la naissance[47]. Ainsi, à l'université de Lille, Stefania Maccari a constaté que des rats nés de mères stressées au cours de leur portée ont un niveau d'anxiété nettement plus élevé. Au moindre stress, leur taux de cortisol augmente très rapidement et il reste élevé anormalement longtemps[48]. Il semble que les soins prodigués par la mère après la naissance atténuent les dégâts causés par le stress prénatal[49]. Néanmoins, une fois parvenus à l'âge adulte, certains rats continuent de manifester une anxiété anormale, des troubles de la mémoire, une fragmentation du sommeil, une propension à consommer des drogues, des modifications de leur comportement alimentaire et une prise de poids exagérée[50].

Il est très probable que le même phénomène d'empreinte prénatale se produise chez l'être humain. En effet, plusieurs études récentes indiquent que certains problèmes émotionnels et comportementaux de l'enfant sont en rapport avec l'état psychologique de la mère durant la grossesse[51]. Ainsi, à l'université d'Utrecht, aux Pays-Bas, Jan Buitelaar et Anja Huizink ont montré que le stress vécu par la mère durant la grossesse compromet le développement mental et moteur des enfants examinés huit mois après la naissance[52]. Et, à l'université de Californie, à Irvine, Elysia Poggi Davis a constaté que le stress prénatal influence négativement l'adaptation des nourrissons à la nouveauté et au changement[53]. Enfin, selon une équipe de chercheurs de l'université d'Aarhus, au Danemark, il y a des raisons de penser que le stress prénatal intervient dans l'apparition des troubles de l'attention et dans celle du syndrome d'hyperactivité, que l'on rencontre de plus en plus fréquemment chez les enfants[54].

« Ce genre d'études semble vouloir faire porter toute la responsabilité des troubles comportementaux de la jeunesse aux mères de famille », me fit remarquer une jeune femme aux prises avec l'agressivité démesurée de ses deux enfants. Je doute que ce soit là l'intention des chercheurs. Cependant, force est de constater que les conditions de stress dans lesquelles de nombreuses femmes vivent leur grossesse ne sont peut-être pas idéales pour l'avenir de leurs enfants. On peut donc espérer que les études en cours aideront à prendre conscience des conséquences du mode de vie effréné que nous nous imposons. Cela nous incitera, peut-être, à inventer d'autres solutions, plus douces et moins stressantes.

Il n'est peut-être pas trop tard

« Il n'est peut-être pas possible de changer entièrement une personnalité de "Type A", disait Meyer Friedman. Mais on peut toujours lui apprendre à développer davantage de comportements de "Type B". » « *Sweetness is not weakness* » (« La douceur n'est pas une faiblesse »), avait-il l'habitude de dire à ses patients. Lui-même, parfait exemple de caractère stressé, eut une première alerte cardiaque à quarante-cinq ans et deux infarctus à cinquante-cinq ans. Il décida alors de suivre les conseils qu'il prodiguait aux autres : il cessa de critiquer son épouse et évita de sermonner ses enfants, il prit davantage de temps pour s'intéresser à ce qu'il appelait les « trois P » (*pets, plants, persons* – les animaux domestiques, les plantes et les gens) et, pour apprendre à calmer son impatience, il lut à trois reprises les sept volumes du roman de Proust *À la recherche du temps perdu*. Par la suite, il vécut en parfaite santé jusqu'à l'âge de quatre-vingt-dix ans !

L'espoir est donc permis. Les déséquilibres conduisant à la maladie ne sont pas toujours irréversibles, même si, parfois, leur origine remonte avant la naissance. Ainsi, en 2004, des chercheurs de l'université de Toronto, au Canada, ont publié une étude dans laquelle ils montraient que la réduction du nombre des cellules souches du cerveau causée par le stress prénatal chez des hamsters est réversible après la naissance si les animaux reçoivent des soins attentifs de leur mère [55]. Ce phénomène de «plasticité neuronale» était encore inconnu il y a quelques années. Lorsque j'étais étudiant en médecine, nous apprenions que le cerveau était un organe figé, incapable de régénération ou de réorganisation. On sait aujourd'hui que c'est tout le contraire. Cent milliards de neurones, dix mille connexions par neurone, un million de milliards de connexions parcourues d'influx électriques à la vitesse vertigineuse de trois cents kilomètres à l'heure : l'immense réseau cérébral est le siège de remaniements constants. De nouvelles cellules sont engendrées ; certaines connexions, peu utilisées, tendent à disparaître alors que d'autres, plus sollicitées, se renforcent ; des circuits neuronaux sont activés ou désactivés selon les nécessités.

Cette formidable plasticité du cerveau est à la base des mécanismes du conditionnement, de la mémoire et de l'apprentissage [56]. On comprend donc que si une expérience laisse une trace dans notre système nerveux, nous ne sommes pas forcément condamnés à retomber dans son sillon. Nos comportements peuvent être rééduqués, et notre cerveau remodelé. Certains pièges du passé peuvent être désamorcés. Pour le plus grand bénéfice de notre santé.

4

Rassurant :
la force de l'esprit

QUAND LA PSYCHOLOGIE DEVIENT POSITIVE

Martin Seligman est né pessimiste. C'est probablement la raison pour laquelle il passe sa vie à défendre les vertus de l'optimisme[1]. Professeur de psychologie à l'université de Pennsylvanie, cet homme au faciès arrondi par la bonne humeur est devenu le chef de file d'un nouveau courant de la psychologie. Car, pour lui, « être psychologue est bien davantage que soigner des maladies mentales. C'est aussi, et peut-être avant tout, aider les gens à sortir le meilleur d'eux-mêmes ».

Longtemps, la psychologie ne s'est intéressée qu'aux émotions négatives. On traitait les dépressions et les psychoses, mais on ne savait presque rien du bonheur. Cependant, les récentes découvertes de la psycho-neuro-immunologie ont clairement démontré le bénéfice des émotions positives pour la santé. De plus en plus de thérapeutes en sont convaincus : une attitude optimiste face à la vie est le médicament le plus puissant et le moins coûteux que l'être humain ait jamais eu à sa disposition.

Ce que la «psychologie positive» est en train de découvrir, le bouddhisme l'a compris depuis bien longtemps. En développant une véritable «science intérieure[2]», cette philosophie prône la transformation des cinq poisons émotionnels en cinq sagesses indispensables à la construction du bonheur. Une pratique régulière permet de changer l'orgueil en humilité, l'avidité en détachement, la jalousie en joie pour ce qui arrive aux autres, la colère en patience et en tolérance, l'ignorance en connaissance de la vraie nature de l'esprit.

« *There is nothing good or bad, but thinking make it so* » («Il n'y a rien de bon ou de mauvais, sinon l'idée que l'on s'en fait»), affirmait William Shakespeare. En soi, les événements sont neutres. C'est nous qui leur attribuons un sens et, quoi qu'on en pense, nous avons toujours le choix entre l'idée d'un verre à moitié plein et celle d'un verre à moitié vide. Notre interprétation de la réalité influence ce que nous ressentons. Et ce que nous ressentons conditionne notre réalité.

Ces principes essentiels constituent le secret de l'extraordinaire capacité de résilience que développent certains êtres humains. Confrontés aux pires situations, accablés des plus insoutenables souffrances, ils survivent. Mieux encore, ils vivent. Richard Davidson a montré comment des femmes ayant réussi à surmonter des événements dramatiques sont capables de tempérer leurs émotions négatives lorsqu'on évoque leurs souvenirs douloureux. Il semble que le cortex cérébral associé aux émotions positives puisse inhiber les amygdales du système limbique. Du coup, les peurs et les angoisses sont calmées, l'hypothalamus n'enclenche pas sa cascade hormonale et les taux de cortisol sanguin restent normaux[3]. Tout se passe comme si les résilients entraînaient leur cerveau à cultiver des réactions positives. Leurs pensées pessimistes sont balayées par des idées optimistes. Au découragement, ils préfèrent l'espoir. Inévitablement, cette attitude influence toutes les cellules de leur corps.

L'activité dominante de leur cerveau gauche leur apporte de meilleures défenses immunitaires et, à l'abri des humeurs dépressives, ils échappent au cortège des dérèglements inflammatoires toxiques pour l'organisme.

Éduquer le cerveau à la positivité semble donc être une priorité. Les études sur la plasticité neuronale montrent que c'est possible*.

Le choix du bonheur

Tous les dix ans, l'American Psychological Association fixe un thème qui reflète les préoccupations de ses chercheurs. La décennie 1990-2000 était consacrée au cerveau, celle de 2000-2010 s'intéresse au comportement et à la psychologie positive. Ce choix pourrait passer pour l'expression d'une idéologie un peu utopiste vouée à la recherche du bonheur à tout prix. J'y vois d'abord une réponse nécessaire à l'importance croissante des problèmes de santé dus au stress. D'autant plus que de nombreux chercheurs s'accordent à dire que les ravages causés par les émotions négatives sont encore sous-estimés.

La psychologie positive invite à réfléchir sur le fait que nous avons plus de pouvoir sur notre vie que nous ne le pensons. Son objectif est d'aider à la transformation des problèmes en source de créativité et de santé. Au cours du travail thérapeutique, il faudra apprendre à identifier les conditionnements, les croyances et les idées qui empêchent de penser d'une manière positive. La démarche n'est pas toujours simple, car les héritages sont parfois très anciens. Beaucoup d'humilité et de persévérance sera donc nécessaire pour effacer les habitudes négatives.

En toile de fond se dessine une évidence : la négativité cache des peurs. Et ces peurs nous empêchent de réaliser nos désirs les plus profonds. Au cours de mes consultations, j'entends les gens m'affirmer qu'ils n'arriveront pas à réaliser leur rêve, que

---

* Voir chapitre 3, p. 91.

tel ou tel problème ne trouvera pas de solution, que de toute façon les autres ne s'intéresseront pas à eux. Autant de craintes de ne pas être à la hauteur, de ne pas vivre pleinement ou de ne pas mériter l'amour des autres. Autant de pensées négatives qui les paralysent. Et, à force d'écouter la voix pessimiste qui s'exprime en eux, leurs prédictions finissent par se réaliser : ils vivent en deçà de leurs potentialités, ils n'ont pas ce qu'ils désirent et ils se sentent très seuls. Ainsi, les pensées négatives qui nous assaillent augmentent considérablement le risque de sombrer dans la dépression. Le pessimisme est un poison dangereux.

Autre pionnier du courant de la psychologie positive, le psychologue américain Mihaly Csikszentmihalyi pense que le pessimisme est une attitude préparant l'individu à mieux se défendre. Envisager le pire permettrait de mobiliser des ressources inexploitées. Néanmoins, il faut éviter de répondre au pessimisme par le pessimisme, car l'anticipation négative génère un stress qui empêche d'inventer les solutions efficaces face aux problèmes qui surgissent. Or le pessimisme est contagieux. C'est la raison pour laquelle, au XVIIe siècle, le cardinal Mazarin demandait à toute personne désirant entrer à son service si elle estimait avoir de la chance dans la vie. Les émotions positives stimulent la créativité. Homme d'État avisé, Mazarin savait que s'entourer de gens optimistes crée l'enthousiasme nécessaire à la réussite.

Mihaly Csikszentmihalyi décrit très bien l'intérêt qu'il y a à choisir un objectif précis pour motiver notre action. Le flot de nos expériences nous conduit alors vers la réalisation de ce but et nous procure un sentiment de bien-être qui entraîne notre corps et notre esprit vers la réussite[4]. Toutefois, il convient de ne pas oublier un détail important : le secret du bonheur réside dans notre capacité à nous fixer des objectifs raisonnables. Il faut donc pouvoir reconnaître ses limites, ne pas vouloir en faire trop ni trop vite, tenir compte des contraintes de l'environnement et choisir ses priorités en respectant ses besoins essentiels. Courir après l'inatteignable engendre trop de stress. La frustration crée un découragement et le manque d'espoir nous plonge dans la dépression.

Un bon moyen d'échapper à cette descente aux enfers est d'apprendre à cultiver des pensées positives. C'est ce que montre une étude de Barbara Fredrickson. Des étudiants ont été interrogés à propos de leur attitude face à la vie. Ceux qui avaient des pensées positives lors d'un premier entretien en manifestaient encore davantage par la suite. Leur volonté d'évoluer, leur désir de rencontrer les autres et leur envie de former de nouveaux projets étaient à chaque fois plus affirmés[5]. Penser positivement amorce une véritable spirale du bonheur. Les solutions aux problèmes de l'existence émergent plus rapidement, la confiance en soi s'installe plus profondément, il est plus facile de s'ouvrir aux autres et ceux-ci, en retour, nous rendent la vie plus aisée. Le positif attire le positif. Nous le savons tous, même si nous ne trouvons pas toujours le moyen de créer cette réalité idéale.

Martin Seligman insiste pour que l'on inculque ces principes aux enfants dès leur plus jeune âge. Car, même si nous ne pouvons pas forcément contrôler les événements, la manière dont nous choisissons d'y répondre influence les conditions de notre existence. Tout dépend du sens que nous attribuons aux faits. Par exemple, la manière dont les autres se comportent à notre égard importe peu. C'est la façon dont nous réagirons face à leur attitude qui compte. Ce que nous ressentons est sous notre contrôle et, à chaque instant de notre vie, nous pouvons éviter d'être la victime du stress. C'est plutôt réconfortant. Encore faut-il apprendre à équilibrer la balance émotionnelle de nos deux hémisphères cérébraux.

Rire

Une légende de la tribu indienne des Apaches raconte comment, après avoir doté l'être humain de toute une série de qualités, le Créateur fronça les sourcils, s'assit sur un rocher et se prit la tête dans les mains. Sa création pouvait parler, courir, voir, entendre... et pourtant il lui manquait une qualité essentielle. Il fallait que l'être humain puisse rire ! Aussitôt, les hommes et les femmes se mirent à s'esclaffer. Ils rirent de bon cœur, un long moment. Alors le Créateur sourit, il était satisfait. Il se leva et salua les hommes et les femmes qui essuyaient leurs larmes de joie. « À présent, vous êtes parés pour vivre », leur dit-il en s'éloignant.

Enfants, nous riions plus de quatre cents fois par jour, par pur plaisir, sans raison. Devenus adultes, nous ne rions plus qu'une vingtaine de fois en une journée. C'est dommage car, en engendrant des émotions positives, le rire exerce des effets très bénéfiques sur la santé. Il représente donc un avantage du point de vue de l'évolution. D'autant plus que le sens de l'humour nous rend plus attractifs aux yeux des autres. Notre recul et notre détachement nous rendent moins agressifs. Nous sommes alors plus facilement intégrés en société, et cela participe aussi au maintien d'une bonne santé.

L'entrée du rire sur la scène médicale date de 1976, lorsque le très sérieux *New England Journal of Medicine* publia le témoignage de Norman Cousins, un journaliste qui prétendait s'être guéri d'une grave maladie rhumatismale (la spondylarthrite ankylosante) sans l'aide de la médecine conventionnelle[6]. Paralysé et condamné par ses médecins à finir ses jours sur un lit d'hôpital, Cousins décida de se soigner par lui-même en ingurgitant de fortes doses de vitamine C et en visionnant des films comiques. Six mois plus tard, il retrouva l'usage de ses membres et il put reprendre son métier à plein temps. Par la suite, Cousins se consacra à l'étude des liens entre le psychisme et l'immunité, et il enseigna à la faculté de médecine de l'université de Californie, à Los Angeles.

Au Centre de neuro-immunologie de Loma Linda University, en Californie, Lee Berk et David Felten, l'homme qui a mis en évidence l'innervation sympathique des organes du système immunitaire*, dirigent une série d'études sur les effets du rire. Celles-ci portent tout d'abord sur des sujets en bonne santé : le visionnage d'un film humoristique entraîne une augmentation des IgA salivaires, un accroissement de l'activité des cellules NK et tout un ensemble d'autres améliorations des défenses immunitaires dont les effets perdurent au moins douze heures[7]. Ensuite, les travaux sont menés auprès de patients cardiaques à qui l'on projette des films drôles durant une année après leur infarctus. Les résultats sont éloquents : trente minutes de cinéma comique deux fois par jour permettent de réduire le risque de récidive d'infarctus de manière significative par rapport à un groupe contrôle. La tension artérielle reste plus basse, les troubles du rythme cardiaque sont moins fréquents et le besoin de médicaments est moins important[8].

Une étude récente publiée dans le *Journal of the American Medical Association* montre que des patients allergiques à la poussière et aux acariens développent une moins forte réaction cutanée aux allergènes après avoir vu un film amusant[9].

Ainsi, un peu partout dans le monde, l'humour commence à être considéré comme un remède efficace. Des troupes de clowns sont invitées dans les hôpitaux. Au Japon, par exemple, on utilise cette méthode pour soulager les douleurs des patients souffrant d'arthrite rhumatoïde[10]. En Inde, le docteur Madan Kataria a créé une méthode d'initiation au «yoga du rire». Depuis son lancement en 1995, plus de deux mille clubs du rire ont été créés à travers le monde. Des milliers de gens viennent y apprendre des exercices déclenchant l'hilarité. Madan Kataria est convaincu que, en plus d'améliorer la santé, l'attitude positive que provoque le rire concourt à créer de l'harmonie et de la paix dans le monde.

---

* Voir chapitre 2, p. 53.

En quête de sens

Écrire

Lorsque j'ai entrepris le parcours qui mène à la connaissance de soi, spontanément je me suis mis à écrire, comme si j'y étais appelé. Tous les jours, j'ouvrais mon «journal» pour lui confier mes ressentis. Chaque fois que je le refermais, j'étais apaisé. Mes idées se clarifiaient et les événements de ma vie prenaient un sens différent. Convaincu par les bienfaits de l'écriture, j'ai recommandé cet exercice à toutes les personnes que j'ai accompagnées par la suite. J'ignorais qu'en fait je prescrivais un médicament dont la puissance avait été testée en laboratoire.

Une étude menée à l'université du Texas a montré en effet que les étudiants qui écrivent régulièrement à propos des événements difficiles de leur vie sont de meilleure humeur et tombent moins souvent malades[11]. L'«écriture émotionnelle» semble donc renforcer l'immunité. Pour le confirmer, une expérience a été réalisée sur un groupe d'étudiants en médecine. Durant quatre jours, certains étudiants épanchaient leurs états d'âme sur le papier; les autres écrivaient à propos de sujets neutres. Au cinquième jour, tous les étudiants furent vaccinés contre l'hépatite B. Un dosage sanguin fut ensuite effectué pour apprécier la qualité de la réponse immunitaire contre le vaccin. Les résultats furent concluants puisque les étudiants qui avaient écrit à propos de leurs expériences émotionnelles avaient une production d'anticorps significativement plus élevée que les autres[12].

Le même genre d'étude a été proposé à des patients asthmatiques et à des malades souffrant de rhumatismes chroniques douloureux et invalidants. Trois jours de suite, pendant une vingtaine de minutes, ils devaient exposer par écrit le détail des événements qu'ils avaient ressentis comme stressants. Publiés en 1999 dans le *Journal of the American Medical Association*, les résultats montraient une amélioration biologique statistiquement significative, persistant quatre mois après l'expérience. David Spiegel, professeur de psychiatrie à Stanford, signait l'éditorial de la revue en concluant que si de tels résultats avaient été obtenus à l'aide d'un médicament produit par l'industrie pharmaceutique, le retentissement médiatique de l'étude aurait été considérable et la molécule aurait été prescrite à grande échelle[13]. Évidemment, l'« écriture émotionnelle » n'est pas commercialisable. Et la solution paraît sans doute trop simple. Pourtant, elle fonctionne.

Des études menées chez des patients après un grand stress (syndrome de stress post-traumatique) montrent que le souvenir des événements traumatisants active les zones du cerveau consacrées à la vision et aux émotions. En revanche, les centres du langage et de l'expression semblent désactivés. Écrire aide probablement à rétablir les connexions entre ces différentes zones. Mettre des mots sur les images d'une expérience douloureuse permet alors de la réinterpréter dans le présent. La perspective change, un sens peut être donné aux ressentis. C'est sans doute la fonction des mythes et des légendes : la morale des histoires remoralise le vécu de ceux qui ne comprennent plus le sens de leur vie et se sentent « démoralisés ». Il n'est dès lors pas étonnant que, depuis la nuit des temps, devins, voyants, astrologues et autres « créateurs de sens » soient consultés par tous les membres – prêtres, rois et présidents compris – des sociétés nomades ou sédentaires, agricoles ou industrielles.

La tenue d'un journal fait donc partie des démarches créatrices de sens. De la régularité et de l'honnêteté que l'on y mettra dépendra la profondeur à laquelle ce travail peut nous emmener. Souvent, les patients à qui je conseille de s'adonner à cette pratique me rétorquent qu'ils n'en ont pas le temps. C'est précisément le cadeau qu'il leur est proposé de se faire à eux-mêmes : trois minutes par jour, rien que pour eux. Un bref instant d'intimité avec soi. Cela vaut sans doute autant que toutes les assurances-vie pour lesquelles nous travaillons sans prendre le temps de vivre. Quelques lignes sur du papier pour aider notre cerveau à recycler nos stress. C'est l'ensemble de notre corps et de notre esprit qui en bénéficiera.

Espérer

« Avoir l'espoir ne veut pas dire que nous pensons que les choses vont se produire bien. Cela signifie simplement que nous pensons que les choses auront un sens », écrivait Vaclav Havel. Ce sens, c'est nous qui le donnons aux événements. Positif ou négatif, il influence nos pensées et, de là, l'ensemble de notre corps. Dès lors, la foi qui habite l'âme humaine remplit une fonction biologique évidente. En attribuant un sens aux événements terrifiants de leur environnement, nos ancêtres ont pu apaiser leurs craintes et inventer des solutions adaptées aux difficultés de l'existence. L'avantage évolutif de la foi et de l'espoir expliquerait donc pourquoi l'on trouve des systèmes de croyances dans toutes les cultures et dans toutes les périodes de l'histoire humaine.

Pour que la croyance puisse exercer son effet apaisant, elle doit être aveugle. Il n'y a pas de place pour le doute. Ce que l'on croit n'a pas beaucoup d'importance, pourvu que l'on y croie vraiment. C'est ce qui ressort d'une enquête menée par Caryle Hirshberg et Marc Ian Barasch[14]. Ayant analysé les cas de guérisons spontanées répertoriés dans la littérature médicale, ces deux chercheurs ont mis en évidence l'importance d'une foi inébranlable dans le système de guérison choisi par les patients.

L'espoir fait vivre. Il y a une vingtaine d'années, deux études publiées dans *Science* l'ont montré : des rats porteurs d'une tumeur cancéreuse et soumis à des chocs électriques ne survivent que s'ils peuvent échapper aux décharges en actionnant un levier. Privés de cette possibilité, les animaux se découragent, leurs défenses immunitaires s'effondrent et le cancer se propage de manière fulgurante[15].

L'espoir est au cœur du processus de la guérison. Le faire naître en soi nécessite d'imaginer une issue favorable ou un objectif plein de sens et, par anticipation, de ressentir la joie qui accompagnerait sa réalisation. Au niveau cérébral, cette perspective active les circuits riches en dopamine, impliqués dans la motivation et la récompense. Dans l'instant, l'humeur s'améliore. Ainsi, lorsqu'un malade se met à espérer, son cortex cérébral gauche engendre des pensées positives qui inhibent les sentiments de peur produits par les amygdales limbiques. Du coup, la cascade des réactions du stress s'interrompt et des endorphines – hormones atténuant la douleur et favorisant les pensées positives – sont libérées dans la circulation sanguine. Automatiquement, le corps se détend et les douleurs sont apaisées. En retour, le cerveau étant informé de cette amélioration, les émotions deviennent encore plus positives et le cortex cérébral gauche continue d'espérer. Cela renforce l'inhibition des amygdales, la libération des endorphines se poursuit, les douleurs s'atténuent encore davantage et les informations envoyées au cerveau restent positives. Par conséquent, les défenses immunitaires fonctionnent de manière optimale, les processus réparateurs sont activés et la guérison peut s'installer.

En revanche, imaginons que le malade continue de souffrir. Les influx douloureux parvenant au cerveau entraînent des émotions négatives. Le cortex cérébral gauche a du mal à maintenir son humeur positive. Tôt ou tard, le cortex cérébral droit prend le dessus, le découragement s'installe, les amygdales sont stimulées et la cascade du stress s'enclenche. Si celle-ci s'emballe, le désespoir plonge le malade dans la dépression, les réactions inflammatoires deviennent excessives et l'état de sa santé se dégrade rapidement.

Donner du sens, encourager les patients, apaiser la douleur et insister sur les premiers signes d'amélioration d'une maladie sont donc des actes hautement thérapeutiques. Malheureusement, cet aspect de l'art de guérir est souvent négligé. Dans la plupart des écoles de médecine, il est même ignoré.

La rage de vivre

Lorsque j'ai rencontré John, il avait cinquante ans. Huit ans auparavant, un test sanguin avait révélé l'impensable : il était contaminé par le virus du sida. L'annonce de cette nouvelle l'avait plongé dans un état de profonde dépression. Puis, peu à peu, il avait repris goût à la vie. Jusqu'au jour où son meilleur ami s'était tué dans un accident de voiture. « Ce n'est pas juste, me dit-il. C'est moi qui aurais dû partir. Il était si jeune et tellement talentueux ! »

Le mois suivant, John avait perdu quatre kilos. Il avait la mine grise et ses yeux étaient tristes. Je m'inquiétai pour lui. « Tout va très bien, j'ai envie de mourir », me répondit-il sur un ton ironique. Le lendemain, des taches foncées apparurent sur ses jambes. Le dermatologue de l'hôpital confirma mes craintes : il s'agissait d'un sarcome de Kaposi – un cancer cutané qui survient chez des patients dont l'immunité est affaiblie. En quelques jours, John était passé de l'état de séropositivité au stade déclaré de la maladie du sida. Il fallait immédiatement commencer un traitement.

Deux semaines plus tard, John m'appela au téléphone. Son état s'était aggravé. Il ne supportait pas les médicaments. Il ne voulait plus poursuivre le traitement. « Qu'en pensez-vous, docteur ? » me demanda-t-il, la voix remplie d'anxiété. Je lui répondis que je ne savais pas. Les médicaments avaient certainement une utilité, mais je ne pouvais pas ressentir ce que cela faisait de les prendre. Ce n'était pas moi le malade. C'était lui qui devait sentir et décider ce qui lui convenait. Énervé, John me dit qu'il voulait un conseil. Je lui répétai que j'étais désolé, mais que je ne pouvais pas lui en donner. Ma réponse le mit en colère.

C'était ce que je voulais. Car mon expérience thérapeutique m'a enseigné que la colère est une énergie extrêmement puissante, la nature même de l'élan vital, notre rage de vivre. Surpris par la force qui l'ébranlait, John décida d'utiliser cette énergie pour « se bouger ». Il se mit à faire du sport, consulta un acupuncteur et se fit masser le corps tous les deux jours.

Stupéfait, il retrouva même l'envie d'avoir une vie sexuelle. «Et, cette fois, au grand jour!» me dit-il avec fermeté.

Lorsqu'il se présenta à l'hôpital, son médecin fut impressionné par la bonne évolution de son état général. John lui expliqua sa recette : arrêt des médicaments, exercice, acupuncture et massages. Le médecin leva les yeux au ciel et répondit que ces mesures pouvaient peut-être apporter une amélioration transitoire, mais en aucun cas la guérison. Si John ne recommençait pas à prendre ses médicaments, ses chances de survie seraient très faibles, son temps se compterait en jours, au mieux en mois.

À peine sorti de la consultation, John m'appela. Il était désemparé : d'un côté il se sentait mieux, presque aussi bien qu'avant sa maladie, mais de l'autre son médecin lui annonçait qu'il allait mourir. Je le rassurai en lui disant qu'il ne fallait croire que ce que l'on voyait. Et, pour l'heure, il fallait bien admettre que sa méthode marchait mieux que les médicaments proposés par son médecin. Cependant, John doutait. Et si l'infectiologue savait mieux que lui-même ce qui était bon pour lui ? Et si cette amélioration n'était qu'une illusion ? Dépité, John décida de recommencer à prendre ses médicaments. Son appétit diminua, ses forces le quittèrent, il arrêta le sport et il ne trouva plus l'énergie de consulter son acupuncteur.

Dix jours plus tard, je le retrouvai en pleine dépression. Lorsqu'il me demanda ce que j'en pensais, à nouveau je lui répondis que je ne pouvais pas me mettre à sa place. Je lui dis que son médecin avait sans doute eu peur de lui donner de faux espoirs, qu'il fallait se méfier des gens qui jettent des sorts, et je lui racontai quelques histoires de sorciers vaudous*.

La réaction de John fut immédiate. «C'est bien cela, me dit-il. Je suis le seul qui puisse savoir. Je n'ai pas envie de me laisser condamner à mort par ce médecin. Qu'il m'apporte les preuves de ce qu'il avance. Après tout, c'est ma vie. C'est moi qui

---

* Voir chapitre 1, p. 34.

décide !» Là encore, l'expérience me confirmait que l'un des éléments essentiels d'une guérison était la rage du patient. Non pas la colère destructrice qui s'en prend au monde entier. Pas plus que la révolte contenue qui finit par épuiser celui qui n'ose pas s'exprimer. Mais bien la force d'affirmer qui l'on est, d'avouer ce que l'on désire et de mobiliser l'énergie pour l'accomplir. Je trouvai donc l'attitude de John assez rassurante. Car comment imaginer qu'un patient puisse mobiliser toutes ses forces pour lutter contre un ennemi extérieur appelé «virus du sida» s'il se laisse terrasser par les prophéties catastro-phistes d'un grand prêtre de la médecine moderne ? Comment survivre sans espoir ?

John décida donc une nouvelle fois d'arrêter les médica-ments et il recommença le sport, l'acupuncture et les massages. «Cela me fait plaisir !» m'affirma-t-il avec jubilation. Aujour-d'hui, trois ans plus tard, John est toujours en vie. Il ne prend aucune médication.

J'hésite toujours à raconter l'histoire de John, car il serait dangereux d'en tirer des conclusions hâtives. En effet, chaque cas est bien particulier. Je ne me permets jamais de conseiller à un patient de ne plus prendre ses médicaments. Cela pourrait être néfaste. En revanche, j'essaie toujours d'écouter ce qu'il tente de me dire, ce qu'il n'ose pas encore s'avouer à lui-même. Car il me semble essentiel d'aider l'autre à accéder à l'auto-nomie. Pour cela il faut informer, débattre, mais ne jamais imposer. Qui est-on pour imposer ? Quelle certitude avons-nous réellement ? Que savons-nous des pièges de nos croyances scientifiques, philosophiques ou religieuses ?

Manifestement, John souhaitait reprendre le contrôle de sa vie. Sa maladie était une occasion de le faire. Jusqu'alors il n'avait jamais accepté son homosexualité, il avait vécu son existence «en cachette», dans la honte. Il ne s'aimait pas, il voulait être quelqu'un d'autre. Steven Cole, chercheur dans le département d'hémato-oncologie de l'université de Californie, à Los Angeles, a suivi durant cinq ans des hommes homosexuels afin d'observer l'évolution de leur santé. Ses études ont révélé que les sujets qui cachaient leur sexualité développaient trois fois plus de cancers et d'infections que ceux qui assumaient pleinement leur identité[16]. L'acceptation de qui nous sommes apparaît donc comme étant un élément essentiel pour maintenir une bonne santé. Dans une autre étude, Cole a montré que les patients homosexuels infectés par le virus du sida évoluaient moins bien s'ils éprouvaient de la honte du fait de leur identité sexuelle[17]. Le sida de John avait été pour lui une occasion de comprendre son manque d'amour pour lui-même. Tant qu'il se considérait comme la victime de sa maladie, il était incapable de répondre à son véritable besoin, il remettait son pouvoir aux autres – au virus, à son médecin, à la fatalité. Son système immunitaire était inhibé. Lui-même se sentait *dé-primé*. Dès qu'il comprit son désir essentiel de vivre pleinement, sans honte, il osa affirmer sa vérité. Il ressentit alors sa rage de vivre. Automatiquement, son moral et son état physique s'améliorèrent. Son psychisme et son système immunitaire n'étaient plus soumis à la dépression. Il avait décidé de s'*ex-primer*.

Quelque temps plus tard, je reçus la visite de Lawrence, un ami de John lui aussi atteint du sida. Lawrence souhaitait vivre le même « miracle » que John. Il envisageait d'arrêter son traitement médical, mais son médecin lui avait communiqué d'inquiétantes statistiques. Il me demanda mon avis. Au lieu de répondre, j'interrogeai Lawrence sur ce qu'il ressentait. « De la peur », me répondit-il en se mordant les lèvres. Je lui avouai que moi aussi j'aurais peur à sa place. Mais je n'étais pas à sa place. Je mentionnai alors une troisième étude publiée par Steven Cole[18]. Elle montrait que des patients atteints du sida et traités par trithérapie médicamenteuse évoluaient moins bien s'ils vivaient stressés. Les résultats étaient significatifs puisque le sang des patients capables de se débarrasser du stress était quatre fois moins infecté par le virus. L'étude concluait donc à une meilleure efficacité de la trithérapie chez les personnes détendues.

À peine avais-je terminé de commenter ces travaux que Lawrence se leva et me tendit la main. « Merci, me dit-il, le regard brillant d'émotion. J'ai compris : le but est de vivre non stressé, sans honte, sans angoisse, sans peur. Je ne suis pas prêt à me passer de l'aide des médicaments. J'aurais trop peur. Je vais continuer mon traitement, mais cette fois je vais le considérer comme une aide positive. Il sera peut-être moins difficile à supporter. Et puis je vais tenter de ne plus me laisser dévorer par mes angoisses. Je vais plutôt penser à me faire plaisir. C'est sans doute la meilleure façon de m'aider moi-même. »

John, Lawrence et les autres patients que j'ai eu le privilège d'accompagner m'ont appris une chose merveilleuse : il n'existe pas deux êtres humains identiques. Chacun mérite d'être traité de manière unique. Il s'agit donc de tenir compte des croyances conscientes et non conscientes de toute personne. Pour cela, il faut cesser de considérer les gens comme les paramètres d'une équation statistique. Il convient au contraire d'écouter leurs désirs et leurs espoirs.

Une psychothérapie ?

En 1989, David Spiegel publia dans *Lancet* les résultats d'une étude menée dans le département de psychiatrie de l'université de Stanford. Durant une année, des femmes atteintes d'un cancer du sein avec des métastases avaient participé à des groupes de parole hebdomadaires ainsi qu'à des séances d'autohypnose pour apaiser leur douleur. De manière tout à fait spectaculaire, ces femmes avaient survécu dix-huit mois de plus que celles qui n'avaient pas bénéficié de l'aide psychologique[19]. Quelques années plus tard, à l'université de Californie, à Los Angeles, le psychiatre Fawzy Fawzy obtint le même genre de résultats. Le but de son étude était d'analyser les effets d'une prise en charge psychologique instaurée peu de temps après le diagnostic d'un cancer de la peau (mélanome malin). Durant six semaines, les patients suivaient un programme d'éducation à la santé, ils apprenaient à se relaxer et ils recevaient une aide psychologique et sociale. Comparativement à un groupe contrôle, les patients ayant bénéficié du suivi psychologique avaient des cellules immunitaires NK plus nombreuses et plus actives. Six ans plus tard, leur taux de récidive était moins important et ils avaient survécu en plus grand nombre[20].

La possibilité qu'une action psychologique puisse améliorer la survie de patients atteints du cancer ébranla la communauté médicale. Cela incita d'autres cliniciens à tenter le même genre d'expérience avec, souvent, moins de succès. Finalement, en 2000, Pamela Goodwin, cancérologue à l'université de Toronto, essaya de reproduire l'étude de Spiegel auprès de femmes atteintes d'un cancer du sein métastasé. Cette fois, les résultats ne montrèrent pas de prolongation de la durée de vie à la suite des séances de thérapie en groupe. Néanmoins, les femmes qui y avaient participé signalaient une nette amélioration de leur moral et, comparativement à un groupe contrôle, elles se plaignaient beaucoup moins de douleurs[21].

La question d'un éventuel effet bénéfique de la psychothérapie sur la survie des personnes atteintes du cancer n'est donc pas résolue. Des travaux supplémentaires devront tenter d'y répondre. Cependant, nous l'avons vu plus haut, il existe de bonnes raisons de penser qu'en réduisant le stress et la dépression une prise en charge psychologique peut exercer une action favorable sur l'évolution de certains cancers ou d'autres maladies*. De plus, il est possible que la diminution des tensions psychologiques améliore l'efficacité de certains traitements. Ainsi, il a été démontré chez la souris que l'action de certains médicaments antitumoraux était moins forte si l'animal était stressé par des rotations de sa cage[22].

Parmi les effets secondaires des chimiothérapies, une diminution trop importante des globules blancs oblige parfois à

---

* Voir chapitre 3, p. 85-87.

interrompre le traitement. Dans certains cas, il faut même recourir à des substances mitogènes capables de stimuler la prolifération des cellules déficitaires. Or Barbara Andersen, professeur de psychologie à l'Ohio State University, a constaté que chez les patients stressés la prolifération des globules blancs en réponse à ces mitogènes était moins bonne[23]. Dans une étude publiée en 2004, elle a voulu tester l'influence d'un suivi psychologique sur la réponse aux mitogènes chez deux cents femmes opérées d'un cancer du sein. La moitié des patientes, sélectionnées par tirage au sort, ont bénéficié de séances de soutien psychologique par petits groupes, une fois par semaine durant quatre mois. Par rapport aux femmes qui n'avaient pas eu cette prise en charge, les patientes mentionnaient une nette diminution de leur anxiété, une amélioration de leurs liens sociaux et de leurs habitudes alimentaires ainsi qu'une réduction de leur consommation de tabac. Lors du test sanguin destiné à mettre en évidence la réponse de leurs globules blancs aux mitogènes, la capacité de prolifération cellulaire se révéla stable ou en hausse chez les patientes suivies psychologiquement, alors qu'elle était en baisse chez les autres[24]. Ces résultats indiquent qu'en réduisant le stress une psychothérapie pourrait aider à prévenir une chute trop importante des globules blancs lors des chimiothérapies.

L'étude de Barbara Andersen confirme les bénéfices d'une psychothérapie pour la qualité de vie des patients. Le diagnostic et le traitement d'une maladie grave sont toujours une cause de stress et d'anxiété. Cela pourrait suffire à justifier le recours à une aide psychologique. De plus, les patients qui bénéficient d'un soutien psychologique acceptent souvent mieux la contrainte des traitements et observent une meilleure hygiène de vie. Ces facteurs peuvent aussi influencer favorablement le cours de la maladie[25].

On peut se demander quel type de psychothérapie choisir. La réponse n'est pas simple. On dénombre en effet plus de quatre cents formes différentes de psychothérapie. Plusieurs études ont tenté de déterminer si l'une ou l'autre de ces approches était supérieure. La réponse est négative : n'importe quelle thérapie semble aussi bonne qu'une autre[26]. Une expérience menée auprès d'étudiants psychologiquement perturbés indique que c'est la qualité de la relation entre le patient et le thérapeute qui détermine l'efficacité des séances. Certains étudiants étaient confiés aux soins de psychothérapeutes chevronnés alors que d'autres rencontraient des professeurs dotés de charisme et d'empathie. Un troisième groupe, livré à lui-même, servait de contrôle. Après vingt-cinq heures de discussions, les étudiants des deux groupes qui avaient reçu une écoute se sentaient beaucoup mieux que ceux du groupe contrôle. Il n'y avait cependant pas de réelle différence entre les étudiants suivis par un psychothérapeute et ceux qui avaient rencontré un professeur[27].

Pour Hans Strupp, ancien professeur de psychologie à la Vanderbilt University et auteur de l'étude dont nous venons de parler, chaque approche psychothérapeutique repose sur une théorie, s'exerce dans un contexte interpersonnel caractérisé par une écoute empathique, permet une compréhension du sens des sentiments, des désirs et des fantasmes, et aboutit à une reformulation et à une réinterprétation de ce sens.

En fait, toutes les psychothérapies constituent une relation d'aide, dans un espace de guérison bien défini et selon un rituel particulier[28]. Nous ne sommes pas très loin du dispositif mis en place par les chamans et les sorciers. Comme le faisait remarquer Claude Lévi-Strauss, dans les deux cas, l'expérience du patient est traduite à travers des symboles pleins de sens. Dans la psychothérapie, le patient reconstruit un mythe avec des éléments de son passé. Dans les pratiques chamaniques, le mythe est donné de l'extérieur en fonction de la culture du patient[29]. Psychothérapie et chamanisme sont donc des « médecines du sens ». Ici aussi, la morale permet de remoraliser les patients démoralisés. La transformation qui s'ensuit enclenche toute une série de résultats thérapeutiques liés à l'émergence des émotions positives. Psychothérapie et chamanisme se réfèrent aux principes de l'effet placebo. C'est probablement pour cela qu'il est si difficile de les étudier «scientifiquement».

APAISER LE CERVEAU POUR RELÂCHER LE CORPS

Le réflexe de tranquillité

Choisir un lieu tranquille, adopter une position confortable, fermer les yeux et relâcher, un à un, les muscles depuis les pieds jusqu'à la tête. Inspirer par le nez et, à chaque expiration, répéter mentalement une expression ou un mot positif. Rester concentré pour ne pas s'endormir. Garder une attitude passive, sans réagir aux émotions qui envahissent le corps, sans donner suite aux pensées qui surgissent dans l'esprit. Inspirer par le nez et expirer en répétant la phrase ou le mot positif. Après quelques minutes, progressivement, le corps se détend, le rythme respiratoire se ralentit, la consommation d'oxygène diminue, le cœur bat moins vite, la pression artérielle s'abaisse, la tension musculaire se relâche, le cerveau, entre veille et sommeil, est parcouru d'ondes alpha. La relaxation est profonde. Le sentiment de bien-être aussi.

Dans un article publié dans *Lancet* en 1975, Herbert Benson propose de pratiquer cet exercice pendant dix à vingt minutes, deux fois par jour, tous les jours. Le but est de favoriser l'activation du système nerveux autonome parasympathique et, du coup, l'apparition de toute une série de processus réparateurs. Avec un peu de pratique, cette «réponse de relaxation», comme l'a appelée Benson, est de plus en plus facile à obtenir et ses effets sont de plus en plus durables. Un véritable «réflexe de tranquillité» s'installe. Il suffit alors de le déclencher chaque fois que le stress envahit nos pensées et tend notre corps[30].

En fait, Herbert Benson n'a rien inventé. Il a simplement validé scientifiquement une pratique millénaire dont toutes les traditions spirituelles de l'humanité connaissent les bienfaits pour la paix du corps, de l'âme (que l'on pourrait aussi appeler les émotions) et de l'esprit. En développant cette approche au cours de ses recherches sur l'hypertension à l'université Harvard, Benson a montré l'influence bénéfique de la relaxation sur de nombreux troubles physiques, depuis les douleurs du syndrome prémenstruel jusqu'à l'ischémie du muscle cardiaque en passant par la migraine, l'infertilité et l'anxiété[31]. Et, comme on s'y attendait, de nombreuses études ont établi qu'en agissant sur le système parasympathique la relaxation stimule l'immunité[32].

Un état d'esprit

La « réponse de relaxation » préconisée par Benson est donc à l'opposé de la réaction de stress « fuite ou combat » décrite par Hans Selye ou Walter Cannon. Autant que la paix est le contraire de la guerre. Une paix pour laquelle il faut développer des outils. L'un d'entre eux, qui reste sans doute le plus efficace, est la méditation.

Il existe de nombreuses manières de méditer. Chaque démarche spirituelle propose la sienne. Cependant, qu'elles soient pratiquées dans le silence d'un monastère ou, plus simplement, au cours des activités banales de la vie quotidienne, toutes les méditations ont en commun de développer une vigilance sans réaction. On peut ainsi méditer « avec une pleine attention », en se concentrant tout d'abord sur la respiration, puis sur les sensations du corps, les émotions et les pensées. Déjà enseignée il y a deux mille cinq cents ans dans le bouddhisme theravâda, cette pratique suscite un intérêt grandissant, en rapport avec l'essor actuel des enseignements du Bouddha en Occident.

On peut aussi méditer « avec concentration », en choisissant de focaliser sa pensée de manière exclusive sur un objet, une image mentale, un mantra – phrase ou syllabe sacrée à laquelle est attribué un pouvoir spirituel, dans l'hindouisme et le bouddhisme – ou une sensation physique. Baptisé méditation transcendantale par Maharishi Mahesh Yogi, qui l'a importé d'Inde aux États-Unis à l'aube des années 1960, ce type de méditation est très proche des exercices proposés par Benson. Il est aussi recommandé de le pratiquer pendant une vingtaine de minutes, deux fois par jour. Aujourd'hui, à travers le monde, plus de six millions de personnes pratiquent la méditation transcendantale. Un réseau de formateurs agréés s'est organisé et l'on retrouve des adeptes de la technique dans toutes les catégories d'âge, au sein de toutes les religions.

Méditer est un état d'esprit. Cela consiste à créer un état altéré de la conscience, une sorte d'autorégulation de l'attention. Comme dans la «réponse de relaxation» obtenue par Benson, il s'agit de ne pas réagir à ce qui pourrait surgir dans l'esprit, tout en restant pleinement attentif ou concentré. Cela permet de prendre conscience de sa propre existence, de sa pleine présence, dans l'instant, inspiration après expiration, moment après moment. Détente et fluidité physiques s'accompagnent d'une modification des ondes produites par le cerveau. Celles-ci adoptent la fréquence alpha caractéristique des états intermédiaires entre la veille et le sommeil. L'activité cérébrale devient plus propice au développement de la créativité. Il s'ensuit une sorte d'état de transe où les réinterprétations et les reprogrammations sont plus faciles à obtenir.

De nombreuses écoles de méditation préconisent l'utilisation d'un mantra pour maintenir l'esprit à l'abri des divagations. Une étude publiée dans le *British Medical Journal* en 2001 par des cardiologues italiens, anglais et portugais montre que les rythmes du mantra yoga «om-mani-padme-om» et ceux du rosaire *Ave Maria* récité en latin sont très semblables et produisent des effets bénéfiques sur la pression artérielle et les flux sanguins cérébraux. Réciter des mantras se révèle donc aussi hygiénique que religieux, et ce n'est sans doute pas un hasard si ce genre de pratique perdure depuis des millénaires[33]. D'ailleurs, dans son effort de médicalisation de la pratique,

Benson a conservé la répétition d'une phrase, d'un mot ou d'un son positif lors des exercices de relaxation.

Un nombre croissant d'effets bénéfiques de la méditation commencent à être documentés : réduction du stress, capacité de réinterpréter les événements stressants, amélioration de l'humeur. Chez des patients dépressifs, la pratique de la méditation s'est révélée aussi, voire plus efficace que les anti-dépresseurs[34]. Une fois installés, ses effets perdurent longtemps et diminuent le nombre des récidives[35].

Une étude réalisée auprès de patients hypertendus ayant pratiqué la méditation durant six mois a mis en évidence une diminution de l'épaisseur de la paroi des artères carotides, suggérant une régression de l'athérosclérose secondaire à la réduction du stress provoquée par la pratique méditative[36]. Réduction de l'hypertension, amélioration des taux de cholestérol sanguin, diminution de l'obésité, meilleure récupération après un infarctus : à l'heure où les coûts du système de soins s'envolent, éduquer les gens à la pratique méditative pourrait avoir un impact considérable sur l'évolution de la santé publique.

Au Medical College d'Augusta, dans l'État de Géorgie, l'effet de la méditation transcendantale a été analysé auprès de cinquante adolescents obèses et hypertendus. Durant quatre mois, deux fois quinze minutes par jour, les adolescents ont médité au son d'un mantra apaisant. Publiés en 2004, les résultats de l'étude montrent une nette diminution de la pression artérielle par rapport à un groupe contrôle qui n'a pas pratiqué la méditation. Lorsqu'on connaît l'importance du risque, pour ces adolescents, de développer une maladie cardiovasculaire, on mesure l'influence positive qu'une pratique méditative pourrait avoir sur leur avenir[37].

Méditer pour sculpter le cerveau

À l'université du Wisconsin, Richard Davidson a évalué les effets de la méditation dans le cadre de ses investigations sur les hémisphères cérébraux et la réponse immunitaire *. Pour cela, il a demandé à un groupe d'employés d'une entreprise de pratiquer la méditation de manière régulière durant deux mois. À la fin de cette période, un électroencéphalogramme montrait une augmentation significative de l'activité de la partie antérieure du cerveau gauche, associée, nous l'avons vu, aux émotions positives. Un test de vaccination permit aussi de mettre en évidence une nette amélioration de l'immunité chez les sujets qui avaient médité. Celle-ci était corrélée à l'amplitude de l'accroissement de l'activité du cerveau gauche. Davidson en conclut que les émotions positives engendrées par la pratique méditative induisent un réel bénéfice immunitaire [38].

Dans une étude à laquelle participait le moine bouddhiste français Matthieu Ricard, Davidson a comparé l'activité cérébrale de personnes peu habituées à méditer à celle de moines ayant passé plus de dix mille heures en méditation. Il s'agissait de développer un état compassionnel en laissant les sentiments d'amour envahir l'esprit sans qu'aucune autre pensée puisse interférer. D'emblée, l'enregistrement de l'activité électrique du cerveau a permis de révéler une différence entre les novices et les moines. Ces derniers présentaient une augmentation très importante des ondes gamma, en rapport avec une activité mentale très intense. De plus, cette augmentation était corrélée avec le temps passé à méditer : de jeunes moines ayant pratiqué durant quarante mille heures manifestaient plus d'ondes gamma que des moines plus âgés ayant médité pendant dix mille heures. Il semble donc qu'un entraînement mental permette d'atteindre des niveaux de conscience plus élevés [39]. Par ailleurs, des images obtenues par la résonance magnétique fonctionnelle ont montré, chez les moines aguerris, une nette augmentation de l'activité de leur cortex préfrontal gauche, en relation avec les émotions positives. Lorsque des photographies représentant la souffrance leur étaient montrées, les régions

---

* Voir chapitre 2, p. 66.

cérébrales responsables du mouvement planifié s'activaient immédiatement. Comme si la pratique méditative des moines entraînés à la compassion les préparait à passer à l'action pour aider ceux qui en ont besoin[40]. «Passer du temps à méditer, loin du monde, prépare à être plus juste lorsque l'on agit, dans le monde», me disait Matthieu Ricard en commentant ces résultats.

Ces observations tendent à prouver que le phénomène de la plasticité neuronale peut se produire sous l'impulsion de signaux purement mentaux. Certains changements apparaissent en quelques minutes ou quelques heures. D'autres, plus profonds, prennent davantage de temps. Éléments essentiels de toute démarche spirituelle, la discipline et la pratique n'influencent donc pas seulement la pensée. Elles provoquent de véritables remaniements dans l'agencement des cellules du cerveau. Inévitablement, ceux-ci finissent par rejaillir sur le fonctionnement du corps.

DE LA VISUALISATION À L'AUTOSUGGESTION

Des images qui impriment le corps

L'influence de la pensée constitue un avantage évolutif considérable. Et pour cause : les idées constructives engendrent des émotions positives et, par là, exercent une action protectrice sur le corps. Évidemment, comme tous les avantages, cette influence peut devenir un inconvénient. Les dégâts causés par les émotions négatives en sont la preuve. L'imagination est donc une arme à double tranchant. Pourtant, sans elle, l'espèce humaine n'aurait jamais pu survivre. Car imaginer permet de visualiser un idéal, d'espérer un futur favorable, de mobiliser des émotions positives, de stimuler l'immunité, de déclencher les mécanismes réparateurs du corps, d'inventer de nouveaux remèdes et de déployer l'énergie grâce à laquelle on a pu construire les pyramides de Guizèh, la Grande Muraille de Chine ou encore la fusée Apollo.

Dépourvus de technologies sophistiquées, les chamans des sociétés traditionnelles ont utilisé le pouvoir de l'imagination comme une véritable médecine. Les images sont de l'information. Or, nous l'avons vu, l'information s'exprime sous forme de matière et d'énergie*. Dans les années 1970, le cancérologue américain Carl Simonton a proposé d'exploiter cette énergie à des fins thérapeutiques. Tel un chaman des temps modernes, il emmenait ses patients dans un monde imagé où les globules blancs attaquaient les cellules cancéreuses, où des robots capturaient les microbes et où des fluides bienfaisants pénétraient à l'intérieur des cellules malades pour les guérir[41].

En 2002, une étude publiée par Antony Bakke, de l'Oregon Health and Science University, à Portland, a montré que ce genre de visualisation guidée améliorait le sentiment de bien-être chez des patientes traitées pour un cancer du sein et, observation tout à fait remarquable, augmentait significativement le nombre de cellules immunitaires NK[42]. Ces résultats ne prouvent évidemment pas que la visualisation guidée peut guérir le cancer. En revanche, il semble tout à fait raisonnable de penser que les émotions positives engendrées par l'exercice stimulent l'immunité et influencent favorablement le cours de la maladie. En outre, plusieurs études ont clairement montré que la visualisation permet d'atténuer, voire de supprimer les effets indésirables des chimiothérapies[43]. En effet, soumises à un véritable conditionnement, certaines personnes ressentent des nausées à la simple évocation de leur traitement. On comprend donc qu'une suggestion contraire puisse supprimer ce genre d'association désagréable.

Dans ma pratique, je recommande aux patients de visualiser les perfusions de chimiothérapie comme un liquide doré pénétrant les cellules cancéreuses pour les détruire. Et, s'ils doivent subir une radiothérapie, je leur propose de visualiser le générateur de rayons comme un soleil dont l'énergie fait

---

* Voir chapitre 2, p. 56.

exploser les cellules malades. Depuis que je conseille d'utiliser ce genre d'images, les patients mentionnent nettement moins d'effets secondaires. Et il est très probable que les sentiments positifs ainsi créés aident le système immunitaire à éliminer les cellules détruites par les médicaments ou les rayons.

Parfois, il arrive que certains patients me regardent avec suspicion. « Vous vous prenez pour un sorcier ? » me demanda un jour Louis, un adolescent traité pour une leucémie, avant d'ajouter que je pouvais garder mes « trucs de charlatan » pour les autres et que je ne lui ferais pas « avaler n'importe quoi ». Au lieu de me justifier, je lui demandai de fermer les yeux et d'imaginer un beau citron, bien jaune, coupé en deux. Dans l'instant, sa bouche se remplit de salive. Image, information et réaction du corps. La démonstration suffit à convaincre Louis. Révolté par l'impuissance dans laquelle le plongeait sa maladie, cet adolescent trouva dans la visualisation une manière de participer activement à sa guérison. Ce n'est pas le moindre des arguments en faveur de ce soutien thérapeutique. Abandonner le statut de victime pour embrasser celui d'acteur de sa guérison donne un sens à l'épreuve de la souffrance. La motivation qui accompagne cette attitude aide à puiser dans ses ressources les plus profondes pour lutter contre le découragement et l'affaiblissement.

S'entraîner

Dans le service de réhabilitation de la Cleveland Clinic, dans l'Ohio, Guang Yue étudie l'influence de la pensée sur la récupération fonctionnelle après un traumatisme. Au cours d'une expérience, il a demandé à des sujets bien portants d'imaginer la contraction du muscle abducteur de leur petit doigt ou de leur muscle biceps pendant quinze minutes par jour, sur une période de trois semaines. Les résultats sont impressionnants : la puissance des biceps s'est accrue de 13,5 % et celle du muscle abducteur du petit doigt de 35 %, une amélioration qui perdurait une fois l'entraînement terminé. Un enregistrement de l'activité cérébrale effectué tout au long de l'exercice a montré que la concentration des sujets activait les zones cérébrales responsables de l'innervation des muscles visés par l'imagination. Il est donc possible d'accroître la force d'un muscle sans entraînement physique, simplement par le pouvoir de la pensée[44].

Utilisé par les sportifs de haut niveau, ce type de visualisation permet d'améliorer les aptitudes motrices[45]. À force de visualiser une situation, un véritable conditionnement s'installe et déclenche les réactions corporelles nécessaires pour affronter cette situation dans la réalité. On peut ainsi entraîner mentalement le corps et développer des capacités motrices complexes en vue de performances particulièrement difficiles à réaliser[46].

Dans les années 1950, plusieurs études ont montré que l'on pouvait, par la seule volonté de l'esprit, modifier les courbes de l'électrocardiogramme, engendrer des ondes cérébrales alpha et se plonger dans un état de profonde relaxation. Ces constatations furent utilisées pour soigner des céphalées ou des douleurs chroniques apparaissant à la suite de tensions ou de spasmes musculaires, pour réduire le stress et l'anxiété, pour éduquer des fonctions physiologiques volontaires ou involontaires comme la tension artérielle, la continence urinaire ou la péristaltique intestinale.

Aujourd'hui, des appareillages sophistiqués permettent d'enregistrer certaines informations en provenance du corps – par exemple, le rythme cardiaque, la température cutanée, la résistance musculaire ou les ondes cérébrales – qu'ils traduisent ensuite sous forme de signaux auditifs ou visuels. En suivant l'évolution de ces signaux sur un écran, les patients découvrent quelle manière de respirer, quelle attitude ou quelle façon de penser améliore ou dégrade les différents paramètres enregistrés. Ainsi informé en permanence de l'état du corps, l'esprit peut s'y adapter selon un véritable feed-back biologique.

Pour les sceptiques, le « biofeedback » est une bonne manière d'appréhender la relation entre l'esprit et le corps. On sait, par exemple, que la variabilité du rythme cardiaque est un processus naturel qui dépend des efforts fournis par l'organisme et des mouvements respiratoires. Plus cette variabilité est élevée, plus le cœur est solide. Or les patients asthmatiques présentent une variabilité cardiaque diminuée. Ces constatations ont amené une équipe de chercheurs de l'université Robert Wood Johnson, à Piscataway, dans le New Jersey, à apprendre à des patients asthmatiques comment contrôler leur variabilité cardiaque à l'aide d'exercices de respiration abdominale. Publiés en 2004 dans la revue *Chest*, les résultats de ce traitement par biofeed-back sont plutôt encourageants puisque, après dix semaines d'entraînement, les doses de corticoïdes prises par les patients étaient réduites d'un tiers et les crises d'asthme étaient deux fois moins fréquentes que celles d'un groupe contrôle qui n'avait pas bénéficié du biofeedback[47].

Si la variabilité du rythme cardiaque semble importante, la cohérence de cette variabilité l'est peut-être encore davantage. Les chercheurs de l'Institute of HeartMath, en Californie, ont montré que la « cohérence cardiaque » pouvait être obtenue en apprenant à réguler sa respiration tout en visualisant son cœur et en se remémorant des souvenirs agréables. Cette technique de biofeedback instaure une respiration profonde et mobilise le cerveau gauche et ses émotions positives. Du coup, le système nerveux autonome parasympathique est activé et la balance neurologique qui commande l'activité cardiaque est rééquili-brée. Automatiquement, le cœur échappe aux irrégularités chaotiques des accélérations sympathiques et des décélérations parasympathiques. Il s'ensuit une cohérence du rythme cardiaque, un bien-être émotionnel favorable à la détente du corps et, de là, au fonctionnement optimal de toutes les fonctions physiologiques de l'organisme[48]. Une respiration harmonieuse, un équilibre émotionnel et une cohérence cardiaque apparaissent donc comme les éléments interreliés garants d'une bonne fluidité corporelle. Plasticité cérébrale aidant, à force d'entraînement, cet état de profond bien-être s'installe de plus en plus rapidement. Il devient un véritable « réflexe de fluidité ».

QUAND LA SUGGESTION DEVIENT HYPNOTIQUE

Méfiance et réticence

Assis devant l'écran de l'ordinateur depuis une dizaine de minutes, Michel regarde la courbe de sa variabilité cardiaque défiler devant ses yeux. Un capteur attaché à son index transmet les battements de son cœur à la machine. Calmement, il inspire avec amplitude, puis il expire en prenant bien le temps de vider ses poumons. Un léger sourire se dessine sur ses lèvres. Il pense à son épouse et à ses enfants. Il ressent de l'amour pour eux et, spontanément, il porte une main à son cœur. Sur l'écran, la courbe est bien régulière et un pourcentage s'affiche dans un coin. Michel peut vérifier le résultat de sa concentration : il parvient à maintenir une bonne cohérence cardiaque. Il se détend, complètement absorbé par la courbe sur l'écran. Ce qui se passe autour de lui ne l'atteint plus, il est véritablement hypnotisé.

Ce genre d'état hypnotique est tout à fait naturel. Nous l'expérimentons tous, plus ou moins consciemment, lorsque nous focalisons notre attention sur quelque chose, concentrés comme si nous étions pleinement éveillés et en même temps envahis par un engourdissement proche du sommeil. Dans cet état de conscience un peu particulier, nous semblons particulièrement ouverts à la suggestion et nous sommes capables d'initier des changements comparables à de véritables reprogrammations psychologiques. Hypnose et suggestion sont donc intimement liées. C'est ainsi que la télévision exerce une influence non négligeable sur le comportement des spectateurs, complètement absorbés par les programmes qu'ils regardent.

De la même manière, l'être aimé peut nous subjuguer au point de nous extraire de la réalité. Ne dit-on pas que l'amour rend aveugle ?

« L'hypnose, c'est comme être absorbé par un bon livre pendant que le monde continue de tourner autour de nous. Évidemment, il faut vouloir lire le livre », précise Elvira Lang, professeur à l'université Harvard. Un jour, alors qu'elle s'apprêtait à changer une sonde intestinale sous contrôle radio-logique, son patient fut subitement pris de panique. Ne sachant comment gérer la situation, Elvira accepta l'aide d'un techni-cien préposé au fonctionnement des appareils de radiographie. L'homme prétendait pouvoir calmer le patient en quelques minutes. Elvira était sceptique. Pourtant, le simple fait de respirer profondément et d'écouter le technicien qui l'encou-rageait à imaginer un endroit plus agréable que l'hôpital suffit à apaiser le malade. Au point que le changement de la sonde fut plus facile que les fois précédentes. Conquise par l'efficacité de la suggestion hypnotique, Elvira décida d'y recourir de manière systématique. Depuis, les membres de son service de radiologie au Beth Israel Deaconess Medical Center de Boston ont tous été formés à l'utilisation de la technique.

Dans une étude publiée par la revue *Lancet*, Elvira Lang a montré que l'utilisation de l'hypnose au cours de ses interven-tions radiologiques permettait de diminuer nettement les doses de médicaments contre la douleur ou l'anxiété, maintenait une tension artérielle plus stable tout au long de la procédure, rédui-sait le temps d'opération et entraînait des coûts deux fois moindres que ceux d'une procédure standard[49].

« De tels résultats plaident en faveur d'une généralisation du recours à l'hypnose en médecine », me disait avec enthousiasme un confrère psychiatre opéré dans le service du professeur Lang. C'est vrai. Cependant, un climat de suspicion s'y oppose. Fortement ancré dans les mentalités, il est né au XVIIIe siècle lorsque Franz Anton Mesmer tenta d'expliquer le phénomène hypnotique par l'existence d'un fluide magnétique. Cette théorie, que l'on qualifierait aujourd'hui de pseudo-scientifique, fut rapidement démentie et l'hypnose fut rangée au rayon des croyances infondées*. Injustement, sans doute, car depuis des millénaires des états de transe proches du « mesmérisme » étaient utilisés dans certaines sociétés traditionnelles, notamment pour opérer des malades sans douleur. Au début du XIXᵉ siècle, James Esdaile, un médecin officier anglais qui avait assisté à ce genre de pratiques en Inde, entreprit d'hypnotiser ses patients avant de les opérer. De manière tout à fait extraordinaire, la mortalité opératoire, habituellement aux alentours de 40 %, tomba à 5 %. Ces résultats auraient probablement pu réhabiliter l'hypnose si William Morton et John Collins Warren n'avaient pas inventé l'anesthésie au masque imbibé d'éther, en 1846, à Harvard. Un siècle plus tard, finalement, l'hypnose regagna un peu de son crédit grâce au témoignage des chirurgiens qui l'utilisaient avec succès pour anesthésier les blessés sur les champs de bataille de la Seconde Guerre mondiale.

Exemple même de médecine agissant sur le corps et l'esprit, l'hypnose a inspiré de nombreux thérapeutes. Sigmund Freud, tout d'abord, qui l'utilisa au début de sa carrière avant de l'abandonner à cause de son caractère intrusif, en contradiction avec le souci d'une analyse objective de la psyché humaine. Le psychiatre américain Milton Erickson, ensuite, qui en repensa totalement l'approche. Handicapé par plusieurs attaques de poliomyélite, Erickson avait entrepris sa rééducation en se mettant dans un état de transe qui lui permettait de plonger dans ses souvenirs d'enfance. Du coup, il retrouva les sensations physiques que lui procuraient ses mouvements avant sa paralysie. Et, contre toute attente, il récupéra une partie de sa mobilité. L'état autohypnotique décrit par Erickson lui permit aussi de vaincre ses douleurs. Il commença alors à enseigner à ses patients la façon d'utiliser leur suggestibilité naturelle pour laisser émerger leurs propres solutions depuis le « réservoir des

---

* Voir chapitre 11, p. 281.

ressources» de leur inconscient. Respectueuse de chaque individu, l'hypnose ericksonienne devint un moyen de solliciter la créativité thérapeutique des patients.

Au début des années 1930, inspiré par les travaux d'Émile Coué, le neuropsychiatre allemand Johannes Shultz imagina une approche combinant l'autosuggestion et la relaxation. La consonance scientifique du nom qu'il donna à sa technique – le training autogène – favorisa son acceptation par la communauté médicale. De nombreux travaux cliniques furent réalisés, et une récente analyse portant sur une soixantaine d'études consacrées aux effets de cette approche confirme son intérêt dans la prise en charge de problèmes aussi variés que la douleur, l'hypertension, le stress, l'anxiété, l'insomnie, l'asthme ou l'eczéma[50].

Finalement, en 1958, l'American Medical Association décida d'intégrer l'hypnose au sein de l'arsenal thérapeutique. De l'autre côté de l'Atlantique, en 1963, une publication du *British Medical Journal* révéla la possibilité de supprimer l'apparition de la réaction cutanée lors d'un test d'immunité contre la tuberculose en utilisant simplement la suggestion hypnotique[51]. Ces résultats ne s'accordant pas avec les connaissances médicales de l'époque, ils furent largement ignorés. Trente ans plus tard, nous l'avons vu, les développements de la psycho-neuro-immunologie fournissent enfin un cadre théorique pour expliquer de telles observations.

Depuis, l'hypnose a été utilisée avec succès dans le traitement de pathologies aussi diverses que l'asthme, différentes allergies, des maladies de peau, des troubles fonctionnels comme le côlon spastique et irritable, et des troubles psychologiques comme les phobies. Le même genre de suggestions a été prescrit pour aider à perdre du poids, arrêter de fumer ou améliorer ses performances sportives. Et, depuis 1996, le National Institutes of Health américain recommande l'hypnose pour soulager les douleurs dans les cas de cancers ou de maladies chroniques.

Ainsi, peu à peu, l'hypnose perd son image scandaleuse. Il est loin, le temps des mises en scène de cabaret où des personnes hypnotisées finissaient par se déshabiller sous l'emprise d'un mage aux yeux exorbités. L'hypnose moderne est une discipline scientifique, et si, il y a une dizaine d'années, les revues spécialisées refusaient de publier des articles sur le sujet, aujourd'hui les plus grandes universités mobilisent des fonds pour comprendre cet aspect encore mal exploité du potentiel humain.

Apollon ou Dionysos ?

David Spiegel, psychiatre à Stanford, identifie trois composantes dans la transe hypnotique : 1° l'*absorption*, qui, pareille à une loupe, favorise la distinction des détails au détriment de la vision d'ensemble ; 2° la *suggestibilité*, résultat d'une attention très concentrée qui empêche la faculté critique d'exercer son discernement ; 3° la *dissociation*, comparable au sommeil éveillé d'un automobiliste sur l'autoroute. Ce dernier phénomène crée un état altéré de la conscience pendant lequel la pensée rationnelle du cortex cérébral est court-circuitée au profit du système limbique, où les informations sont traitées de manière automatique sans l'intervention de la réflexion. Cela se produit notamment lors de traumatismes ou de chocs psychologiques, peut-être pour permettre une mobilisation rapide des mécanismes réparateurs. Certaines personnes sont capables de se mettre très facilement dans cet état. Elles se «déconnectent» ou s'«envolent» très volontiers[52].

Bien évidemment, il est impossible d'hypnotiser une personne contre son gré. De plus, tout le monde ne réagit pas de la même manière à la suggestion hypnotique. Dans son expérience, Elvira Lang a observé que les patients les plus anxieux avant l'intervention étaient les plus sensibles à l'autohypnose. Comme si la capacité d'imaginer des scénarios négatifs (à l'origine de l'anxiété) pouvait être utilisée de façon symétrique pour créer des autosuggestions positives[53].

Herbert Spiegel, professeur de psychiatrie à l'université Columbia, et son fils David, professeur à Stanford, ont identifié différents types de personnalités en fonction de leur prédisposition naturelle à la transe. Les moins sensibles à l'hypnose – qualifiés d'*apolliniens*, en référence au dieu grec de la raison – ont une intelligence rationnelle qui laisse peu de place à la passion. Ils ne dissocient donc pas facilement. À l'opposé, les *dionysiens* sont beaucoup plus sensibles aux nuances de leur environnement. Leur forte capacité de concentration et leur propension à la dissociation les rendent très influençables. En cas de stress important, ils sont plus fréquemment sujets au syndrome du stress post-traumatique dont nous parlions plus haut *. Entre les deux, les *odysséens* – en référence au voyage d'Ulysse – sont les plus nombreux. Ils voyagent d'une disposition à l'autre, dissocient modérément, réagissent tantôt selon leur cœur, tantôt selon leur raison, et cherchent un équilibre entre leur monde intérieur et les influences de leur environnement[54].

Un questionnaire mis au point par les Spiegel permet de mieux comprendre comment un patient fonctionne par rapport au monde extérieur et, de là, de choisir un traitement adapté à chaque type de personnalité. Cette notion me paraît essentielle et devrait être enseignée à tous ceux qui souhaitent exercer l'art de guérir. Car on n'aborde pas un apollinien comme on aborderait un dionysien. Barbara Ann Brennan, une guérisseuse américaine avec laquelle j'ai travaillé, me répétait souvent : « Il faut entrer en relation avec l'autre par la porte qui est ouverte. » Ainsi, au cours de mes consultations, si je rencontre une personne aux facultés intellectuelles très développées, je prends le temps de lui expliquer son traitement avec rationalité, n'hésitant pas à lui communiquer de nombreux détails scientifiques. En revanche, si je me retrouve face à quelqu'un de plus intuitif, j'évite les longs discours, je m'exprime à l'aide de métaphores et je lui propose de travailler d'emblée à partir de la réalité de son corps.

Certaines personnes très dionysiennes ont un degré de suggestibilité impressionnant – je devrais dire : dangereux. Bien

---

* Voir chapitre 4, p. 101.

souvent, elles rencontrent une kyrielle de médecins, thérapeutes et guérisseurs, et se laissent convaincre par des discours parfois très contradictoires. Mon travail est de les aider à mieux définir qui elles sont afin de développer leur sens critique. Cela paraît essentiel, car l'empressement de certains dionysiens à répondre sans discernement à tous les stimuli les plonge dans un stress et une agitation qui peuvent être néfastes pour la guérison. Heureusement, tout inconvénient pouvant devenir un avantage, lorsque ces personnes parviennent à se calmer, sous l'effet d'une relaxation ou de l'hypnose par exemple, elles entrent aisément en contact avec leur potentiel d'autoguérison.

Un phénomène inverse se produit chez les apolliniens. En effet, moins facilement affectés par les stimuli du monde extérieur, ils parviennent à se préserver des influences négatives. Malheureusement, en même temps, ils se privent d'un certain nombre de suggestions ou de circonstances favorables au maintien ou à la restauration d'une bonne santé. Comme l'enseignait le Bouddha : la voie à suivre est au milieu. C'est le chemin qu'empruntent les odysséens. Protégés par leur sens critique, ils gardent suffisamment de souplesse d'esprit pour intégrer des influences bénéfiques, dussent-elles être hypnotiques.

La douleur, autrement

À l'université de Montréal, au Québec, Pierre Rainville a demandé à des sujets de plonger leurs mains dans un bac rempli d'une eau chauffée à 47 °C, une température à la limite du supportable. Préalablement, il avait suggéré par hypnose à certains sujets que l'eau était bouillante et à d'autres qu'au contraire elle était très froide. Un questionnaire rempli par les participants après l'expérience a révélé que les personnes convaincues de toucher une eau bouillante ont ressenti une douleur beaucoup plus intense que celles persuadées de plonger leurs mains dans de l'eau froide. L'anticipation d'une douleur accentue donc son importance. L'intérêt de l'étude de Rainville est qu'il a observé par un examen radiologique les réactions du cerveau après la suggestion hypnotique. Il a ainsi pu objectiver une activation plus intense des circuits cérébraux de la douleur chez les personnes convaincues que l'eau était très chaude. En fonction des phrases prononcées, la suggestion exerçait distinctement son influence sur les zones cérébrales associées à la composante affective ou sensitive de la douleur[55]. De tels résultats montrent à quel point l'expérience douloureuse peut être influencée par l'attitude de ceux qui la gèrent. Une écoute attentive, des réponses rassurantes et quelques suggestions bien conduites permettraient certainement de réduire les doses abusives de médicaments antalgiques prescrites aux malades.

Marie-Élisabeth Faymonville, anesthésiste à l'université de Liège, en Belgique, l'a bien compris. Depuis dix ans, en véritable pionnière, elle a assisté plus de quatre mille trois cents personnes au cours de leur intervention chirurgicale. Qu'il s'agisse de l'excision d'une tumeur cutanée, de la mise en place de prothèses mammaires, d'un lifting, d'une exérèse de l'utérus ou de l'ablation de la glande thyroïde, chaque fois les patients sont invités à se remémorer leurs souvenirs agréables au son d'une musique douce, dans l'ambiance feutrée de la salle d'opération. Minute après minute, Marie-Élisabeth leur parle et s'inquiète de leur confort. Pour les cas très douloureux, une légère sédation et une anesthésie locale sont pratiquées en complément de l'hypnose. Les doses utilisées sont alors cinq fois moins importantes que pour une anesthésie classique et, de ce fait, les nausées et les vomissements postopératoires dus aux produits anesthésiques sont fortement diminués. Dix-huit fois seulement, la réalisation d'une anesthésie générale a été nécessaire. Lorsque l'hypnose peut être pratiquée, les patients sont moins fatigués, leurs douleurs sont réduites et ils se rétablissent plus rapidement. Ainsi, des patients opérés de la thyroïde sous hypnose reprennent leurs activités treize jours plus tôt que ceux qui ont subi la même intervention sous anesthésie générale[56].

« L'hypnose est un don de la nature, comme le dessin ou la musique, résume Marie-Élisabeth Faymonville. Tout le monde possède des vestiges de cette capacité, certains sont des apprentis, d'autres des virtuoses. » Pour Helen Crawford, psychologue à la Virginia State University, cette capacité naturelle à la suggestion serait liée à des dispositions anatomiques du cerveau, notamment au niveau du corps calleux, une structure qui relie les deux hémisphères et qui est, dans sa partie antérieure, spécifiquement impliquée dans les processus d'attention[57].

L'imagerie cérébrale par résonance magnétique permet d'affiner la compréhension du phénomène. À Liège, par exemple, Marie-Élisabeth Faymonville a montré que l'état d'hypnose entraîne une augmentation de l'activité des zones cérébrales corticales et sous-corticales influençant les composantes sensitives, affectives, cognitives et comportementales de la douleur[58]. Au Québec, Pierre Rainville a mis en évidence une augmentation de l'activité du cortex cingulaire antérieur intervenant dans les processus d'attention et dans le contrôle moteur des mouvements. Diverses aires cérébrales sont alors sollicitées, en particulier le thalamus, impliqué dans les perceptions sensorielles et émotionnelles, et le tronc cérébral, relié à la moelle épinière, par laquelle transitent les informations sensorielles. Il se produirait, en plus, une diminution de l'activité des lobes pariétaux du cerveau intervenant dans la distinction des limites entre le corps et l'environnement, et, en même temps, une stimulation du cortex visuel qui favorise la production d'images mentales[59]. L'état hypnotique apparaît donc comme le résultat d'une combinaison particulière d'activations et d'inhibitions de circuits neuronaux impliqués dans la régulation de la conscience.

De toute évidence, l'hypnose est loin d'être la supercherie que dénoncent ses détracteurs. Au contraire, il s'agit d'un phénomène neurologique de mieux en mieux compris. Certains chercheurs parviennent même à l'étudier en temps réel. Par exemple, dans le département des grands brûlés de l'université du Washington, à

Seattle, les psychologues Hunter Hoffman et David Patterson ont mis au point, avec l'aide de Paul Allen, le cofondateur de Microsoft, un casque projetant des images en trois dimensions capables d'induire une suggestion hypnotique. Utilisé lors du changement des pansements des patients brûlés, cet appareillage permet de réduire la douleur de 25 à 30 %. Certains patients peuvent même se passer d'analgésie. Un examen par résonance magnétique fonctionnelle, réalisé de manière concomitante, montre une nette diminution de l'activité des aires cérébrales de la douleur[60]. La preuve est donc irréfutable : l'hypnose agit sur le cerveau de façon spécifique et efficace.

À la différence d'un film vidéo classique, l'animation virtuelle permet une absorption complète dans la réalité imagée. Or, nous l'avons vu, c'est précisément cette absorption qui déclenche l'hypnose. Allongés sur la table de résonance magnétique fonctionnelle et coiffés du casque de réalité virtuelle, les patients de Hoffman et Patterson ont l'impression de voler au-dessus d'un canyon enneigé. L'illusion est parfaite : ils ne sont même pas dérangés par l'immobilisation de leur tête ni par le bruit infernal de la machine. De l'avis de ses concepteurs, ce genre de dispositif expérimental annonce une nouvelle ère de la recherche en neurosciences car, en plus du phénomène hypnotique, il va permettre d'observer en temps réel ce qui se passe dans le cerveau au cours de toute une série d'expériences virtuelles, exactement comme si l'on était en situation réelle[61].

Nul ne doute que les progrès de l'imagerie médicale éclaireront de nombreuses zones encore obscures de l'«unité corpsesprit». Cependant, l'enthousiasme provoqué par les récents développements de la science du cerveau ne doit pas nous faire oublier que l'être humain ne se résume pas à un amas de neurones. Une partie des réponses aux questions que nous nous posons se trouve, cachée sous la peau, dans les os, les muscles, les ligaments, les membranes et les organes du corps. C'est donc dans cette voie qu'il nous faut poursuivre notre enquête.

DEUXIÈME PARTIE

Une médecine du corps
pour soigner l'esprit

5

Observer
le corps qui souffre

TOUT EST LÀ, DEVANT NOS YEUX

Trois en un

Je me rappelle mon émerveillement lorsque, étudiant en deuxième année de médecine, j'ai appris comment, à partir d'une cellule unique, la complexité croissante de l'évolution aboutit à la formation d'un corps capable de développer une conscience de lui-même. Incroyable épopée qui s'étale sur des milliards d'années, condensée, résumée en quarante semaines de grossesse. L'étude de l'embryologie me parut alors apporter la dimension poétique qui manquait aux leçons un peu arides de la physique et de la chimie. D'un coup, les pièces du Meccano s'articulaient et, comme par magie, le vivant prenait un sens.

L'histoire commence à l'instant même où, vainqueur d'une compétition avec cinq cents millions de ses semblables, un minuscule spermatozoïde s'enfonce à travers l'épaisse membrane d'un volumineux ovule. De cette rencontre naît une cellule, réceptacle de toutes nos potentialités. Celle-ci se multiplie et, trois jours plus tard, elle forme déjà un petit amas de huit cellules. Puis de seize, puis de trente-deux, puis de soixante-quatre. Au fil des divisions cellulaires, la taille de l'embryon augmente à une vitesse prodigieuse. Après deux semaines, on devine déjà l'ébauche d'une forme : il y a un haut et un bas, un avant et un arrière. Toujours plus nombreuses, les cellules s'alignent alors en trois couches bien définies – l'*endoderme*, le *mésoderme* et l'*ectoderme* –, trois feuillets qui donneront naissance à l'ensemble des tissus et des organes.

Le plan de cette construction est d'une précision remarquable. Dès la quatrième semaine de vie, l'endoderme forme un tube à partir duquel se développeront les poumons et les organes digestifs – intestins, estomac, foie et pancréas. Pendant ce temps, une partie de l'ectoderme s'invagine pour former un autre tube, neural cette fois, qui donnera naissance au système nerveux – cerveau, moelle épinière, nerfs et organes sensoriels –, tandis que le restant devient la peau. Enfin, entre les deux, le mésoderme forme les os, les muscles, les vaisseaux sanguins, le cœur, la rate, la moelle osseuse et le sang qui y est fabriqué, les reins et les testicules ou les ovaires, les vaisseaux lymphatiques et le tissu conjonctif, qui infiltre l'espace autour des muscles et des organes, s'étend entre les cellules et forme le squelette fibreux à l'intérieur même des cellules jusqu'au sein de leur noyau, là où sont conservés les codes de la transmission héréditaire.

Chacun des feuillets embryonnaires se spécialise donc dans des fonctions bien spécifiques. D'origine endodermique, les organes respiratoires et digestifs assurent l'apport et l'intégration de matière et d'énergie. Issus de l'ectoderme, la peau et le système nerveux ont une fonction de perception sensorielle, d'analyse et de commande motrice. Enfin, les structures mésodermiques jouent un rôle de soutien et de lien entre les différents organes et parties du corps.

D'étranges corrélations

L'embryologie permet ainsi de comprendre la logique du corps. À condition toutefois de posséder un cerveau droit suffisamment développé pour souligner les analogies, établir des liens et acquérir une vision d'ensemble là où le cerveau gauche ne verrait que des détails sans rapport les uns avec les autres. Le médecin et psychologue américain William Sheldon possédait ce genre de qualités. Dans les années 1930, après avoir rencontré Sigmund Freud et surtout Carl Gustav Jung, dont la classification des types psychologiques le fascinait, Sheldon décida de répondre à une question apparemment saugrenue : existe-t-il un lien entre la morphologie et la psychologie ?

L'analyse de plusieurs milliers de photographies prises de face, de dos et de profil lui permit d'identifier trois grands types morphologiques. En examinant les détails de chaque anatomie, Sheldon affirma que celle-ci se développe préférentiellement à partir de l'un des trois feuillets embryonnaires – endoderme, ectoderme et mésoderme. Ainsi, les *endomorphes* présentent un physique rond en forme de poire. Organisé autour de l'abdomen et du système digestif, leur corps a tendance à grossir pour un rien. En revanche, les *ectomorphes* peuvent manger sans prendre un gramme. Chez eux, c'est le système nerveux qui prédomine. Ils ont le crâne large, leur silhouette est fine et plutôt élancée. Rien à voir avec les *mésomorphes*, dont le squelette bien charpenté est enveloppé d'une puissante musculature qui leur donne un aspect naturellement athlétique.

Au fil de ses recherches et de ses entretiens, Sheldon finit par identifier des tempéraments en rapport avec ces types morphologiques[1]. Les endomorphes apparaissent comme des gens plutôt détendus, conviviaux, sociables et affectueux. Soucieux de leur confort physique, ils apprécient les plaisirs de la table. En groupe, ils se mélangent facilement aux autres, ils sont tolérants et, dans la difficulté, ils cherchent le contact. Leur intestin très développé allongeant le temps de leur digestion, ils dorment facilement et profondément. Leur métabolisme, le rythme de leur respiration, les battements de leur cœur, leur façon de bouger, tout chez eux est caractérisé par la lenteur. En fait, on dirait que leur volumineux appareillage digestif traduit un besoin d'assimilation à la fois relationnelle et alimentaire. Sheldon les qualifie d'ailleurs de socialement extravertis et de biologiquement introvertis.

Les ectomorphes ont un profil de personnalité très différent. Munis d'un système nerveux hyperdéveloppé, ils passent leur temps à se protéger de stimulations excessives. Comparable à une antenne géante, leur corps a besoin de temps pour intégrer les nombreuses informations qu'il perçoit. Très sensibles à la douleur, les ectomorphes ont tendance à s'isoler et à se réfugier dans la solitude. Dotés d'un immense pouvoir d'imagination, ils vivent à l'intérieur d'eux-mêmes, ils recherchent les stimulations intellectuelles et ils sont très créatifs. En société, ils restent silencieux, ils observent les autres et ils privilégient les contacts individuels. Dans le trouble, ils apprécient l'intimité. Leur estomac peu développé est vite rassasié, ils ont faim souvent, ils manquent d'énergie et ils mangent fréquemment. Leur sommeil est léger. Extravertis biologiquement, ils sont introvertis socialement, de sorte qu'au premier abord ces êtres sensibles et originaux font souvent piètre impression. Il faut du temps pour apprendre à les connaître.

Du temps, c'est précisément ce qui manque aux mésomorphes. Leur puissante musculature les entraîne dans l'action. Ils ne supportent pas d'être enfermés dans des espaces exigus. Rarement fatigués, ils mangent vite, ils négligent le temps du repas et ils dorment peu. Audacieux, ils cherchent à dominer. En groupe, ils prennent les autres en charge, ils aiment le pouvoir et ils recherchent la compétition. Pragmatiques et autoritaires, ils ont tendance à se mettre en colère. Leur caractère n'est pas sans rappeler celui des personnalités de «Type A» dont nous parlions à propos du risque d'infarctus*.

---

* Voir chapitre 3, p. 88.

Évidemment, ces descriptions ont un côté caricatural que la réalité vient nuancer. Sheldon lui-même considérait sa classification comme un outil de base, la plupart des individus présentant une combinaison d'au moins deux des types morphologiques. Par ailleurs, Sheldon a montré des différences liées au sexe des individus : le corps des femmes présenterait moins de caractéristiques mésodermiques (muscles) et plus de composants endodermiques (graisse) que celui des hommes. Cela expliquerait pourquoi, lorsque les femmes prennent du poids, c'est plus volontiers au niveau des hanches et des cuisses. Leur corps décrit alors la forme d'une poire, au contraire des hommes, qui accumulent la graisse au niveau du ventre, gardent des jambes maigres et ont un corps en forme de pomme.

À l'université de Californie, à San Francisco, Elissa Epel a étudié la relation entre la morphologie et le mode de réaction au stress. Soumises à différents exercices intellectuels, les femmes au physique en forme de poire étaient moins stressées et présentaient une élévation du cortisol sanguin moins importante que celles au corps en forme de pomme. L'accumulation ventrale de la graisse est donc corrélée à une plus grande sensibilité au stress et, par la même occasion, expose à un risque accru de maladies cardiovasculaires[2]. Ainsi, les observations d'Elissa Epel confirment les constatations morphopsychologiques de Sheldon : une morphologie endodermique (en forme de poire) va de pair avec un tempérament calme et détendu, et, à l'opposé, les personnes au profil mésodermique (en forme de pomme) sont beaucoup plus stressées et enclines à l'hostilité, comme le sont celles sujettes au risque cardiovasculaire. Voilà qui devrait consoler les femmes qui se désolent de prendre du poids au niveau des hanches : cela leur évite peut-être de fâcheux ennuis cardiaques.

L'intuition des Anciens

Les conclusions de Sheldon corroborent aussi d'autres observations faites en Inde, plusieurs milliers d'années avant notre ère, et consignées à partir de la tradition orale dans les livres de la médecine ayurvédique.

Ensemble de pratiques destinées à guérir l'individu dans sa globalité, l'ayurvéda – « science de la vie » – s'est construite sur l'intuition des grands principes organisateurs du vivant. Ici, point de microscopes permettant d'identifier les trois feuillets de l'embryon, mais un sens aigu de l'observation qui amena les sages à exprimer les lois de la vie en termes d'énergie – *energeia*, en grec : la force en action, la capacité d'un système à produire un travail. Chaque être humain est considéré comme la combinaison unique de *kapha*, *vata* et *pitta*, les trois énergies fondamentales – ou *doshas* – qui animent le vivant. Selon la dominance de l'une des trois énergies, les individus présentent des caractéristiques morphologiques, physiologiques et psychologiques particulières. De l'harmonie entre les *doshas* dépend la bonne santé. Le but de la médecine ayurvédique est donc de prévenir ou de corriger les déséquilibres entre les trois énergies fondamentales[3].

Les individus à prédominance *kapha* sont larges et bien bâtis. Ils ont une tendance à l'obésité et renferment une grande vigueur qu'ils expriment peu. Calmes et affectueux, ils évitent la confrontation. Ils dorment bien et rechignent à se lever le matin. Ils apprennent lentement et oublient tout aussi lentement. Des caractéristiques somme toute très endomorphiques.

Les individus *vata* sont minces et légers. Presque trop maigres, ils n'ont pas beaucoup de force, mais déploient beaucoup d'efforts. Plutôt peureux, leur humeur est changeante. Leur sommeil est léger et souvent entrecoupé de périodes d'éveil. Ils apprennent vite et oublient facilement. On leur reconnaîtra des traits ectomorphiques manifestes.

Les *pitta*, enfin, ont un corps de taille et de poids moyens, bien proportionné. Leur vigueur est variable, ils recherchent la compétition, ils se mettent facilement en colère, ils sont jaloux et stressés. Leur appétit est intense. Ils dorment bien et se lèvent facilement. Leur profil est indéniablement très mésomorphique.

Les constatations de Sheldon et les théories de l'ayurvéda nous renseigneraient donc sur le tempérament de base d'un individu en fonction de sa morphologie. Toutefois, ces théories restent très controversées : trop subjectives pour les uns, pas assez documentées pour les autres. Sans compter qu'elles posent une question fondamentale : est-ce la morphologie qui influence le caractère ou bien, au contraire, le comportement qui détermine l'aspect du corps ? Quelques études, réalisées notamment sur des jumeaux, indiquent une composante génétique et innée du caractère. Cependant, la plupart des scientifiques considèrent que l'environnement et les expériences de la vie sont les principaux déterminants du comportement[4]. Cela n'exclut d'ailleurs pas la possibilité d'une transmission héréditaire des traits de la personnalité par le biais des peurs, des croyances et des habitudes qui, bien que non transmises par les gènes, passent, elles aussi, d'une génération à l'autre. Le tout est alors de savoir si des expériences psychologiques peuvent réellement conditionner l'apparence corporelle.

LA RÉPRESSION DES ÉMOTIONS

Tensions et déformations

Dès le début des années 1930, Wilhelm Reich s'intéresse à la question d'une possible influence du vécu psychologique sur la morphologie. Ancien élève de Freud, il postule l'existence d'un «inconscient corporel». Sa méthode tente d'identifier les traces physiques des douleurs psychiques. À la différence de la psychanalyse qui, au fil des associations libres, cherche à savoir *pourquoi* l'enfant a réprimé ses émotions, l'analyse reichienne vise à comprendre *comment* ce contrôle s'est exercé. L'émotion étant exprimée dans le corps, c'est là que Reich étudie les mécanismes de sa répression.

Pour Reich, la peur, le chagrin, la colère, la douleur et chaque événement émotionnel engendrent des mouvements et des postures caractéristiques. Automatiquement, des tensions et des déséquilibres s'installent dans le corps.

Au moindre stress, l'activation du système nerveux sympathique provoque la contraction de certains muscles. La perception de l'émotion s'en trouve amortie et, au niveau cérébral, la prise de conscience du sentiment désagréable est atténuée, voire supprimée. Ainsi, la tension musculaire permet une véritable déconnexion de soi-même, une sorte d'anesthésie émotionnelle.

Ce processus est utile en cas de stress aigu, car un ressenti trop vif des émotions dans le corps empêcherait la mise en route de la réaction de fuite ou de combat. Néanmoins, si la situation se prolonge, la tension musculaire due à l'hyperactivité sympathique entrave la respiration, les flux sanguins et lymphatiques se ralentissent, les toxines s'accumulent et l'acidité des tissus augmente. Finalement, le fonctionnement des cellules est perturbé et, au lieu de nous rendre performants, le développement d'une activité sympathique intense nous fragilise.

Comme le faisait remarquer Reich, il faut pouvoir relâcher la tension, rapidement, de manière à profiter des propriétés réparatrices du système parasympathique*. Dans le cas contraire, à force d'éviter de ressentir la souffrance de nos sentiments, nous devenons une sorte de «paralysé affectif». Notre corps et notre esprit se rigidifient. Le manque de flexibilité nous empêche de respirer librement et nous ne nous laissons plus envahir par le mouvement naturel de la contraction et de la relaxation. Faussement protégés par notre raideur physique et psychologique, nous risquons tout simplement de casser.

La forme nous informe

Wilhelm Reich identifie sept segments concentriques qui, de la tête aux pieds, sont le siège des contractions musculaires

---

* Voir chapitre 2, p. 68.

provoquées par la répression des émotions : ce sont les segments oculaire, oral, cervical, thoracique, abdominal, diaphragmatique et pelvien. Sans que Reich en ait jamais fait mention, il est troublant de constater que ces sept zones correspondent aux sept *chakras* de la tradition ayurvédique. Une fois encore, l'intuition millénaire semble trouver une traduction psychologique et physiologique*. L'examen des contractions et des rigidités musculaires permet alors d'identifier de véritables «armures caractérielles» qui contiennent l'émotion non exprimée.

Dans son *Analyse des caractères*, publiée en 1933, Reich conclut à l'existence de cinq types de personnalités construits en conséquence des expériences traumatiques de l'existence, et en particulier du développement de l'enfant et de l'adolescent[5]. Les contractions et les tensions corporelles entraînées par les blessures émotionnelles pouvant devenir chroniques, Reich postule l'installation de véritables réflexes programmés qui aboutissent à de profondes modifications physiques. Chaque type psychologique détermine donc des caractéristiques morphologiques révélatrices des blessures et des conflits sous-jacents.

À la lumière des concepts de la neuroplasticité, on comprend mieux aujourd'hui comment ces contractures réflexes peuvent s'inscrire en profondeur dans les attitudes et les formes du corps. La grille de lecture proposée par Reich devient alors une sorte de code permettant le déchiffrage de l'histoire intime de chaque individu**.

Ainsi, des émotions intenses ressenties au cours de la grossesse ou dans les six premiers mois de la vie peuvent favoriser l'émergence d'une peur existentielle profonde. Comme si l'hostilité de l'environnement remettait en cause le

---

* Nous examinerons la théorie des *chakras* au chapitre 10, p. 250-256.

** Une analyse détaillée des peurs, des défenses et des types morphologiques décrits par Wilhelm Reich est discutée dans mon ouvrage *Le Travail d'une vie*, Paris, Robert Laffont, 2001.

droit de vivre paisiblement, en toute sécurité. Inévitablement, cette peur engendre une défense caractérisée par la fuite dans l'imaginaire, une perte de contact avec la réalité et une difficulté à établir une relation profonde avec les autres. Reich qualifie ce comportement de *schizoïde*. Plutôt grand et fin, muni de jambes frêles, le corps des individus concernés paraît flotter à quelques centimètres du sol. De grands yeux vides accentuent l'impression d'absence. Tordu, fragmenté, désarticulé, mal coordonné dans ses mouvements, ce corps manque d'harmonie. Anguleux et tendu, il se déplace comme un robot. Parfois, une scoliose dévie la colonne vertébrale et un déhanchement rend la silhouette presque évanescente.

Les inévitables frustrations des premiers mois de la vie conduisent le nourrisson à craindre l'abandon. Fragile et dépendant, il préfère alors nier ses besoins afin d'éviter les déceptions ou, au contraire, il se plaint exagérément dans l'espoir d'être entendu. Ce comportement « en den.ande » – qualifié d'*oral* par Reich – se traduit par beaucoup de désespoir et une impression d'impuissance. Le tonus musculaire est faible, les épaules tombent, le torse se creuse et le bassin est tendu vers l'avant. En grandissant, le corps reste immature et les yeux expriment le besoin d'être pris en charge.

Parfois, contrarié dans sa volonté de toute-puissance, l'enfant teste son entourage pour apprécier les limites de son pouvoir. Il découvre que la manipulation est un moyen efficace d'obtenir ce qu'il désire. Qualifié par Reich de *psychopathe* et de *narcissique*, le comportement manipulateur est probablement le plus répandu dans nos sociétés contemporaines. Il est tantôt agressif, tantôt séducteur. Le corps se construit alors au service de la domination. Les jambes sont fines et le bassin est étroit. La poitrine hyperdéveloppée impressionne l'adversaire. Des yeux perçants exercent un contrôle permanent sur l'environnement.

Dans d'autres circonstances, humilié dans son désir, l'enfant préfère enfouir ses sentiments et refouler sa rage derrière un masque de gentillesse. Cependant, le discours est plaintif et rempli de reproche. Le corps du *masochiste*, comme l'a appelé Reich, contient alors l'énergie de sa colère. Un blocage entre le torse et la tête entraîne un resserrement des mâchoires, un raccourcissement et un épaississement du cou. Le dos s'arrondit comme pour «prendre les coups». Un autre blocage, entre le torse et les jambes, favorise une tendance à l'embon-point autour du bassin. Petits et enfoncés dans leur orbite, les yeux expriment un sentiment de défaite et de la souffrance.

Enfin, certains enfants préfèrent se conformer à l'image parfaite de leurs parents. Pour y parvenir, ils s'interdisent la spontanéité. Leurs sentiments sont réprimés au sein d'un corps tendu, musclé, athlétique et bien proportionné. Le dos est cambré et le bassin rétracté, comme si le sexe, considéré comme honteux, devait être caché. Le manque de souplesse des muscles oculaires donne au regard une expression froide, vide d'émotion. Parfait dans ses formes, le corps de ces person-nalités *rigides* paraît sans âme.

Évidemment, à l'instar des classifications de Sheldon ou de celles de l'ayurvéda, dans la réalité, les catégories de Reich ne sont jamais aussi clairement définies. Et pour cause : le développement d'un individu le fait passer par toutes les étapes et toutes les frustrations que décrit l'analyse reichienne. Par exemple, en observant mon propre corps, j'ai découvert les stigmates de l'enfant schizoïde, cachés sous la carapace rigide que je me suis fabriquée pour survivre. Carapace qui ne m'empêche pas, selon les circonstances, de laisser tomber mes épaules et de creuser mon torse face à la peur orale d'être abandonné, ni, au contraire, de gonfler ma poitrine et d'exercer un contrôle psychopathe à travers mon regard perçant. Parfois, je me surprends aussi à manger en cachette, comme l'enfant masochiste qui a peur d'être humilié ou contraint. Alors, au grand dam du perfectionniste en moi, ma carapace rigide s'enveloppe d'une couche de graisse protectrice qui abîme l'image idéale que je me suis forgée.

Le sens de l'observation

Après avoir expérimenté l'analyse reichienne au cours de mes consultations durant une dizaine d'années, je reste étonné par la pertinence des informations auxquelles elle permet d'accéder. Bien entendu, aucune classification ne peut prétendre appréhender entièrement la subtile complexité propre à chaque individu. Il faut donc rester prudent. D'autant plus que, à force de vouloir valider une théorie, on peut s'illusionner en sélectionnant des éléments qui confirment ses hypothèses de départ.

Néanmoins, les grilles de lecture corporelle de Reich, de Sheldon ou de l'ayurvéda ont le mérite d'aiguiser notre sens de l'observation et de porter notre attention sur le corps de l'autre. Nous comprenons alors que ce corps abrite un être sensible qui a une histoire douloureuse et continue d'en souffrir. Ainsi, en décodant les défenses inscrites dans les attitudes et les formes corporelles, nos interlocuteurs nous apparaissent sous un jour différent. Nous ne les voyons plus comme des êtres « hautains et difficiles d'accès », « qui pompent l'air, pleurnichards, en demande permanente », « séducteurs, agressifs ou manipulateurs », « trop obséquieux pour être honnêtes » ou « froids, rigides et sans âme », mais bien comme des enfants blessés qui ont peur du rejet, de l'abandon, de la trahison, de l'humiliation ou de l'imperfection.

Lors d'une consultation, par exemple, la capacité d'observer derrière les apparences permet d'adopter une attitude adaptée à la crainte de l'autre. On peut alors lui poser des questions qui ont un sens par rapport à l'histoire que son corps nous révèle.

La première fois que j'ai rencontré un praticien « initié » au décodage reichien, je me suis demandé à quel genre de sorcier j'avais affaire. En quelques minutes, l'homme avait percé mes secrets les plus intimes. La précision de son analyse était quasi chirurgicale. Et, de manière troublante, ses questions me faisaient prendre conscience de souffrances encore enfouies dans l'ombre de mon inconscient. Je lui ai demandé s'il se considérait comme un voyant. «Non, m'a-t-il répondu, je suis simplement un psychothérapeute conscient que, bien avant les mots, le corps est un vecteur de langage. »

6

Interroger
le corps qui se souvient

DES THÉRAPIES PSYCHOCORPORELLES

Libérer l'énergie

Le 13 mars 1895, Sigmund Freud écrivait à son ami Wilhelm Fliess : « Hier, Mrs. K. a de nouveau présenté des douleurs dans le thorax [...]. Dans son cas, j'ai inventé une étrange thérapie : je cherche une zone sensible, j'appuie dessus et je provoque un accès de tremblement qui la soulage[1]. » Sans le savoir, le père de la psychanalyse venait d'ouvrir la porte par laquelle ses dissidents s'engouffreraient pour aller droit au cœur du mystère psychocorporel. Le premier d'entre eux fut, bien sûr, Wilhelm Reich. Les quinze années, de 1933 à 1948, qu'il consacra au développement de sa « végétothérapie » furent l'occasion d'une révolution de la psychologie dont nous commençons à peine à saisir l'importance.

Pour Reich, qui a mis en évidence les armures musculaires causées par le stress émotionnel, la guérison passe par le relâchement des tensions. Il faut donc traiter les zones de résistance. Des mouvements, des pressions, des massages et des exercices respiratoires peuvent déclencher d'intenses décharges émotionnelles : des convulsions et des tremblements envahissent tout le corps, l'énergie contenue dans les contractures est libérée et un profond sentiment de bien-être accompagne la relaxation qui s'ensuit. Reich compare le plaisir éprouvé alors à celui de l'orgasme[2].

Comme son nom l'indique, la végétothérapie agit sur le système nerveux autonome (aussi appelé «végétatif») puisqu'elle corrige les déséquilibres dus à l'hyperactivité sympathique. Or équilibrer la balance sympathique/parasympathique, c'est permettre à l'information neurologique, hormonale et immunitaire de circuler de manière fluide à travers tout l'organisme.

Dans les années 1950, Alexander Lowen et John Pierrakos, deux médecins, anciens patients et élèves de Reich, traduisent le concept des tensions corporelles en termes de blocages énergétiques, dont ils analysent les répercussions psychologiques et physiologiques. Psychologiquement : les émotions négatives paralysent l'individu, ses désirs disparaissent et, à la longue, son humeur devient dépressive. Physiquement : l'action est inhibée, l'organisme est en état d'alerte et, si cela dure trop longtemps, les défenses immunitaires s'affaiblissent. Dès que le relâchement se produit, l'énergie physique se décharge dans le mouvement et l'énergie psychique s'exprime sous la forme d'émotions positives et de nouveaux désirs, dont Goethe disait qu'ils étaient les pressentiments de nos potentialités. La négativité fait donc place à la créativité*.

Lowen et Pierrakos intitulent leur approche «analyse bioénergétique»[3]. Celle-ci comporte une lecture reichienne du corps, l'examen du vécu des patients et une série d'exercices

---

* Pour l'influence des émotions positives sur la créativité, voir chapitre 2, p. 62.

adaptés à chaque cas. Ainsi, par exemple, couchés sur un gros ballon, la poitrine en extension, les patients dégagent de vieilles tensions. Puis, en augmentant leur niveau énergétique par la respiration et le mouvement, subitement, comme un barrage cède sous la pression devenue trop forte, ils laissent échapper un cri, des larmes et de la colère. Une rage dont ils n'avaient absolument pas conscience, enfouie en eux depuis des années et que, souvent, ils retournaient contre eux-mêmes en se jugeant négativement ou en s'empêchant d'exprimer leurs manques. Car derrière toute colère se cachent une peur, une frustration et un besoin*. Le thérapeute invite alors le patient à décharger sa rage en frappant des matelas ou des coussins à l'aide d'une raquette de tennis ou d'une batte de base-ball.

De toute évidence, sentir sa rage est plus important que d'en parler. Comme le disait déjà au XIXe siècle le médecin et philosophe anglais William James (frère de l'écrivain Henry James) : « Quelle sensation de peur resterait-il si l'on ne pouvait ressentir ni les battements accélérés du cœur, ni le souffle court, ni les lèvres tremblantes, ni les membres faibles, ni le mal de ventre ? Il m'est impossible de l'imaginer : pouvons-nous nous représenter la colère sans bouillonnement dans la poitrine, sans rougissement du visage, sans dilatation des narines, sans crispation des mâchoires, et à leur place des muscles flasques, une respiration calme et un visage placide[4] ? » Ainsi, l'expérience physique de l'émotion lui donne du corps. L'énergie qu'elle renferme devient une réalité tangible. Un potentiel à notre disposition. Encore faut-il apprendre à l'exprimer non pas dans l'agressivité contre les autres ou contre soi-même, mais, comme l'a si bien montré le psychologue Marshall Rosenberg, dans l'affirmation de ses limites et de ses besoins[5].

Mon premier contact avec la thérapie bioénergétique fut une expérience bouleversante. C'était au cours d'un atelier animé

---

* Ces notions sont explorées dans mon ouvrage *Vivre en paix*, Paris, Robert Laffont, 2003.

par la psychiatre américaine Elisabeth Kübler-Ross, dont la vie fut dédiée à l'accompagnement des mourants. Totalement coupé de mes propres ressentis émotionnels, je contemplais les autres participants avec une sorte de masque de sérénité, un détachement qui, je l'ignorais à l'époque, était une manière de me protéger. Soudain, Linda, une femme atteinte d'un cancer du côlon, commença à exprimer la rage contenue dans son corps. Un profond malaise m'envahit et, sans la moindre empathie, je déclarai cette «mise en scène théâtrale ridicule et inutile». En fait, je la trouvais terrifiante. Penser et juger me paraissait beaucoup plus confortable que de sentir. Je ne pouvais donc pas imaginer que l'énergie de la rage puisse être utilisée au service de la guérison*. Et, bien sûr, j'ignorais que peu de temps après, à mon tour, je taperais sur des coussins et, plus inattendu encore, qu'un jour j'aiderais des patients à en faire autant.

Des mots ou des maux ?

Imaginez une thérapie en groupe : Lisa, Michel, Frank, Valérie, Nicole… Une quinzaine de participants assis en cercle, chacun avec son lot de souffrance consciente et non consciente, tous fermement décidés à soulager leur peine. Michel raconte la difficulté qu'il éprouve lorsqu'il tente d'exprimer sa colère envers son père. À cet instant, mon attention est attirée vers Frank. Le visage blême, les mâchoires crispées, les poings serrés, l'homme est manifestement contrarié. Aussitôt, je lui demande ce qu'il ressent. «Rien», me répond-il. Un murmure parcourt le groupe. Nicole se lève et dit qu'elle aussi a remarqué la crispation sur le visage de Frank. «On dirait qu'il est fâché. Frank est peut-être en colère», dit-elle un peu gênée. J'incite alors Frank à nous dire ce qu'il sent dans son corps. Muet, il porte la main à son ventre. Je l'invite à respirer pour se détendre. Soudain, il déclare : «J'ai un poids sur l'estomac, une boule dans la gorge…

---

* Cet aspect de la guérison est abordé au chapitre 4, p. 104-108.

Mal au dos aussi.» Je lui demande s'il se sent en colère. «Je ne sais pas», répond-il en fronçant les sourcils. Conscient de sa difficulté à mettre des mots sur son expérience, je l'interroge pour savoir si le fait d'entendre Michel parler de ses problèmes avec son père le met mal à l'aise. «Non», réplique-t-il sèchement. Je lui propose alors d'exprimer par des gestes ce qu'il sent dans son corps. Progressivement, lentement, ses membres s'étirent, son torse se redresse, ses poings se desserrent. L'ensemble de son corps se met à bouger, comme s'il s'échauffait avant de courir un cent mètres, et, subitement, Frank se met à taper du poing et à frapper du pied. Une main posée sur son épaule, je l'encourage à laisser les sons sortir de sa gorge. Il faut qu'il inspire et qu'il expire, profondément, pour aller puiser la force qui gronde dans son ventre. Des larmes montent dans ses yeux, ses jambes se mettent à trembler, il frappe de plus en plus fort avec ses pieds et, soudain, il pousse un hurlement. Autour de nous, les autres participants ont tous les poings serrés, ils revivent leurs propres colères. Frank continue de hurler. On dirait une bête sauvage. C'est l'animal en lui qui se réveille : son cerveau émotionnel libère sa colère. À ce moment précis, je lui demande de laisser venir les mots, sans réfléchir, dans un élan spontané. En quelques secondes, les cris laissent la place aux injures. On entend qu'il en veut terriblement à quelqu'un… Sa rage se déverse dans les mots comme la lave jaillit d'un volcan. Au milieu des cris et des larmes, le nom de son père finit par surgir.

Au bout de quelques minutes, Frank s'apaise. Une profonde relaxation l'envahit. Les muscles de ses yeux sont détendus, son regard exprime de la joie. «Je n'aurais jamais cru sentir autant de vie en moi, nous dit-il, il y a comme de l'électricité dans mes mains et jusque dans mes pieds.»

Frank nous explique alors qu'il s'est inscrit à la thérapie de groupe car, un an auparavant, il a été opéré d'un cancer de l'estomac – «Une merde qui m'est tombée dessus, six mois après la mort de mon père». Et, respirant un grand coup, il déclare : «En contactant ma colère, subitement, j'ai pris conscience que cette maladie est une boule dans mon ventre, quelque chose que je ne digère pas. » Comme si sa mémoire s'était libérée, Frank nous raconte la souffrance qu'il a endurée lorsque, enfant, son père le battait. Il nous dit aussi le désarroi qu'il a éprouvé lorsque ce dernier est décédé. Enfin, il comprend pourquoi, chaque fois qu'il se retrouvait en présence de son père, ses mâchoires se crispaient, ses poings se serraient et son cœur s'accélérait : « J'aurais pu le tuer, tellement ma rage était grande. »

Alexithymie

Comme Frank, certaines personnes éprouvent d'énormes difficultés à décoder leurs propres émotions. Elles ressentent tout dans le corps, mais elles demeurent incapables d'exprimer ces ressentis sous la forme de sentiments. Une personne sur sept souffrirait de cette impossibilité à identifier et à communiquer son vécu émotionnel. Ce sont plus souvent des hommes. Véritablement coupés d'eux-mêmes, ils ne comprennent pas la signification de leur malaise et ils ont beaucoup de mal à se faire comprendre des autres.

La médecine moderne a posé un nom sur cet isolement : *alexithymie* (du grec *a* : absence, *lexis* : mot, *thymos* : émotion), c'est-à-dire l'incapacité de mettre des mots sur les émotions. Il est probable que ce trouble s'installe au cours de la petite enfance parce que les parents sont incapables de nommer les émotions de l'enfant et ne l'aident pas à identifier ou à exprimer ses ressentis. Imaginons, par exemple, un enfant qui a faim. Le malaise provoqué par sa sensation entraîne des pleurs et une mauvaise humeur. Si les parents font le lien entre ce mécontentement et la sensation de faim, ils aident leur enfant à décoder ses ressentis. Dans le cas contraire, celui-ci devient une sorte d'analphabète des sentiments.

Une étude par résonance magnétique fonctionnelle réalisée chez des hommes alexithymiques par la psychologue française Sylvie Berthoz a montré des perturbations au niveau du gyrus cingulaire antérieur, une région cérébrale qui relie le système émotionnel limbique au cortex[6]. L'alexithymie apparaît donc comme une réelle déficience de la mentalisation des émotions.

Dès lors, participer à des séances de thérapie en groupe peut être très bénéfique pour les personnes alexithymiques. Progressivement, en écoutant les autres exprimer leurs ressentis, chaque participant peut apprendre les mots qui conviennent pour exprimer ses propres sensations. Il découvre que les humains partagent des expériences communes et que les émotions sont autant de messages importants à entendre, à exprimer et à communiquer aux autres.

Dans ce contexte, travailler sur le corps semble particulièrement efficace, car on touche de plein fouet les défenses de l'individu. Les mots et les images de l'esprit peuvent réveiller la mémoire. Les postures et les mouvements du corps aussi. Le patient est alors très vulnérable et le thérapeute doit faire preuve d'une précision quasi chirurgicale pour permettre la connexion des inconforts aux sentiments, relier les maux aux mots et établir un pont entre le corps et l'esprit. En augmentant la *charge* énergétique à l'aide de la respiration et des mouvements, les ressentis physiques s'accentuent. Il est probable qu'au niveau cérébral, une fois un certain seuil de sensation atteint, le verrou du gyrus cingulaire antérieur saute et que, subitement, les fonctions corticales soient mobilisées. Du coup, un sens peut être attribué aux sensations et, parfois, des souvenirs peuvent s'y rattacher.

La première fois que j'éprouvai ce genre de phénomène, ce fut pour moi une expérience tout à fait inattendue. Quelques heures auparavant, j'avais participé à une séance de thérapie en groupe. Au cours de celle-ci, plusieurs participants avaient laissé «parler leur corps», acceptant de décharger leur souffrance à travers les gestes et les mots pour, à la fin, éprouver un profond relâchement musculaire et un réel apaisement de l'esprit. Face à leurs douleurs, mon propre inconfort s'était réveillé : je percevais une brûlure à l'estomac, je me sentais oppressé et je me voyais difficilement rentrer chez moi dans cet état. Le thérapeute du groupe m'encouragea alors à respirer profondément «pour libérer les tensions». C'est ce que je fis durant les deux heures qui suivirent. Légèrement soulagé, j'étais sur le point de prendre la route pour rentrer lorsque, subitement, de manière incontrôlable, je me mis à sangloter. Un souvenir d'enfance venait de surgir à ma conscience. Des images d'une extrême précision se bousculaient devant mes yeux; des sons et des odeurs les accompagnaient. Et je compris l'origine de la souffrance physique qui se manifestait en moi. Ce souvenir déclencha une série de prises de conscience (*insights* dans le jargon thérapeutique anglo-saxon), des pans entiers de ma vie s'éclairèrent, si bien qu'aujourd'hui encore cette expérience reste un des événements déterminants de ma vie.

Écouter le corps

À la différence des thérapies verbales où la pensée et les souvenirs informent le corps de leur contenu à l'aide des émotions positives ou négatives qui y sont associées, dans les thérapies psychocorporelles ce sont les ressentis du corps qui, traduits en sentiments, finissent par déclencher la mémoire. Dès lors, on peut penser que les *insights* qui surgissent au cours des séances psychocorporelles sont en rapport direct avec l'émotion et la blessure du patient – le discours mental n'ayant pas de prise sur le processus. Par rapport aux approches fondées sur la parole, le risque de «tricher» est donc réduit. D'ailleurs, très vite, on apprend à distinguer, au timbre de la voix, les patients qui restent dans leur défense intellectuelle et ceux qui ressentent réellement ce qu'ils verbalisent. Cela explique sans doute pourquoi, contrairement à certaines psychanalyses interminables, les thérapies faisant intervenir le corps entraînent des résultats profonds et rapides.

La psychanalyse pense le corps. Les thérapies psychocorporelles proposent d'en faire l'expérience. Elles permettent le développement d'une conscience de soi dans l'instant, tant physique (les postures et les tensions du corps) que psychologique (les souvenirs et les croyances à l'origine des postures et des tensions). Être pleinement présent à soi-même aide à échapper aux conditionnements du passé pour choisir de nouveaux comportements. Sortir du cercle vicieux des défenses automatiques devient alors la voie qui mène à la vraie liberté. Prenons le cas de Frank. Chaque fois qu'il rencontrait quelqu'un qui lui rappelait son père, il se laissait envahir par une immense colère. La tension de son corps était telle qu'il en oubliait de respirer. Ayant conscientisé ce processus de cause à effet, il a appris à choisir de se détendre. Quelques profondes inspirations l'aident alors à désamorcer son conditionnement.

Dans d'autres circonstances, l'écoute attentive du corps permet de reconnaître les signes de l'inconfort qui se manifestent lorsque les limites de l'individu sont dépassées. Personnellement, depuis que je travaille la conscience de mon corps, il m'est devenu impossible d'ignorer les symptômes du stress. Je les vis comme de véritables messages d'alerte. De ce fait, je respecte mieux mes besoins essentiels, ce qui est, nous l'avons vu, une excellente façon de préserver sa santé physique et psychique.

Par ailleurs, à l'instar de nombreux patients, j'ai constaté qu'une sensibilité accrue aux messages corporels développe le sens de l'intuition. Comme l'a montré Joseph LeDoux, souvent, les réactions émotionnelles se manifestent dans le corps avant même que nous ayons pu analyser consciemment la situation qui les provoque*. Apprendre à écouter les signes du corps nous aide donc à discerner si nos expériences sont favorables ou non au maintien de notre intégrité. Conscientisé à travers le corps, notre instinct de survie devient alors une intuition plus puissante que bon nombre de nos raisonnements alambiqués.

Malgré tout cela, de nombreux thérapeutes négligent le ressenti corporel de l'émotion. En ce qui me concerne, cette

---

* Voir chapitre 2, p. 61.

attitude était dictée par la difficulté de gérer mes propres émotions et ma propre souffrance. Difficulté rencontrée par beaucoup de gens et qui n'épargne ni les médecins, ni les psychiatres, ni les psychologues, ni les autres soignants. Et pour cause : leur formation académique explore la dimension émotionnelle d'un point de vue intellectuel. Une approche pour le moins antinomique puisque, sans l'expérience corporelle, il est impossible de comprendre la nature de l'émotion. C'est en ressentant les blessures du passé dans le corps que l'on apprend à ne plus les redouter. C'est en apprivoisant ses inconforts que l'on peut utiliser la puissante énergie qui les engendre. Cet aspect de la pratique thérapeutique est essentiel, car la rencontre entre un malade et un soignant met toujours en présence deux enfants blessés. Ne pas en tenir compte empêche l'installation d'une guérison véritable. En effet, il paraît difficile de montrer le chemin qui conduit à la liberté du futur si l'on reste soi-même prisonnier des entraves du passé.

Cependant, que l'on se rassure : la décharge émotionnelle qui survient parfois au cours d'une thérapie psychocorporelle n'est pas une fin en soi. Il faut y voir avant tout un moyen de reprendre conscience de soi. D'ailleurs, cette catharsis ne doit pas toujours être spectaculaire et, de l'avis de nombreux thérapeutes psychocorporels, le travail peut être mené en douceur. Ainsi, le simple fait d'attirer l'attention d'un patient sur l'une de ses contractures musculaires suffit parfois à le plonger dans l'émotion qui lui permettra de conscientiser un refoulement, une peur, un souvenir douloureux et, de là, une série d'associations de pensées qui, comme dans une psychanalyse classique, apporteront du sens à son expérience. C'est déjà un bon début. Par la suite, le corps pourra être interrogé plus en profondeur, à travers le mouvement et le relâchement des tensions.

Avec le recul, ayant expérimenté les deux types d'approche – verbale et psychocorporelle – pour moi-même et pour mes patients, je suis convaincu de l'importance de s'adresser à l'unité psychocorporelle de l'individu tout au long de sa thérapie, que celle-ci soit justifiée par un trouble psychologique ou par une maladie physique. Parfois, l'approche psychocorporelle représente une menace trop importante pour le système de défense d'un patient. Rien n'interdit alors de lui proposer une thérapie verbale en lui recommandant, en parallèle, de développer la conscience de son corps – par exemple, en se faisant masser, en suivant des cours de danse ou de chant, en pratiquant le yoga ou le tai-chi, ou encore en apprenant des méthodes comme celles d'Alexander ou de Feldenkrais*. Assoupli, sensibilisé et conscientisé, le corps devient un précieux outil de travail psychologique.

Le doigt sur la blessure

Jeannine est rhumatologue dans un grand hôpital parisien. Depuis quatre jours, elle souffre d'une douleur intense à l'épaule gauche. La douleur est apparue subitement, un matin, alors qu'elle prenait son petit déjeuner. Son compagnon, un chirurgien orthopédiste, a palpé une contracture des muscles autour de l'omoplate. Cependant, aucune anomalie n'apparaît sur les examens radiologiques. La douleur ne cédant pas face aux anti-inflammatoires, Jeannine se résout à prendre un rendez-vous avec Frédéric, un ami kinésithérapeute.

D'emblée, celui-ci lui propose de recourir au rolfing, une technique inventée dans les années 1960 par Ida Rolf, biochimiste de formation, alors qu'elle tentait de guérir les séquelles d'une chute de cheval. Élaborée à partir de sa pratique du yoga, des travaux de Reich et du foisonnement des recherches menées au sein de l'Institut Esalen**, l'approche de Rolf agit sur les tissus conjonctifs du corps : ligaments au niveau des articulations, tendons à l'extrémité des muscles, fascias autour des muscles et

---

* Tai-chi : voir chapitre 9, p. 228-231; yoga : voir chapitre 10, p. 256-259; technique d'Alexander et méthode de Feldenkrais : voir chapitre 8, p. 201-206.
** Voir chapitre 7, p. 188.

des organes[7]. À l'aide de palpations appuyées, de pressions et de manipulations vigoureuses, le praticien étire et assouplit les tissus rigidifiés par les tensions et les contractures.

Couchée sur la table de massage, Jeannine se laisse faire. La sensation n'est pas confortable. À certains endroits, elle est même douloureuse. Subitement, elle sent une vague d'émotion monter en elle. Habituée à ne rien laisser paraître, elle tente de réprimer son envie de pleurer, sa gorge se noue, ses mâchoires se crispent. Mais c'est peine perdue : un flot de larmes finit par jaillir et elle se met à sangloter comme une petite fille. Incapable de retenir ses larmes, Jeannine se laisse aller. Elle sent les muscles de son dos se relâcher. La douleur s'estompe. Et, soudain, des images de son enfance défilent devant ses yeux : elle revit l'explosion d'un camion devant la porte de sa maison. La lumière des flammes, l'odeur de la fumée, les cris de son père qui l'attrape violemment par l'épaule. À la fin de la séance, désolée, Jeannine s'excuse auprès de son ami « rolfeur ». Celui-ci la rassure en lui certifiant que ce genre de manifestations peut survenir « lorsque le corps se souvient ».

Le souvenir d'enfance que Jeannine vient de revivre concerne un événement qui, en son temps, l'avait profondément traumatisée. Elle en avait parlé longuement au cours de la psychanalyse qu'elle avait entreprise durant ses études de médecine. Elle s'en croyait débarrassée, mais ce n'était manifestement pas le cas. Stupéfaite, Jeannine réalise tout à coup que sa douleur à l'épaule est apparue le matin du 12 septembre 2001, quelques heures après qu'elle eut assisté à la retransmission télévisée de l'effondrement des tours du World Trade Center. Comme si cette catastrophe avait réveillé une mémoire inconsciente, manifestée dans son corps à l'endroit même où son père avait posé sa main pour la sauver[8].

Ce genre de réveil mémoriel n'est pas le but du rolfing*. Il n'est pas non plus nécessaire à l'obtention du relâchement, de

---

* Voir chapitre 8, p. 198.

l'assouplissement et des réalignements recherchés par cette technique. Il prouve simplement que les états somatiques sont intimement liés à la mémoire traumatique.

LA MÉMOIRE DU CORPS

Les strates du souvenir

Depuis les années 1960, le psychologue américain Arthur Janov explore la mémoire du corps au cours de thérapies mêlant des sessions individuelles et des séances de groupe. Celles-ci sont réparties sur une période de trois semaines durant lesquelles le patient est isolé du monde extérieur, obligé de tenir un journal et invité à rester en contact avec des objets ou des photos de son passé. Cette thérapie dite «primale» sensibilise le patient à l'extrême et mobilise des souvenirs douloureux que Janov parvient à situer avec précision en fonction de la couche cérébrale dans laquelle le traumatisme a été mémorisé *.

Janov définit des souffrances de première, deuxième ou troisième ligne, selon que le traumatisme s'est produit à un niveau instinctuel, émotionnel ou intellectuel. Ainsi, contrairement à certaines idées reçues, la mémoire n'aurait pas besoin du langage pour se constituer. De ce fait, des événements préverbaux survenus durant la toute petite enfance, lors de la naissance ou même pendant la grossesse peuvent se manifester par des troubles physiques – par exemple, des colites ou des palpitations – qui, plus tard au cours de la vie, resurgissent régulièrement lors d'épisodes anxieux dont la cause initiale est oubliée depuis longtemps. D'après Janov, aucune larme ni aucun mot ne peuvent exprimer des souvenirs aussi anciens, seulement des symptômes physiques, car la mémoire de première ligne n'est ni émotionnelle ni intellectuelle.

---

* Les différentes couches du cerveau sont exposées au chapitre 2, p. 57-58.

Au cours d'une séance, le thérapeute primal peut suivre en direct le réveil de la mémoire traumatique en enregistrant des paramètres physiologiques comme la température corporelle et la tension artérielle. Janov raconte le cas d'un patient coincé dans un embouteillage sur le chemin vers le Primal Center de Venice, en Californie[9]. Arrivé en retard pour sa thérapie en groupe, très énervé, l'homme explique son contretemps. Tandis qu'il parle de son angoisse, son pouls s'accélère, sa température passe de 37 à 40 °C et sa tension artérielle s'élève de 12,5/9 à 20/10. Ces phénomènes se produisent chaque fois qu'un souvenir douloureux remonte à la conscience, car le corps se prépare à réagir face à l'agression. Au bout d'un moment, l'homme contacte l'émotion ressentie dans le passé, lorsque ses parents l'empêchaient d'agir comme il le souhaitait. Débordant de colère, il commence à frapper les murs en hurlant. Il revit alors une scène de son enfance où sa mère lui interdisait de jouer au football après l'école. À ce moment précis, sa tension artérielle et sa température chutent et, comme un petit garçon, il se met à pleurer abondamment durant une demi-heure. Puis, soudain, il adopte la position du fœtus. Ces signes indiquent au thérapeute que le patient va revivre des sensations mémorisées lors de sa naissance. Les paramètres physiologiques remontent brusquement. Pour un temps seulement car, au moment où le patient revit la sensation de blocage, il ne parvient plus à reprendre son souffle, il se sent sur le point de mourir, sa tension artérielle chute à 9,5/5,5 et sa température à 35 °C. Allongé sur le sol, il ne parle plus, il se contente de pousser des grognements, sans pleurer. Comme un fœtus coincé dans la filière vaginale, il se débat et lance des coups de tête durant quarante minutes, puis il finit par s'apaiser. Tandis qu'il est lucide et profondément détendu, des *insights* affluent à sa conscience. Il comprend alors le lien entre ses comportements d'adulte et le traumatisme qu'il vient de revivre.

Pour Janov, le refoulement est *la* défense biologique fondamentale contre la douleur. Lorsque ses mécanismes sont défectueux, l'individu est obligé de s'agiter, de parler beaucoup, de se masturber compulsivement, de manger trop, de boire de l'alcool, de fumer, voire de se droguer. Si les traumatismes sont émotionnels ou instinctuels, leur compréhension intellectuelle ne suffit pas à les évacuer. Seul un travail respectant la chronologie des engrammes cérébraux permet de remonter, couche après couche, jusqu'à l'origine de la souffrance. Janov se méfie donc de certaines thérapies par le souffle, comme le *rebirth* où une hyperventilation favorise la remontée brutale de souvenirs de première ligne engrangés bien avant que le cortex cérébral ne soit actif et donc impossibles à verbaliser. Le danger est alors, selon lui, de voir les patients se protéger de la souffrance en s'évadant dans leur imaginaire au point de sombrer dans des délires hallucinatoires qui, selon le contexte culturel de la personne et les croyances du thérapeute, font référence à des vies antérieures ou à d'autres métaphores symboliques[10].

Pour avoir assisté moi-même à plusieurs séances, je dois bien avouer que le côté spectaculaire de la thérapie primale peut rebuter. Guérir en revivant sa souffrance n'est pas forcément la voie la plus séduisante, en particulier dans nos sociétés hédonistes accoutumées à diverses formes d'anesthésie. Précise et intrusive, la thérapie primale doit être menée par un expert. C'est sans doute sa principale limite, tant les thérapeutes qualifiés sont rares. Néanmoins, ses résultats semblent à la hauteur de ses moyens : l'hypertension artérielle de certains patients s'estompe, des douleurs chroniques disparaissent, la consommation de drogue s'arrête, des troubles alimentaires s'améliorent et le cycle répétitif de toute une série de comportements névrotiques s'interrompt. Arthur Janov signale aussi une augmentation de l'hormone de croissance impliquée dans les processus de réparation post-traumatique et une nette amélioration des défenses immunitaires en rapport avec le rééquilibrage du système nerveux autonome.

La souffrance en héritage

Rien ne prouve que le souvenir revécu au cours d'une séance d'analyse bioénergétique ou de thérapie primale soit réel. Certains chercheurs pensent qu'il pourrait s'agir d'une mémoire reconstruite destinée à donner du sens à l'expérience émotionnelle[11]. Il n'en reste pas moins que l'évocation d'un traumatisme déclenche toute une série de perceptions sensorielles, de perturbations physiologiques, de modifications biologiques et de réactions motrices. Reconstruit ou non, le souvenir traduit une réelle souffrance. Arthur Janov a même noté l'apparition d'ecchymoses sur la peau de certains patients alors qu'ils revivaient le souvenir des violences dont ils avaient été l'objet au cours de leur enfance[12].

Cela peut paraître incroyable. Pourtant, en vertu des principes de la plasticité du cerveau, on sait que chaque expérience laisse une trace dans le réseau des neurones cérébraux*. Et, comme l'a expliqué Antonio Damasio dans sa « théorie des marqueurs somatiques », chaque trace est associée à l'état du corps au moment où l'expérience a été mémorisée[13]. L'évocation d'un souvenir recrée donc les manifestations physiques qui lui sont associées et, en retour, des expériences physiques particulières peuvent déclencher la remémoration d'un souvenir précis. Ainsi, Frank avait les poings serrés de colère chaque fois qu'il rencontrait son père, simplement parce que, dans son enfance déjà, il serrait les poings quand son père le battait. Pas étonnant, dès lors, que le fait d'entendre Michel parler de sa relation avec son propre père ait suffi pour déclencher une réaction corporelle chez Frank. Pourtant, au début de la séance de thérapie en groupe, celui-ci ne parvenait pas à faire le lien entre les émotions qui s'exprimaient dans son corps et les blessures de son enfance**. Simplement parce qu'il évitait de ressentir la souffrance

---

* Voir chapitre 3, p. 91.
** Voir p. 152-154.

associée à son souvenir. Un phénomène alexithymique empêchait les sensations physiques provoquées par ses émotions d'être mentalisées, conscientisées et verbalisées. Or il semble que l'alexithymie soit plus fréquente chez des patients souffrant de pathologies dites «psychosomatiques». Comme si l'incapacité de mettre des mots sur les émotions provoquait la somatisation de celles-ci sous forme de dérèglements organiques et de symptômes corporels.

Ghislain Devroede, professeur de chirurgie à l'université de Sherbrooke, au Québec, décrit très bien ce processus chez des femmes abusées sexuellement dans l'enfance. Il semble qu'au moment de la défécation la moitié d'entre elles aient une mauvaise coordination entre les contractions du rectum et celles de l'anus, comme si une partie d'elles-mêmes voulait expulser les selles alors qu'une autre, inconsciente, empêchait toute ouverture du périnée. À l'écoute du corps de ces patientes, Devroede leur évite souvent d'être opérées inutilement. Depuis trente ans, son expérience de chirurgien-psychothérapeute est jalonnée de cas étonnants. Ainsi cette femme constipée qui guérit instantanément le jour où meurt son père, qui avait abusé d'elle dans l'enfance. Ou cette autre patiente qui présente régulièrement des épisodes de blocage urinaire et de constipation : lorsqu'on lui demande si elle n'a pas été violée dans son enfance, elle ressent une colère intense et, tout à coup, se souvient que son père abuseur lui avait ordonné de «la fermer». En exprimant sa colère dans une catharsis intense, elle guérit définitivement[14].

Parfois, les messages semblent s'imprimer dans le corps avant même qu'ils puissent être compris par l'intellect de l'enfant. Ghislain Devroede raconte l'histoire de Charles, un enfant constipé depuis la naissance et chez qui aucune autre anomalie n'avait pu être mise en évidence. Fait troublant, cependant : la mère de l'enfant avait eu une grossesse difficile au cours de laquelle elle lui avait répété sans cesse : «Allez, mon bébé, on se retient!» Avec le temps, Charles avait fini par apprendre à se relaxer grâce à un traitement par biofeedback *. Mais, après le divorce de ses parents, chaque fois qu'il se rendait chez sa mère, il redevenait constipé. Sa mère lui révéla alors qu'elle aussi souffrait de constipation. Curieusement, Charles développa de la colère à son égard, lui reprochant de l'avoir mis au monde. Un jour, cette colère s'exprima envers un moniteur de colonie de vacances à la tête duquel il lança une hache. Effrayée, la mère de Charles se décida à livrer son «secret» : dans son enfance, elle avait été victime d'une tentative de viol et son père l'avait obligée à garder le silence. Soulagée, elle entreprit une psycho-thérapie. Aussitôt, Charles guérit. Il ne fut plus jamais constipé.

«Certains enfants expriment la souffrance de leurs parents au travers de leur propre corps. Comme s'ils cherchaient à protéger leurs parents en allégeant leur peine», commente Ghislain Devroede. Cela ne se limite pas à des troubles fonctionnels. Il existe des enfants qui vont jusqu'à développer une inflammation de l'intestin, comme Sacha, un petit garçon qui saignait par l'anus à cause d'une maladie de Crohn, maladie que sa mère avait développée durant sa grossesse et dont elle était débarrassée depuis que l'enfant avait pris le relais. «Les cas sont nombreux, il suffit d'ouvrir les yeux et de poser des questions», ajoute Devroede.

Je partage la même expérience. Je me souviens, par exemple, de Patrizia, une jeune femme âgée de dix-neuf ans dont le foie avait été entièrement détruit par une hépatite auto-immune. Sa maladie s'était déclarée quelques mois après la mort de son père, décédé d'une cirrhose alcoolique – une autre forme de destruction du foie ! Par chance, Patrizia avait pu bénéficier d'une transplantation hépatique dans un grand centre hospitalier aux États-Unis. Pourtant, il me semblait lire de la tristesse dans ses yeux. «Je ne suis pas triste, me dit-elle. Je suis en colère. Comment ne pas l'être ? J'ai passé toute mon enfance à essayer de satisfaire mes parents en jouant les petites filles

* Voir chapitre 4, p. 120-122.

modèles. Pendant ce temps-là, mon père détruisait son foie dans l'alcool et ma mère n'arrêtait pas de nous faire la leçon, à lui et à moi. J'ai supporté tout cela sans jamais rien dire. Tout cela, pour rien*! »

Je me souviens aussi de Léa, un bébé de trois mois qui refusait de s'alimenter. Après une longue conversation, la mère de Léa finit par me révéler qu'elle avait fait une anorexie dans son enfance, car elle supportait mal d'avoir été séparée de sa propre mère et placée dans un pensionnat par son père. Je lui demandai alors de s'adresser à la petite fille pour lui dire qu'elle ne devait pas porter la tristesse de sa maman et que, même si celle-ci avait voulu mourir, son bébé avait le droit de vivre. Sceptique, la mère s'exécuta. Le jour même, Léa se remit à boire ses biberons. Le message était donc bien passé.

Décrit par la psychanalyste française Françoise Dolto, ce phénomène interroge. En effet, comment un enfant, dont le cortex cérébral n'est pas encore capable de comprendre les mots et la syntaxe, peut-il percevoir l'intention d'un discours ?

La question de la communication préverbale compte parmi les énigmes les plus complexes que la science ait encore à résoudre. Comment comprendre le fait que le petit Sacha ait décidé de « débarrasser » sa mère de la maladie de Crohn dont elle souffrait durant la grossesse ? La constipation du petit Charles est-elle la conséquence d'un message entendu *in utero* ou le simple fait du hasard ? Comment expliquer, comme l'a observé la psychothérapeute Anne Ancelin Schützenberger, qu'une petite fille se représente, en dessin, dans le ventre de sa mère avec un grand poignard pointé vers elle, alors qu'une amniocentèse a été pratiquée au cours de la grossesse, et que la révélation de cet épisode, dont elle ignorait l'existence, ait déclenché une nette amélioration de ses symptômes[15] ? On sait aujourd'hui que le fœtus rêve de manière synchrone avec sa

---

* La relation entre le stress, la dépression et les maladies auto-immunes est abordée au chapitre 2, p. 71, et au chapitre 3, p. 77-80.

mère et qu'il reconnaît préférentiellement la voix maternelle[16].
Les images de l'inconscient maternel pourraient-elles se transmettre à l'enfant ? Dans l'état actuel de nos connaissances, cela
paraît difficile à concevoir car, jusqu'à preuve du contraire, le
système nerveux du fœtus est capable de sensation, mais pas
encore de représentation. Faut-il imaginer l'existence d'un
mode de transmission et de perception de l'information encore
inconnu ? Qui sait ? Il convient de rester humble et de rappeler
qu'il n'y a pas si longtemps on croyait le fœtus complètement
isolé du monde extérieur. Aujourd'hui, plus personne ne
conteste le fait que l'utérus est un bain sensoriel dans lequel
l'enfant fait des expériences déterminantes pour la maturation
de son système nerveux*.

D'une génération à l'autre

Autre grande énigme à résoudre : le phénomène de la
mémoire transgénérationnelle. En 1975, le cas d'une jeune
femme atteinte d'un cancer à l'âge même auquel sa mère était
décédée d'une pathologie identique incite Anne Ancelin
Schützenberger à rechercher systématiquement dans l'histoire
familiale de ses patients les répétitions, les fidélités et les identi-
fications non conscientes à un être cher[17]. Elle observe alors
que, dans certaines familles, une naissance, un mariage, une
fausse couche, une maladie ou une mort peuvent survenir à la
date ou à l'âge anniversaire d'un événement marquant survenu
trois, quatre, parfois huit générations auparavant. Ces découvertes corroborent les observations de la psychologue
Joséphine Hilgard qui, en 1957 déjà, parlait de «syndrome
d'anniversaire» pour décrire des répétitions statistiquement
significatives d'accidents ou d'internements psychiatriques

---

* Nous avons vu au chapitre 3, p. 89-90, que de plus en plus d'études
montrent que le stress maternel au cours de la grossesse influence le comportement de l'enfant après la naissance.

chez des patients adultes, hospitalisés aux États-Unis, au même âge qu'un aïeul accidenté ou interné dans le passé[18]. Au terme de longues enquêtes, les psychanalystes d'origine hongroise Ivan Boszormenyi-Nagy, Nicolas Abraham et Maria Török proposent les concepts de «loyauté invisible», de «crypte» et de «fantôme» pour décrire ce qui apparaît comme une véritable transmission des secrets familiaux. Ainsi, d'inconscient à inconscient, les non-dits traversent les générations. Tôt ou tard, ils finissent par s'exprimer dans le corps d'un des membres de la famille sous la forme de symptômes étranges ou d'une maladie.

Les cas sont surprenants. Nicolas Abraham raconte l'histoire d'un homme véritablement handicapé par deux obsessions : géologue amateur, il passait tous ses dimanches à ramasser des cailloux pour les casser ensuite ; chasseur de papillons, il les attrapait pour les achever dans un bocal de cyanure. Après plusieurs psychothérapies et une psychanalyse, l'homme entreprit des recherches transgénérationnelles. Celles-ci le renseignèrent sur la vie d'un grand-père dont personne ne lui avait jamais parlé. Un secret de famille taisait l'inavouable séjour au bagne de son aïeul. Poussant plus loin ses investigations, l'homme découvrit que ce grand-père avait passé les dernières années de sa vie à casser des cailloux avant de mourir asphyxié dans une chambre à gaz. Le comportement du petit-fils tentait donc de révéler le destin honteux et occulté du grand-père[19].

La psychanalyste Yolanda Gampel rapporte les cas nombreux de descendants de victimes de la Shoah dont le destin est agi par la souffrance de leurs ancêtres. Par exemple, cette femme médecin légiste dont la vie était consacrée aux morts et qui découvrit que son père avait été enfermé dans un camp d'extermination où il était obligé de ramasser les morts pour les jeter dans les fosses communes[20].

Le poids des héritages familiaux est parfois très lourd. Ghislain Devroede et Anne Ancelin Schützenberger racontent comment un frère et une sœur qui avaient refusé de poursuivre l'activité professionnelle de leur père mort d'un cancer finirent tout de même par incarner une partie du drame paternel en tombant malades dix ans plus tard. Le fils développa une maladie de Crohn et se mit à «saigner du derrière», comme le camion plein de cadavres qui avait hanté les cauchemars de son père, ancien combattant de la guerre d'Algérie. La fille eut une attaque cérébrale le jour anniversaire de l'attaque cérébrale qui avait terrassé son père, quelques semaines avant qu'il ne meure du cancer. Un scanner réalisé en urgence révéla qu'elle souffrait d'une tumeur du cerveau[21] !

Je me souviens d'Emma, une jeune femme qui ne parvenait pas à tomber enceinte, sans doute à cause d'un excès d'hormones mâles responsable d'une hyperpilosité proche de l'hirsutisme, mais aussi du fait qu'aucune de ses relations amoureuses ne durait jamais plus de quelques mois. Quand Emma parlait des hommes, c'était sur le ton du reproche, la voix remplie de colère. Je lui recommandai d'examiner ses croyances et ses attentes à propos de la gent masculine. Le constat était clair : «On ne peut pas leur faire confiance! Mes sœurs et mes cousines sont d'accord : il n'y a plus de vrais hommes. D'ailleurs, elles aussi restent célibataires!» J'encourageai alors Emma à interroger ses grand-mères sur leur vision des hommes. Bien lui en prit, car sa grand-mère maternelle lui révéla un secret de famille qu'elle n'avait jamais dit à personne : six générations auparavant, une aïeule avait été assassinée par son mari homosexuel. La croyance se transmettait donc de génération en génération : les hommes sont des femmes et des traîtres, on ne peut pas compter sur eux. Pour survivre, toutes les femmes de cette famille avaient adopté un comportement très masculin. Une masculinité qui s'était inscrite jusque dans leur corps poilu, imprégné de testostérone et qui, lorsqu'il donnait la vie, ne mettait au monde que des filles !

Conditionnement, autosuggestion, mise en route de réactions psycho-neuro-endocrino-immunologiques, sélections et mutations génétiques : les mécanismes invoqués pour expliquer les phénomènes transgénérationnels sont nombreux et, pour l'instant, encore hypothétiques. Certains chercheurs parlent même d'une « horloge familiale interne » qui serait responsable d'histoires à la limite de la vraisemblance, comme celle de l'acteur Brandon Lee, tué au cours d'un tournage par une balle oubliée dans un revolver censé être chargé à blanc. Un accident survenu vingt ans après la mort de son père, l'acteur Bruce Lee, foudroyé par une hémorragie cérébrale alors qu'il tournait une scène où il devait jouer le rôle d'un personnage tué accidentellement par un revolver qui aurait dû être chargé à blanc.

Ainsi, une nouvelle discipline est née : la psychogénéalogie. L'examen des cas auxquels elle s'intéresse débouche sur une évidence difficile à vérifier de manière rigoureusement scientifique. En effet, prouver la somatisation de non-dits ancestraux nécessiterait d'identifier un secret de famille et d'observer son impact sur la descendance des détenteurs de ce secret. Or un secret connu n'est plus un secret. Il paraît donc difficile d'envisager des études prospectives et d'établir des statistiques selon les critères habituels de la recherche. De ce fait, la psychogénéalogie semble condamnée à se nourrir de cas individuels. Ceux-ci peuvent paraître anecdotiques ; néanmoins, devant la constance des mécanismes qui émergent de leur analyse, on ne peut se contenter de les attribuer au simple hasard.

Ce n'est sans doute pas un hasard non plus si les pionniers de l'approche psychogénéalogique sont originaires d'Europe centrale et orientale, contrées profondément marquées par les séquelles de la Seconde Guerre mondiale. Une enquête menée par la psychologue Nathalie Zajde auprès des descendants de survivants de l'Holocauste fait apparaître que ceux-ci sont hantés par de fréquents cauchemars liés aux persécutions nazies. La précision de leurs rêves nocturnes est étonnante, d'autant plus que bon nombre des sujets interrogés déclarent souffrir de ces troubles depuis leur plus jeune âge, avant même que leurs parents aient évoqué leurs souvenirs traumatisants [22].

La résurgence des blessures du passé dans le présent leur offre probablement l'opportunité de les conscientiser et de les réparer. La matérialisation du mal non dit en «mal-a-die» apparaît alors comme une tentative de guérison de l'individu, de sa famille et même de la société dans laquelle il évolue. Voilà sans doute pourquoi les arbres de la psychogénéalogie se sont mis à pousser dans le champ des souffrances de l'après-guerre. À l'heure où le souvenir des ancêtres est occulté par le pragmatisme rationnel de la science occidentale, il n'est pas surprenant d'assister à cet élan spontané vers le passé oublié. Personnellement, j'y vois l'expression sage d'une société qui sait qu'aucun arbre ne peut croître indéfiniment sans fortifier ses racines*.

MONTRE-MOI OÙ TU AS MAL, JE TE DIRAI POURQUOI

Une symbolique du corps?

Au début de sa carrière, Freud avait fait quelques allusions au rôle des ancêtres dans l'apparition des symptômes corporels. Pourtant, il négligea l'exploration du phénomène transgénérationnel pour se consacrer à la démonstration de l'origine sexuelle des névroses. Une raison inconsciente l'empêchait peut-être de remuer un passé trop douloureux. En effet, n'est-il pas troublant d'apprendre que, hanté par le souvenir d'un petit frère décédé d'une maladie gastrique, Freud souffrait lui-même de violents maux d'estomac chaque fois qu'il se rendait chez sa mère pour déjeuner[23]?

La corrélation paraît évidente. Le corps exprime parfois si clairement les conflits qui troublent l'esprit que le symbolisme de ses manifestations ne peut pas nous échapper. Rappelons-nous Frank, qui avait été opéré d'un cancer gastrique et nous

---

* Je développe ces idées dans le chapitre intitulé «Faire la paix avec les morts – La psychogénéalogie au secours des vivants», *in* J.-P. de Tonnac et F. Lenoir (éd.), *La Mort et l'immortalité. Encyclopédie des savoirs et des croyances*, Paris, Bayard, 2004, p. 1655-1668.

parlait des violences infligées par son père comme d'un «poids non digéré sur l'estomac»*. Ou encore Patrizia, qui avait été transplantée du foie à la suite d'une hépatite auto-immune**. À force d'essayer de répondre aux attentes de ses parents, cette jeune femme ne savait plus qui elle souhaitait devenir; elle n'avait aucune confiance en elle; elle ne s'avouait aucun rêve. «En fait, je me fais chier, écrivit-elle dans son journal. La vie me fait chier, les autres me font chier.» Au même moment, elle commença à souffrir de terribles diarrhées. Comme si son corps parlait à sa place, une nouvelle maladie auto-immune – une rectocolite ulcéro-hémorragique – fut diagnostiquée. Je me souviens aussi de Pascale, une jeune femme de trente-cinq ans récemment opérée d'un cancer du sein, qui m'avouait : «J'ai toujours dit que je préférerais avoir un cancer plutôt que d'être abandonnée par mon mari.» Ayant découvert l'infidélité de son époux, elle n'avait pas failli à ses convictions…

Coïncidences malheureuses? Vues de l'esprit? Interprétations peu objectives dictées par le besoin de donner un sens aux expériences? Ces questions méritent d'être posées. La réponse à y apporter n'est pas simple. Car, nous l'avons vu à propos de l'effet placebo***, l'être humain est conditionné à la fois par la biologie et par la culture. Tout en lui est langage, inné, transmis ou acquis. Ses réflexes sont soumis au conditionnement. Sa physiologie est influencée par ses croyances. La suggestion est au cœur de toutes ses relations. Sa survie est intimement dépendante de ses capacités d'imagination.

À ce jour, il n'existe pas de cadre conceptuel permettant clairement de comprendre comment des informations mémorisées ou fantasmées peuvent agir sur la physiologie et utiliser le corps comme un moyen d'expression symbolique. Certains chercheurs sont donc tentés de mettre en doute la véracité des

---

* Voir p. 152-154.
** Voir p. 166.
*** Voir chapitre 1.

faits observés, de minimiser l'importance du phénomène ou plus simplement d'en nier l'existence.

Aux antipodes de cette attitude, d'autres n'hésitent pas à établir de véritables grilles de lecture de la symbolique psycho-corporelle, qu'ils utilisent ensuite pour faciliter les prises de conscience indispensables, selon eux, à la guérison des patients. Le médecin allemand Ryke Geerd Hamer est le chef de file de cette mouvance. Dans les années 1980, il a développé l'idée d'une «médecine nouvelle» où la maladie est considérée comme le résultat de conflits psychologiques enracinés dans l'histoire familiale ou personnelle du patient. Fondées sur une logique embryologique très détaillée, des corrélations précises sont décrites entre chaque type de pathologie et des conflits «programmant» et «déclenchant»[24]. Cette théorie est séduisante. Cependant, elle n'a jamais été validée de manière rigoureusement scientifique. Et, si elle l'était, il faudrait encore évaluer dans quelle mesure la prise de conscience d'une cause psychologique influence la guérison de lésions corporelles. Nous avons vu qu'il existe des cas, comme ceux des nourrissons constipés ou anorexiques, où la verbalisation d'un conflit psychique déclenche la résolution du problème physique. Néanmoins, quand bien même une cause psychologique serait à l'origine d'une maladie, il ne faut pas perdre de vue le fait que certains processus corporels sont parfois trop avancés pour être réversibles. L'humilité est donc de mise. La prudence aussi.

Pourtant, à la suite de Hamer, plusieurs médecins et thérapeutes recommandent d'abandonner tout traitement autre que celui qui consiste à conscientiser les conflits psychiques cachés derrière les symptômes physiques. Riches de leurs expériences cliniques, ces décodeurs de la symbolique corporelle échafaudent de nouvelles théories, mélanges de «médecine nouvelle», de psychogénéalogie et d'inspirations traditionnelles. «Biologie totale», «analyse psychosomatique», «décodage psycho-biologique», les approches se multiplient[25]. Et un public de plus en plus nombreux s'y intéresse, particulièrement dans les pays francophones, semble-t-il. Ce succès grandissant révéle-rait-il un besoin de sens que les patients n'arrivent plus à satis-faire en écoutant les explications froides et rationnelles de la médecine scientifique et technologique? «Trop de matéria-lisme et de réductionnisme ont désenchanté le monde», me disait Arnulfo, le guérisseur mexicain*. Les approches symbo-liques de la maladie sont peut-être une manière de réenchanter l'être humain.

L'idée d'une symbolique corporelle n'est pas nouvelle. Elle est véhiculée par les livres sacrés des grandes traditions cultu-relles de l'humanité. Ainsi, de la même manière qu'il existe une correspondance troublante entre les travaux de William Sheldon et les théories de l'ayurvéda**, on trouve des simili-tudes entre les symboliques corporelles des textes hébraïques, indiens ou chinois[26]. Ce n'est pas étonnant puisque ces diffé-rentes approches reposent toutes sur des observations millé-naires. Souvent, elles se réfèrent à l'utilité des différentes parties du corps, et par conséquent leur démarche est empreinte de déductions logiques et de bon sens[27].

Le fait d'attirer l'attention sur la signification émotionnelle des souffrances du corps peut aider certains patients alexithy-miques à mettre des mots sur leurs ressentis. D'association en association, ils peuvent remonter la chronologie de leur souffrance psychique et s'avouer des problèmes refoulés de longue date. Néanmoins, il existe un danger à procéder de la sorte, car plaquer une explication toute faite sur un symptôme risque d'empêcher la conscientisation d'une souffrance plus profonde. En psychothérapie, même «corporelle», les questions valent mieux que les affirmations. Le rappeler me paraît impor-tant; j'ai en effet rencontré de nombreux patients complète-ment conditionnés par des corrélations symboliques imposées de façon dogmatique. Au point de réinventer leur histoire

---

* Voir chapitre 1, p. 43.
** Voir chapitre 5, p. 139-141.

personnelle afin de la faire coïncider avec les relations de cause à effet diagnostiquées par leur thérapeute ! C'est dommage, car un être humain, quel qu'il soit, est plus vaste qu'une théorie.

Les clés du décodage de la symbolique corporelle confèrent aux praticiens un pouvoir dont ils n'ont pas toujours conscience. Et pour cause : un besoin de contrôler la maladie et les malades se cache dans l'ombre de tout thérapeute*. L'ignorer est dangereux. D'autant plus que, souvent, les patients sont prêts à remettre leur pouvoir à «celui qui sait». Ayant moi-même expérimenté certaines de ces approches, je suis convaincu que, au lieu d'imposer au patient le sens de sa maladie, il est plus juste de l'aider à exprimer sa propre vérité. Bernie Siegel, un chirurgien pionnier de la médecine corps-esprit aux États-Unis, résumait bien cette nécessité lorsqu'il écrivait : «J'ai un rêve, et ce rêve est d'aider les patients à trouver leur propre rêve[28].» Cela demande du temps et de la patience. Deux vertus indispensables à toute médecine.

Attention à l'effet nocebo !

L'interprétation symbolique des maladies soulève un autre problème. En effet, nous avons vu que la suggestion peut influencer l'état de santé et l'apparition de symptômes**. On peut donc redouter que certaines théories ne favorisent l'apparition des maladies qu'elles prédisent, simplement par un «effet du sens» qui indiquerait quels maux sont valables pour exprimer un mal-être dans un contexte médical et culturel particulier[29]. «Dans notre société, le langage du corps et de la maladie est le langage le plus acceptable que nous ayons pour parler de notre souffrance», affirme Anne Harrington, professeur d'histoire de la science à Harvard[30].

---

* La peur de la maladie et de la mort, souvent non consciente chez le soignant, est abordée au chapitre 1, p. 40.
** Voir chapitre 1.

L'histoire de Sylvia et de sa sœur Nora illustre très bien ce danger. Lorsque je la reçus à la consultation, Sylvia se plaignait d'une douleur au genou gauche. À peine allongée sur la table d'examen, elle commença à m'expliquer : « J'ai lu dans un livre que c'était à cause de mon divorce. Les pathologies du genou sont toujours en rapport avec une difficulté de plier, d'accepter les choses telles qu'elles sont. Le côté gauche, c'est le côté yang, c'est-à-dire le masculin : mon ex-mari. Je n'arrive pas à accepter le départ de mon mari ! » Comme je ne répondais rien, Sylvia poursuivit : « La seule chose qui me tracasse, c'est ce côté gauche, car j'ai vu un thérapeute qui m'a dit que c'était le côté de la féminité. Cela ne colle pas avec ce que j'ai lu dans mon livre sur le sens des maladies. Pour le divorce, j'en suis certaine : il est la cause de cette inflammation du genou. D'ailleurs, l'une de mes amies m'a prêté un autre livre. D'après celui-ci, le genou, c'est toujours un problème de "je-nous". C'est clair : il s'agit de moi et de ma relation avec mon ex-mari. » Manifestement agacée par mon silence, la jeune femme ajouta : « Qu'est-ce que vous en pensez, docteur ? Je sais que vous avez l'esprit ouvert sur toutes ces choses. N'est-ce pas ? Pas comme mon frère. Figurez-vous qu'il a osé me rire au nez. Et, lorsque je lui ai parlé de la théorie du "je-nous", il m'a demandé comment celle-ci se traduisait en chinois ou en anglais ! »

Je répondis à Sylvia que le stress dû à son divorce avait peut-être favorisé l'apparition de son inflammation au genou. Néanmoins, d'autres causes étaient possibles. La seule chose dont elle pouvait être certaine, c'était que la fin de son couple représentait un traumatisme encore très douloureux pour elle. La blessure était peut-être vive au point que la moindre douleur dans son corps était pour elle une occasion de parler de sa souffrance psychologique, sans qu'il y ait forcément un réel lien de cause à effet. Cette réponse me paraissait être la seule qu'un « esprit ouvert » (comme elle disait) puisse apporter à sa question. Car, à ce jour, aucune étude sérieuse n'a été réalisée pour vérifier la véracité des théories de la symbolique corporelle, et force est de constater que certaines d'entre elles se contredisent parfois.

« Vous êtes trop cartésien, docteur. J'en suis certaine : ce genou est la conséquence de mon divorce. Il faut que vous m'aidiez à chasser mes émotions négatives. Sinon, je ne guérirai pas ! » Le sort en était jeté. Les lectures et le thérapeute de Sylvia l'avaient bien conditionnée. Dans les semaines qui suivirent, elle ressentit une immense culpabilité de ne pouvoir guérir sa souffrance émotionnelle plus rapidement. « Mon genou me rappelle que je dois plier, docteur. Hélas, je n'y arrive pas. Je continuerai donc à souffrir dans mon corps. » Progressivement, en travaillant sur ce sentiment de culpabilité, la douleur de Sylvia s'estompa. Non sans l'aide de quelques séances d'acupuncture et même, certains jours, d'un médicament anti-inflammatoire. « Je n'ai plus mal, et pourtant je n'ai toujours pas digéré ce divorce », s'étonna-t-elle. Je lui fis remarquer qu'elle avait « plié » d'une autre manière : elle avait enfin accepté ses émotions et relativisé ses croyances toutes faites !

Quelques mois plus tard, Nora, la sœur de Sylvia, se présenta à ma consultation. Elle aussi souffrait d'une inflammation au genou gauche. Comme je lui proposais un traitement par acupuncture, elle m'expliqua que cela serait inutile. « J'ai tout compris, me dit-elle. Cette douleur, c'est à cause de mon petit ami. Je ne supporte pas qu'il parte en week-end avec ses copains. Je suis jalouse. C'est un problème de "je-nous". Il m'est impossible d'accepter notre relation telle que nous la vivons actuellement. »

Nora semblait somatiser son stress psychologique à l'endroit même où sa sœur avait prétendu que ses déboires sentimentaux s'étaient manifestés dans son corps. Comme si le genou était devenu un moyen d'expression commun aux deux sœurs. J'expliquai donc à Nora que les interprétations de l'origine des maladies sont propres à la culture qui les produit. Tel sorcier africain lui aurait peut-être conseillé de se protéger contre le mauvais sort jeté par un ennemi. Tel autre guérisseur amérindien aurait peut-être chassé l'esprit d'un ancêtre courroucé. Pour l'heure, je lui recommandai de se détendre en allant consulter une masseuse vietnamienne qui habitait à quelques pas de chez elle…

7

Toucher
le corps qui s'apaise

UN BESOIN ESSENTIEL

Briser un tabou

Wilhelm Reich ne se considérait probablement pas comme un rebelle lorsqu'il décida d'intégrer le corps dans sa pratique analytique. Au contraire, la réunion du psychique et du physique lui paraissait être au centre du projet de Freud. Le problème, c'est que, pour y parvenir, Reich n'hésita pas à bousculer quelques dogmes établis. Toucher les patients et se placer face à eux pour créer un contact : la méthode fut jugée hérétique. Ajoutée à ses idées communistes, elle lui valut une exclusion du mouvement psychanalytique.

Pourtant, Freud lui-même expliquait l'importance qu'il donnait au corps dans ses premières cures, lorsqu'il pétrissait et pinçait les jambes de ses patients, massait et caressait leur estomac douloureux ou pressait leur crâne entre ses mains pour aider à la résurgence de vieux souvenirs[1]. On peut dès lors s'interroger sur les raisons qui, par la suite, ont conduit à bannir le contact corporel de la pratique psychanalytique.

Une partie de la réponse réside dans les croyances et les interdits de la société bourgeoise de la fin du XIXe siècle. Songeons qu'en 1894 Luther Emmet Holt, éminent professeur de psychiatrie à la Cornell University, préconisait – dans un livre qui fut un best-seller jusque dans les années 1930 – de ne jamais consoler un enfant et de le laisser pleurer aussi longtemps que nécessaire pour qu'il se taise. À la même époque, John Watson, le père de la psychologie comportementale, écrivait : « Il n'existe qu'une façon raisonnable de traiter les enfants : ne jamais les prendre dans les bras, ne pas les embrasser, ne jamais les prendre sur les genoux. S'il le faut, donnez-leur un baiser sur le front quand ils vont se coucher et une poignée de main le matin [2]. » Ce genre de déclarations nous rappelle que la science médicale n'est pas à l'abri de l'aveuglement intellectuel. Le drame est alors de voir des générations entières suivre les conseils de spécialistes convaincus par des vérités très relatives.

« Lorsque les dieux meurent et que les systèmes de valeurs s'écroulent, il ne reste que son corps à l'être humain en quête de repères », m'a dit un jour un yogi rencontré à Tanjore, dans le sud de l'Inde. Voilà sans doute pourquoi, après s'être égarés dans de sombres combats idéologiques, les Occidentaux cherchent à retrouver la sagesse de leur corps. La peau, les muscles et les os ne sont pas des concepts abstraits. Au contraire, ce sont des éléments tangibles qui expriment une réalité objective. Du coup, toute une série de thérapies physiques et psychologiques se sont recentrées sur le corps. Et, signe des temps, de plus en plus de malades y recourent.

Néanmoins, dans l'ombre, les interdits du XIXe siècle sont encore très puissants. C'est qu'il règne en Occident une terrible confusion entre l'amour, le sexe, les sentiments et le toucher. Et, ne nous leurrons pas, la peur qui se cache derrière l'évitement des contacts physiques est celle de l'abus sexuel. Dans ce contexte, il n'est pas étonnant que beaucoup de gens, médecins et thérapeutes compris, s'abstiennent de toucher le corps de l'autre.

Il faut sans doute le regretter, car le toucher est une forme de communication non verbale très puissante. Plusieurs études ont montré que le simple fait d'être touché lors d'une rencontre influence profondément notre attitude. Dans un restaurant, par exemple, les clients qui avaient été touchés par les serveurs laissaient un pourboire plus élevé, même s'ils ne jugeaient pas la nourriture ou le service de meilleure qualité que les clients qui n'avaient pas eu ce contact physique[3]. Dans une autre étude, des étudiants touchés par les bibliothécaires alors qu'ils empruntaient un livre avaient des sentiments plus positifs vis-à-vis de la bibliothèque, même si le contact tactile n'avait duré qu'une demi-seconde et si la moitié d'entre eux ne s'en souvenaient pas[4].

Apprendre à toucher et à se laisser toucher en toute sécurité. Cet aspect de la relation humaine devrait être enseigné à tous, et en particulier aux soignants afin qu'ils puissent intégrer le toucher dans leur pratique, sans équivoque, dans le respect des limites définies par leur cadre thérapeutique. Car les résistances et les inhibitions sont encore importantes, notamment au cours de certains ateliers que j'ai animés pour des professionnels de la santé.

Je me souviens d'un confrère chirurgien d'une quarantaine d'années qui jugeait «absolument ridicule» de devoir former un cercle dans lequel chaque participant massait le dos d'un autre. C'est son assistante qui l'avait incité à s'inscrire à cette «mascarade». Certes, il ne serrait jamais la main de ses patients, et certains d'entre eux s'étaient plaints de devoir «passer au scanner» sans même qu'il pose un doigt sur leur ventre, mais «la technologie suffit à diagnostiquer les tumeurs», expliqua-t-il avec conviction. De toute évidence, ce brillant technicien ne se rendait pas compte que les malades attendent et méritent plus qu'un simple diagnostic de la part de leur thérapeute. «Si c'est pour parler et être touchés, ils n'ont qu'à consulter un psy », rétorqua-t-il, un peu énervé.

Un psychothérapeute, ancien psychanalyste, qui participait lui aussi à l'atelier expliqua que beaucoup de thérapeutes et *a fortiori* de psychanalystes étaient tout aussi démunis que certains médecins lorsqu'il s'agissait de toucher un patient. « Qu'ils aillent voir un masseur, alors ! » répondit le chirurgien, de plus en plus agacé. Je me permis de lui faire remarquer que cela n'empêcherait pas ses patients de ressentir le besoin d'être rassurés par son toucher. Car, quel que soit le spécialiste auquel ils ont affaire, les patients ne sont pas des êtres morcelés. Or toucher une personne permet de la reconnaître dans sa globalité. Mon confrère haussa les épaules. Je posai alors une main bienveillante dans son dos.

À la fin de la journée, lorsque nous reformâmes le cercle du matin, je vis un sourire d'enfant illuminer le visage du chirurgien. Manifestement, il ressentait un immense bien-être du fait de s'être laissé toucher et d'avoir touché les autres. En quittant l'atelier, subitement, il se mit à sangloter. Quelques jours après, l'homme m'envoya une lettre dans laquelle il m'expliquait sa tristesse d'avoir dû attendre si longtemps pour vivre cette qualité de contact. Il ressentait la peine de n'avoir jamais été touché par ses parents dans son enfance. « Évidemment, tout cela n'est pas très scientifique », concluait-il. Erreur.

Le premier des sens

D'origine ectodermique, la peau est le plus grand organe du corps : environ six cent quarante mille récepteurs tactiles connectés à la moelle épinière et au cerveau par plus d'un demi-million de nerfs. Immense capteur sensoriel tourné vers l'extérieur, « la peau n'est pas plus séparée du cerveau que la surface d'un lac n'est séparée de sa profondeur […] il s'agit de deux localisations d'un même continuum […], une seule unité fonctionnelle du cortex à l'extrémité des doigts. Toucher la surface, c'est ébranler la profondeur[5]», écrit Deane Juhan, ancien professeur à l'Institut Esalen, en Californie. Certains n'hésitent pas à considérer la peau comme la surface extérieure du cerveau, à moins que ce ne soit le cerveau qui constitue la couche la plus profonde de la peau.

Huit semaines après la conception, alors que l'embryon ne mesure pas plus de deux centimètres, la peau est déjà bien développée. Premier des sens à apparaître au cours de l'évolution (les organismes unicellulaires ont une sensibilité de contact), le toucher est aussi le premier des sens dont est doté le fœtus.

Le besoin de toucher et d'être touché est donc essentiel et universel. Il se retrouve chez toutes les espèces et dans toutes les cultures. Des souriceaux meurent s'ils ne sont pas léchés et des bébés singes se recroquevillent dans un coin de leur cage s'ils sont privés de contact. Sans le toucher, il est impossible de grandir et de se développer. C'est la raison pour laquelle, naturellement, les sociétés traditionnelles encouragent les contacts entre la mère et son enfant. Chez les chasseurs-cueilleurs San, dans le Kalahari, par exemple, on a calculé que les mères portent leur bébé plus de 90 % du temps. Aux États-Unis, ce temps est réduit à deux ou trois heures par jour durant les trois premiers mois de la vie, et à encore moins par la suite[6].

La diminution des stimulations tactiles dans nos sociétés modernes inquiète les spécialistes. Dans les années 1950, déjà, l'étude de Harry Harlow montra que des bébés singes préféraient un leurre maternel confectionné à l'aide d'étoffes de texture douce à un leurre réalisé en fil de fer, même si ce dernier délivrait de la nourriture[7]. Par la suite, une expérience effectuée sur des bébés singes placés derrière une paroi de Plexiglas à travers laquelle ils pouvaient sentir, voir et entendre leur mère a permis de vérifier que, parmi les différentes sensations, c'est bien celle du toucher qui est indispensable au développement harmonieux et au maintien d'une bonne immunité[8].

Le psychiatre René Spitz a comparé l'évolution de nourrissons élevés par leur mère dans la prison où elle était enfermée à celle de bébés séparés de leur mère et placés dans une pouponnière où ils recevaient les meilleurs soins médicaux, diététiques et hygiéniques possible de la part d'un personnel surchargé de travail. Contrairement à ce qu'il avait imaginé, les bébés élevés dans le confort de la pouponnière se développèrent beaucoup moins bien que ceux restés en prison. Séparés de leur mère, les premiers manquaient de l'essentiel; le personnel chargé de s'en occuper n'avait pas le temps de les prendre dans les bras et de leur communiquer un peu d'affection[9].

Le manque de stimulation tactile entraîne une baisse de l'hormone de croissance, des troubles du sommeil et un stress néfaste pour l'immunité. Des nourrissons privés du contact avec leur mère présentent plus de constipations, de diarrhées et d'infections respiratoires[10]. Il semble que les problèmes d'eczéma et d'allergies soient également plus fréquents chez les enfants insuffisamment touchés[11]. Le célèbre anthropologue Ashley Montagu raconte le cas de deux jeunes femmes asthmatiques. Jumelles, elles avaient perdu leur mère à la naissance et elles avaient cruellement manqué de contacts tactiles durant leur enfance. Montagu conseilla à l'une des jeunes femmes de se faire masser régulièrement. Ses crises d'asthme cessèrent peu après. Quelques années plus tard, la santé de l'autre sœur s'améliora également à la suite de son mariage. Hélas, après son divorce, elle mourut au cours d'une nouvelle crise respiratoire[12].

Plusieurs travaux mettent en évidence une relation entre le stress provoqué par le manque de toucher et l'agressivité des enfants. Des différences culturelles pourraient intervenir dans ce phénomène. Ainsi, une étude réalisée par la psychologue américaine Tiffany Field dans deux restaurants McDonald's situés respectivement à Paris et à Miami a révélé que les mères françaises touchaient davantage leur enfant que les mères américaines. Observation corrélée à ce fait : sur le terrain de jeux attenant au fast-food, les petits Français se montraient moins agressifs vis-à-vis des autres enfants que ne l'étaient les petits Américains[13]. Une autre étude réalisée dans les mêmes restaurants a montré que les adolescents français se touchaient plus entre eux que les jeunes Américains. En revanche, les adolescents américains se touchaient plus souvent eux-mêmes et manifestaient plus d'agressivité que leurs homologues français[14].

Notre civilisation du non-toucher ne mesure pas l'importance des dégâts qu'elle produit. Devant l'augmentation de la violence et des troubles du comportement comme l'hyperactivité et le déficit d'attention, il est sans doute urgent d'encourager à plus de contacts tactiles[15], notamment dans les crèches et à l'école maternelle, où les jeunes enfants passent la majeure partie de leur temps.

LA PLUS VIEILLE DES MÉDECINES

La main du cœur

Toucher est probablement la plus ancienne manière de soigner. En Égypte, plus de deux mille ans avant notre ère, des bas-reliefs attestent des gestes de frottement des mains et des pieds. En Inde et en Chine, pas de médecine sans massages profonds et scrupuleusement codifiés. En Grèce, Hippocrate insistait pour que tout médecin se forme à l'«art de frictionner», et les *kheirourgos* – ancêtres des chirurgiens – soignaient surtout avec la paume de leur main et l'extrémité de leurs doigts sur la peau des patients. À Rome, le célèbre médecin Galien suivait l'exemple du dieu Esculape, fils d'Apollon, qui guérissait par le toucher.

Par la suite, les interdits religieux de l'Église (au Moyen Âge) et l'avènement des thérapies médicamenteuses éclipsèrent progressivement le massage de l'arsenal thérapeutique occidental. Jusqu'à ce que, au XVIIIe siècle, s'inspirant de ses connaissances de l'anatomie et de la physiologie ainsi que de certains concepts traditionnels des peuples nordiques, le médecin suédois Henrik Ling développe une technique de massage qui s'exporta vers les États-Unis dans les bagages des émigrants scandinaves.

Mais la véritable réhabilitation du massage dans la culture occidentale eut lieu beaucoup plus tard, à l'Institut Esalen, en Californie. Dans ce lieu fondé en 1962 par Michael Murphy et Richard Price, des philosophes, des anthropologues, des psychologues, des artistes et des penseurs religieux se donnaient rendez-vous pour interroger ce qu'Aldous Huxley appelait le «potentiel humain». Séances de méditation, moments de prière, thérapies de groupe, travail corporel : les pistes d'exploration étaient nombreuses et variées. Naturellement, les bienfaits du toucher y trouvèrent une place de choix.

Avec ses effleurements, ses pétrissages, ses percussions, ses tapotements et ses frictions, le massage aide celui qui le reçoit à se réapproprier son corps. Les limites sont conscientisées, les parties sont réassociées et réintégrées en un tout cohérent, l'individu est confirmé dans son identité à travers la globalité de son corps[16]. Masser quelqu'un, c'est lui signifier qu'on l'accepte dans son entièreté. Le message est fort.

Une profonde relaxation s'installe. C'est bien normal, pourrait-on penser : le fait d'être massé et pris en charge par un autre engendre des idées positives qui stimulent le cortex cérébral gauche et le système nerveux parasympathique responsable de la détente musculaire. Cependant, ce mécanisme psychologique n'est pas seul en cause. Masser la peau entraîne une activation nerveuse directe qui, au niveau cérébral, stimule la partie postérieure de l'hypothalamus sans passer par le cortex et, de là, provoque le relâchement musculaire parasympathique généralisé[17]. De ce fait, le massage n'a pas besoin d'être complet pour provoquer ses effets. Masser les pieds ou les mollets suffit à déclencher la relaxation de tout le corps. D'où l'intérêt de se masser soi-même régulièrement pour se débarrasser des tensions accumulées au cours de la journée.

Jeune chirurgien, j'ai travaillé plusieurs mois dans un service de soins intensifs. Convaincu des bienfaits du massage, j'encourageais l'équipe médicale à masser les pieds des patients trois fois par jour. Immanquablement, la stimulation parasympathique provoquée par le massage diminuait la tension artérielle et ralentissait le cœur des patients, même si ceux-ci étaient dans le coma. Il n'est donc pas nécessaire d'être conscient pour bénéficier des effets du toucher. D'ailleurs, chez des enfants en détresse, nés sans cortex cérébral mais avec un système limbique intact, les caresses entraînent une relaxation musculaire et un arrêt des pleurs[18]. Ainsi, chaque fois que l'on touche quelqu'un, on agit directement sur son cerveau émotionnel. La chaleur de la peau se passe des mots pour communiquer. Paraphrasant Aristote, on pourrait dire que «l'organe du toucher, c'est le cœur».

Il n'est dès lors pas surprenant que l'on puisse, comme l'a montré Frans Veldman, l'inventeur de l'haptonomie (du grec *haptein* : toucher et *nomos* : la règle), communiquer avec les bébés dans le ventre de leur mère[19]. Pas étonnant non plus de voir des patients atteints de la maladie d'Alzheimer sortir de leur torpeur, le visage illuminé, lorsqu'ils reçoivent une caresse. Car, si son intention est positive, le toucher engendre des émotions positives et toutes les manifestations physiologiques favorables qui y sont rattachées.

Une étude réalisée dans un service de pédiatrie sur des enfants en désarroi a vérifié la supériorité du contact physique sur le langage verbal. Répartis en deux groupes, les enfants étaient soit consolés par des mots, soit pris dans les bras, bercés et caressés. Sur quarante épisodes de réconfort verbal, seuls sept ont apporté un apaisement efficace, alors que le réconfort tactile a fonctionné dans cinquante-trois cas sur soixante[20].

Une autre étude, menée en salle d'accouchement, a révélé qu'un toucher réconfortant aide les femmes anxieuses à se relaxer et à ressentir moins de douleur tandis que des mots n'apportent aucune amélioration[21].

Lorsque je travaillais à l'hôpital, tous les soirs, j'allais saluer les patients avant de rentrer chez moi. M'asseoir quelques minutes sur le bord de leur lit, poser une main sur leurs jambes, caresser leur main et attendre de voir leur œil briller à nouveau. Ce rituel dissipait les angoisses de la journée et préparait les malades à une nuit réparatrice. Au début, pressé par l'envie de retrouver mon foyer, j'avais tendance à abréger ces visites. Cependant, mon «tour du soir» devint rapidement une véritable drogue car, outre la joie d'assister à la transformation qui s'opérait chez les patients, j'en retirais moi-même une profonde détente et un réel bien-être. En effet, toucher est un cadeau que l'on fait à l'autre et à soi-même. Ainsi, des personnes âgées à qui la psychologue Tiffany Field demandait de masser de jeunes enfants ou, au contraire, de se laisser masser par un tiers signalèrent toutes d'importants changements dans leurs habitudes de vie : plus de contacts sociaux, une moindre consommation de café, un meilleur sommeil, un moral plus positif et une amélioration de l'état général, avec pour conséquence moins de visites chez le médecin. Contrairement à ce que l'on aurait pu croire, ces effets étaient plus marqués chez les personnes qui donnaient le massage que chez celles qui le recevaient[22].

Un statut scientifique

Comme beaucoup de scientifiques, c'est en résonance avec son histoire personnelle que Tiffany Field a choisi le sujet de ses recherches. Mère d'une enfant prématurée, elle avait remarqué que des bébés nés avant terme gagnaient plus de poids, avaient de meilleurs scores aux tests neurologiques et quittaient l'hôpital plus tôt s'ils bénéficiaient de massages au cours de leur séjour en couveuse[23]. Avant elle, plusieurs chercheurs avaient tenté de soigner les bébés par le toucher, sans succès. Leur massage était sans doute trop léger. Un bon massage agit en profondeur, stimule l'activité des organes, accroît les sécrétions digestives, liquéfie les mucosités respiratoires, active la circulation sanguine et lymphatique, augmente l'oxygénation des tissus, engendre la production des glandes sébacées, induit la transpiration et favorise l'élimination des toxines. En augmentant l'activité parasympathique, il entraîne une diminution du stress, une baisse du cortisol sanguin et une amélioration de l'immunité. C'est toute la physiologie du corps qui en bénéficie. Des quantités accrues d'hormone de croissance sont produites ainsi que de l'ocytocine – hormone favorisant l'attachement et la formation de liens[24].

Convaincue par les effets positifs du toucher, Tiffany Field a fondé en 1992 le Touch Research Institute, à l'université de Miami, en Floride. Des chercheurs des universités Harvard, Duke et du Maryland se sont joints à cette aventure et l'Institut soutient les travaux de trois autres centres à Los Angeles, à Paris et aux Philippines. Le projet est ambitieux et les résultats fructueux puisque, enfin, la pratique du massage commence à être prise au sérieux par la communauté scientifique.

D'un point de vue psychologique, tout d'abord. Tiffany Field a montré qu'un massage sur le dos d'une trentaine de minutes, pendant cinq jours consécutifs, améliore considérablement le moral d'adolescents hospitalisés pour dépression. Moins anxieux et beaucoup plus coopérants, ces patients ont un meilleur sommeil et un taux de cortisol diminué[25]. Une autre étude, réalisée chez des femmes anorexiques cette fois, a révélé qu'un massage régulier permet de diminuer les symptômes d'anxiété et de stress, également en relation avec une baisse du cortisol. Ces patientes avaient une meilleure image de leur corps et moins de troubles alimentaires[26]. L'enregistrement de l'activité cérébrale au cours d'un massage chez des adolescentes déprimées indique une action sélective au niveau des hémisphères cérébraux, puisque l'activité du cortex droit – en relation avec les émotions négatives – diminue au profit de l'activité du cortex gauche – dont dépend l'humeur positive[27]. Et, comme cela se passe avec les médicaments antidépresseurs, le massage augmente les taux de dopamine et de sérotonine.

Instinctivement, nous savons tous que le massage apaise la douleur. Des données objectives le confirment. Chez des patients migraineux, par exemple, se faire masser trente minutes, deux fois par semaine durant cinq semaines, permet de réduire l'anxiété, d'améliorer le sommeil, d'augmenter les taux de sérotonine et de diminuer significativement la fréquence des migraines par rapport à un groupe de patients ayant bénéficié d'un programme de relaxation qui ne faisait pas intervenir le toucher[28]. Les effets positifs du massage ont été étudiés et démontrés chez des patients souffrant de fibromyalgies, de brûlures graves, de diverses maladies inflammatoires, de cancers métastatiques ou de douleurs postopératoires[29]. Pourtant, les mécanismes en cause ne sont pas complètement élucidés. On sait que la stimulation des mécanorécepteurs de la peau active des fibres nerveuses à grande vitesse capables d'inhiber les influx douloureux véhiculés par des fibres à faible vitesse. Ainsi, lorsque nous nous cognons le genou, frotter énergiquement la peau soulage notre douleur. On sait aussi que l'augmentation des taux de sérotonine due au massage inhibe la transmission des signaux douloureux au niveau cérébral. Enfin, un massage énergique entraîne la production cérébrale d'endorphines qui, à l'instar de la morphine, inhibent la perception douloureuse et procurent une sensation de bien-être[30].

Le massage exerce également une influence sur les défenses immunitaires. Ainsi, des patients séropositifs pour le virus du sida ont bénéficié d'un massage quotidien durant un mois. Moins anxieux et moins déprimés, ils présentaient une diminution du cortisol et une augmentation significative des cellules immunitaires NK[31]. Une autre étude, menée chez des adolescents infectés par le virus du sida, a montré qu'un massage était plus efficace qu'une simple relaxation pour obtenir les effets psychologiques et l'augmentation des cellules NK[32]. John, le patient dont nous avons évoqué l'expérience, était donc bien inspiré en choisissant de se faire masser, même si son médecin pensait que cela ne servait à rien*.

De la même manière, une étude réalisée chez des femmes atteintes d'un cancer du sein a montré qu'un massage de trente minutes, trois fois par semaine durant cinq semaines, diminuait l'anxiété, la dépression et le sentiment de colère. Ces améliorations étaient corrélées à un accroissement des taux de sérotonine et de dopamine ainsi qu'à une augmentation des lymphocytes et des cellules NK capables de détruire les cellules cancéreuses[33].

Enfin, les effets du massage ont été évalués chez des enfants asthmatiques. Des enfants qui recevaient un massage d'une vingtaine de minutes tous les soirs avant d'aller se coucher durant un mois montraient, par rapport à d'autres ayant bénéficié de séances quotidiennes de relaxation, une nette amélioration de leurs symptômes avec une augmentation du calibre des voies respiratoires[34]. Le même protocole administré à des enfants diabétiques a permis un retour des taux de glucose sanguin à la normale et une diminution des hormones de stress[35].

Les études en faveur du massage ne manquent donc pas. Efficacité et rentabilité obligent, le monde du travail commence, lui aussi, à s'intéresser aux bienfaits de la plus ancienne des médecines[36]. Une étude récente a testé l'impact d'un massage réalisé en position assise, pendant vingt minutes, deux fois par semaine durant deux mois, sur une centaine d'employés dans une entreprise. Comparés à des sujets ayant simplement bénéficié de vingt minutes de pause dans un endroit calme, les sujets massés avaient un meilleur moral, géraient mieux leurs émotions, dormaient plus profondément, étaient davantage satisfaits par leur travail et présentaient une amélioration significative de leur tension artérielle[37].

On pourrait croire que ce genre de massage «ramollit» les employés. Au contraire, la stimulation parasympathique et les

---

* Voir chapitre 4, p. 104-107.

émotions positives qui y sont associées améliorent les performances intellectuelles et accroissent la vigilance*. Ainsi, une
étude comparant l'activité cérébrale chez des sujets au repos et
chez d'autres recevant un massage a montré dans les deux
groupes des ondes corticales caractéristiques de la relaxation,
mais dans le groupe massé apparaissait en outre une des ondes
indiquant un état relaxé et alerte proche de celui de la méditation. En pratique, les sujets massés à qui l'on demandait d'effectuer une série de calculs mathématiques s'acquittaient plus
rapidement et plus justement de leur tâche que les autres[38].

Un geste aussi naturel que celui qui consiste à toucher la
surface du corps influence donc le fonctionnement de l'esprit
de manière significative. Que se passe-t-il alors si l'on agit en
profondeur, au niveau du squelette, des muscles, des fascias, des
vaisseaux, des nerfs et des organes ? Pour le savoir, il nous faut
explorer la merveilleuse architecture du corps humain.

---

* Voir chapitre 2, p. 62.

8

Aligner
le corps qui s'équilibre

L'ARCHITECTURE DE LA VIE

Vivre dans la gravité

Heureux celui qui a eu la chance d'admirer une œuvre du sculpteur américain Kenneth Snelson. Sans le savoir, ses yeux ont contemplé l'extraordinaire architecture qui, du virus à l'être humain, construit la vie. À Washington, par exemple, dans le jardin de sculptures du Hirshhorn Museum, une élégante «Tour d'aiguilles» s'élève à vingt mètres de haut. Surprenant entrecroisement de tiges métalliques reliées entre elles par des fils en suspension, l'œuvre paraît être d'une fragilité extrême. Pourtant, si on lui imprime une poussée, elle reprend sa forme initiale. Et, lorsque le vent souffle, elle plie mais ne casse pas.

En fait, ce périlleux assemblage est un système en «tenségrité» (*tensegrity*, en anglais, vient de la contraction de *tensional integrity*) – mot inventé par le génial concepteur des dômes géodésiques, l'architecte Richard Buckminster Fuller, pour décrire la faculté d'une structure à se stabiliser mécaniquement par le jeu des forces de tension et de compression qui se répartissent entre les différents éléments qui la composent.

Un système en tenségrité est donc autoéquilibré. Un accroissement de la tension sur l'un des éléments est transmis à tous les autres, y compris les plus éloignés. Dans les sculptures de Snelson, les fils répartissent la tension et les tiges supportent la compression. Au même moment, des forces poussent et d'autres tirent. L'ensemble est dynamique, flexible et résistant.

Face à la force de gravité qui s'exerce sur l'ensemble de la matière, la tenségrité offre la solution la plus économique en termes de légèreté et de robustesse. Il n'est donc pas étonnant de voir ses principes s'appliquer à toutes les échelles du vivant. Au niveau microscopique : la double hélice de l'ADN et la configuration des protéines sont stabilisées par la tenségrité. Au niveau macroscopique : les deux cent six os du squelette humain sont comprimés par la force de gravité et stabilisés dans la position verticale grâce à la traction exercée par les muscles, les tendons et les ligaments. Au moindre impact, l'énergie mécanique se propage à travers toute la structure, de sorte que, si une partie du corps est soumise à une tension, l'ensemble est affecté. Et, configuration vitale entre toutes, les différents ligaments forment un dispositif capable de supporter le poids du corps sans exercer de compression sur la colonne vertébrale.

Les os, les muscles, les ligaments et les tendons peuvent donc être considérés comme un système en tenségrité. De ce fait, le moindre raccourcissement ou le plus léger raidissement diminue la capacité du corps à absorber les pressions et les déformations[1]. Par ailleurs, comme dans une sorte de «train anatomique», une blessure localisée à un endroit favorise l'apparition d'autres lésions, à distance[2]. Le contraire se vérifie également : l'amélioration de la flexibilité d'une zone corporelle influence le redressement et la guérison de l'ensemble.

En cas de traumatisme physique léger, les différents éléments reprennent leur position normale. Le corps retrouve alors sa parfaite adaptation à la gravité : le système nerveux transmet l'information de manière optimale, la circulation sanguine est fluide, le drainage lymphatique s'effectue facilement et les organes fonctionnent dans les meilleures conditions. En revanche, si le traumatisme est plus important ou s'il est cumulé avec des lésions non complètement effacées, le déplacement des structures et la limitation des mouvements deviennent des séquelles permanentes[3]. Les attitudes compensatoires qui s'ensuivent provoquent des étirements nerveux, des obstacles au niveau des vaisseaux sanguins et des altérations de la circulation lymphatique. Insuffisamment utilisés, certains muscles s'atrophient ; d'autres, au contraire, trop sollicités, s'hypertrophient. La répartition des charges entre les différentes parties du corps se modifie. Cela entraîne des remaniements de la structure osseuse et le corps subit de véritables déformations.

Comme nous l'avons appris avec Wilhelm Reich, les contractures musculaires dues au stress émotionnel chronique provoquent, elles aussi, d'importants changements morphologiques*. Raccourcies de manière chronique, les fibres musculaires perdent la possibilité de se relâcher. L'aisance avec laquelle le corps évolue dans la gravité est alors réduite. Certaines structures s'usent précocement, des organes souffrent et toute une série de pathologies s'installent. Le terme *disease* – maladie, en anglais – traduit bien ce processus (*ease* signifiant aisance, facilité, bien-être).

Au début du XXe siècle, Joel Goldthwait, orthopédiste à l'université Harvard, avait remarqué que de nombreuses pathologies étaient la conséquence d'un mauvais alignement du corps[4]. Par exemple, chez une personne qui a tendance à incliner la tête vers l'avant, la déviation de la colonne cervicale provoque une incurvation des artères vertébrales, dont le calibre se réduit ; des plaques d'athérome apparaissent plus facilement, le flux sanguin se ralentit et des perturbations du

---

* Voir chapitre 5, p. 141-145.

métabolisme cérébral surviennent ; celles-ci peuvent déséquili-
brer la balance sympathique/parasympathique et, de là,
entraîner des troubles digestifs ou cardiaques, voire des perturbations émotionnelles ; le tout s'accompagne d'une usure
accélérée des cartilages des vertèbres cervicales qui, à la
longue, engendre une arthrose invalidante et douloureuse.

Confirmées par d'autres chercheurs, ces cascades de causes
et d'effets sont aggravées par l'âge car, avec le temps, les tissus
perdent leur souplesse et les processus réparateurs sont moins
efficaces[5]. Maintenir un alignement optimal du corps par
rapport à la gravité terrestre serait donc un moyen essentiel de
préserver longtemps une bonne santé. C'est précisément ce
que propose la technique d'«intégration structurelle» – ou
rolfing – mise au point par Ida Rolf*. Les palpations et les
pressions vigoureuses du «rolfeur» agissent directement sur les
différents tissus conjonctifs de l'organisme, en particulier les
ligaments, les tendons et les fascias entourant les muscles, les
organes, les nerfs, les vaisseaux sanguins et lymphatiques, et,
par continuité, toutes les cellules de l'organisme.

Comme leur nom l'indique, ces tissus *conjonctifs* font le lien
entre les différentes structures du corps. Sans eux, pas de forme
ni de tenségrité. Les fibres collagènes qui les constituent
baignent dans une substance amorphe (un gel colloïde) aux
propriétés semi-fluides : une contraction des tissus entraîne leur
déshydratation ; en revanche, leur étirement et leur relâchement
provoquent un appel d'eau[6]. On comprend que les pressions
appuyées du rolfing puissent modifier la viscosité du gel
colloïde. Raison pour laquelle il est important de bien s'hydrater
après une séance. Ligaments, tendons et fascias s'assouplissent,
le corps se réaligne et, comme le disait Ida Rolf, «la gravité
devient le thérapeute[7]». Au niveau microscopique, l'augmentation de porosité du gel colloïde permet une meilleure diffusion
de l'oxygène, des nutriments, des enzymes et des substances

---

* Voir chapitre 6, p. 159-161.

issues du métabolisme cellulaire. L'évacuation des déchets et des toxines est d'autant plus facile que les massages profonds activent la circulation sanguine et lymphatique. La régénération des tissus et de leurs cellules est immédiate.

La « matrice vivante »

Pendant longtemps, les biologistes se sont représenté la cellule comme un sac constitué d'une membrane contenant un gel visqueux, de composition similaire à celle du tissu conjonctif extracellulaire, et dans lequel baignaient des molécules en solution. Aujourd'hui, cette vision apparaît comme un peu simpliste. En réalité, la cellule est occupée par un réseau de microfilaments et de microtubules qui forment un véritable squelette intracellulaire. Ce « cytosquelette » est connecté au tissu conjonctif extracellulaire par l'intermédiaire de protéines transmembranaires et, détail tout à fait important, il se prolonge jusqu'aux chromosomes du noyau cellulaire[8]. Ainsi, depuis la peau jusqu'à l'ADN, un réseau de fibres, tubules et filaments forme un continuum, une « matrice vivante » dont le rôle commence à être élucidé.

Au milieu des années 1970, Donald Ingber, un jeune étudiant en biologie cellulaire de l'université Yale, eut une intuition géniale : en contemplant une sculpture de Snelson, il comprit que le cytosquelette se comportait comme un système en tenségrité[9].

Pour Ingber, entre-temps devenu professeur à l'université Harvard, les propriétés du réseau intracellulaire définissent donc les changements de forme de la cellule. De plus, en vertu des liens établis par les microtubules et les microfilaments entre le noyau et la surface cellulaire, la moindre traction sur un récepteur membranaire – par exemple, lorsqu'une molécule s'y fixe – influence l'ensemble de la cellule, y compris ses chromosomes. Or on sait aujourd'hui que la majorité des molécules, et en particulier les enzymes que l'on croyait flotter en solution dans la cellule, sont en fait attachées aux micro-tubules et aux microfilaments du cytosquelette. Les réactions biochimiques ne se déroulent donc pas au hasard : elles sont guidées par la structure intracellulaire. Par conséquent, chaque modification mécanique du cytosquelette influence la chimie cellulaire, l'activation des gènes et la fabrication des protéines à partir de l'ADN.

Il existe donc une relation entre la structure et le fonctionnement cellulaires. Dans un article publié par la revue *Science*, l'équipe d'Ingber a montré que la forme des cellules commande certains programmes génétiques par l'intermédiaire de la « matrice vivante ». Étalées en petit nombre sur une surface, les cellules ont de la place pour s'aplatir et leur cytosquelette, étiré, active le programme génétique de la division cellulaire. En revanche, si les cellules sont nombreuses, le manque de place les oblige à s'arrondir et leur cytosquelette, contracté, déclenche aussitôt le programme de la mort cellulaire. La forme des cellules régule donc leur prolifération. Ainsi, en cas de blessure, les cellules, très aplaties, « sentent » à travers leur cytosquelette la nécessité de se multiplier en grand nombre pour cicatriser la plaie [10]. Cela confirme ce que nous disions dans le chapitre précédent : le toucher et la kinesthésie (perception de la position et du mouvement) sont les premières sensations, les sens les plus anciens, déjà présents au niveau unicellulaire et communs à tous les organismes vivants.

En fait, la « matrice vivante » extra- et intracellulaire constitue un système de communication à la fois mécanique et biochimique apparu bien avant les systèmes nerveux, vasculaire, hormonal ou immunitaire, alors que les organismes étaient constitués d'un petit nombre de cellules. Il n'est donc pas étonnant que cette matrice exerce une influence prépondérante sur les processus réparateurs de l'organisme. De ce point de vue, les travaux d'Ingber ouvrent des perspectives très nouvelles pour la recherche médicale. Ils constituent aussi une base scientifique pour comprendre divers traitements corporels jusqu'alors très empiriques et qui, faute d'explications satisfaisantes, étaient souvent minimisés, voire rejetés par la médecine scientifique.

Ainsi, l'équilibrage de la posture et l'harmonisation des mouvements n'agiraient pas seulement en alignant les nerfs, les vaisseaux et les organes dans leur position de fonctionnement optimal. Selon les principes de la tenségrité, le moindre de ces repositionnements sollicite aussi la peau, les os, les muscles, les tendons, les ligaments et l'ensemble des fascias qui entourent jusqu'aux plus petites structures du corps. Inévitablement, le tissu conjonctif qui unit les cellules entre elles est lui aussi mobilisé et, par continuité, le cytosquelette commande des modifications biochimiques et génétiques au sein de chaque cellule de l'organisme [11].

LA FLUIDITÉ DU MOUVEMENT

Le bon usage de soi

Frederick Matthias Alexander ne connaissait aucune de ces passionnantes découvertes. Et pour cause : il vivait à la fin du XIXe siècle. Son nom n'aurait jamais fait partie du champ des médecines alternatives et complémentaires si des laryngites récurrentes n'avaient pas mis en péril sa carrière d'acteur de théâtre. Après avoir consulté de nombreux spécialistes sans trouver d'aide efficace, Alexander décida de chercher en lui la cause de son problème. C'est là toute l'originalité de sa démarche. De passif, il devint proactif. En s'observant dans un miroir, il constata un léger raccourcissement de son corps chaque fois qu'il se mettait à parler. Comme si une peur inconsciente l'empêchait de se tenir bien droit. Il en déduisit que cette «habitude» corporelle causait un dysfonctionnement laryngé prédisposant aux enrouements dont il souffrait. Alexander décida alors de corriger sa posture en se redressant. Mais sa tension se renforça et son larynx se contracta davantage. La solution ne résidait donc pas dans l'exercice d'un contrôle corporel. Au contraire. En développant une conscience aiguë de son corps, Alexander finit par comprendre que sa volonté de se corriger interférait avec une posture équilibrée et des mouvements harmonieusement coordonnés. Il en conclut qu'il n'y a pas de posture correcte. L'important, c'est la relation entre la posture et le mouvement. Le but est de retrouver une aisance corporelle. À partir du moment où il y parvint, plus jamais sa voix ne lui fit défaut[12].

Une dizaine d'années consacrées à l'expérimentation de ces concepts amenèrent Alexander à proposer une technique destinée à désapprendre les mauvaises habitudes. Conscience de soi, intention soutenue et sens de la responsabilité en sont les piliers indispensables. Il ne s'agit pas d'apprendre des positions ou des exercices particuliers. Il est plutôt question de développer un « bon usage de soi » – le mot « soi » étant préféré au mot « corps » pour souligner la nécessité de considérer l'individu dans sa globalité[13].

Alexander ne connaissait pas vraiment l'anatomie ni la physiologie. Ses capacités d'observation et son bon sens lui suffisaient. Il ne se considérait d'ailleurs pas comme un thérapeute face à des patients, mais bien comme un « éducateur » s'adressant à des « élèves ». Son approche connut un succès considérable dans le milieu artistique et théâtral, ainsi qu'auprès de nombreux scientifiques, dont Nikolaas Tinbergen, qui en vanta les mérites lors du discours qu'il prononça en recevant son prix Nobel de médecine en 1973[14].

Apprendre à sentir la pression, le poids, la position et le tonus du corps, debout, assis, couché, en marchant et dans n'importe quelle activité de la vie courante. Les principes d'Alexander rejoignent ceux de Buckminster Fuller : les mouvements et les postures doivent respecter la tenségrité. Cela explique la merveilleuse sensation d'aisance et de légèreté que l'on ressent après une leçon consacrée à sa technique. Et, au vu des travaux d'Ingber, on imagine comment l'éducation posturale pourrait influencer la réparation de zones fragilisées jusqu'au niveau de la biologie cellulaire.

Néanmoins, comme la majorité des approches corporelles, la technique d'Alexander manque cruellement d'études fondamentales et cliniques pour convaincre les sceptiques de son intérêt médical. Ceux qui l'ont expérimentée ressentent moins de fatigue et de tension au travail, ils améliorent leurs performances physiques et ils se blessent moins facilement lors de gestes répétés, par exemple en dansant ou en jouant d'un instrument. Ils mentionnent aussi la disparition de certaines douleurs chroniques, ils ont un meilleur équilibre et ils chutent moins souvent. Ils augmentent leur capacité respiratoire, souffrent moins d'asthme, de migraines ou de symptômes comme celui du côlon irritable. Souvent, ils déclarent gagner de la confiance en eux, retrouver l'estime d'eux-mêmes et se sentir moins déprimés[15]. L'approche semble donc améliorer la santé et la qualité de la vie. Elle mériterait d'être appréciée selon les critères de l'objectivité scientifique, à l'image de cette étude, publiée en 2002, qui montrait que des malades parkinsoniens pratiquant la technique d'Alexander obtenaient une amélioration durable de leurs capacités physiques et de leur moral[16].

En attendant, ainsi que me le faisait remarquer un patient très satisfait d'y avoir recouru : «La technique d'Alexander possède des vertus préventives qui devraient inciter plus de gens à l'apprendre, car qui, depuis l'enfance, n'a pas adopté de mauvaises habitudes posturales ? »

L'intelligence du corps

Line a quarante-cinq ans. Depuis deux ans, rien ne va plus dans sa vie : elle a divorcé, ses enfants sont en pleine crise d'adolescence, elle travaille trop, elle est épuisée, elle a mal au dos, elle se sent déprimée. Six mois avant qu'elle ne vienne me consulter, on lui a ôté une tumeur cancéreuse au rein droit. Sombre tableau, donc. Lorsque je la rencontre, je suis immédiatement interpellé par son étrange façon de marcher : les jambes raides et hésitantes, le bassin et le thorax soudés l'un à l'autre, la nuque courbée vers l'avant et les épaules comme suspendues à des fils. On dirait une marionnette en bois mal articulée. Aucun accident, aucune maladie n'expliquent l'aspect figé de sa posture ni la mauvaise coordination de ses mouvements. C'est dans les yeux de Line que se trouve la réponse à mon interrogation : de toute évidence, elle a peur, elle semble terrorisée. La perte de ses parents à l'âge de quatre ans, une scolarité difficile au cours de laquelle, se souvient-elle, les professeurs la «crispaient», un apprentissage de l'écriture «tout en tension» et, plus tard, un métier de secrétaire «assise des journées entières derrière un ordinateur». Il y a de quoi déformer un corps pour la vie. Sans compter un viol à l'âge de quatorze ans et une tante qui l'a éduquée en projetant sur elle toutes ses craintes. Chaque fois que Line avait l'audace de prendre une initiative, sa tante lui recommandait de se méfier, au point que la jeune fille n'osait même plus traverser la rue toute seule.

On n'imagine pas à quel point les peurs des adultes inhibent la spontanéité des enfants et, du coup, interfèrent avec l'acquisition de nouveaux mouvements. À force d'avoir peur, l'enfant empêche l'intelligence naturelle de son corps de s'exprimer. De restrictions en limitations, les possibilités d'adaptation du corps se réduisent et un sentiment d'insécurité engendre une angoisse qui incite à encore plus de limitations. L'individu perd alors toute confiance en soi.

Moshe Feldenkrais a bien décrit ce processus[17]. Comme Alexander, Feldenkrais n'appartenait pas au milieu médical. Ingénieur et docteur en physique, passionné d'arts martiaux, il fonda le Judo Club de France en 1936. Et, comme Alexander, c'est en cherchant la solution à un problème personnel (une blessure au genou) qu'il se lança dans l'exploration consciente de son corps. Profitant de son expérience sportive et de sa bonne connaissance de la mécanique, de la psychologie, de l'anatomie et de la neurophysiologie, il mit au point une méthode originale destinée à retrouver l'intelligence du corps.

Je conseillai à Line de prendre des leçons avec un enseignant de la méthode Feldenkrais. Les résultats furent spectaculaires.

Couchée sur le sol, progressivement, Line prit conscience du fait qu'elle était atteinte d'une véritable amnésie sensitive et motrice. «C'était comme si des zones de mon corps étaient mortes ou manquantes», expliqua-t-elle, étonnée de ne pas s'en être aperçue plus tôt. Puis, par des mouvements simples, naturellement elle retrouva la spontanéité et l'efficacité qu'elle avait perdues depuis longtemps. Une posture anodine comme prendre un large appui sur ses deux jambes lui fit éprouver un sentiment de confiance qu'elle n'avait jamais connu. Redresser le torse, relâcher les épaules et bomber la poitrine lui fit sentir qu'elle avait des ressources intérieures qu'elle sous-estimait. «Dans cette position, il est impossible de se sentir déprimée», conclut-elle, enthousiaste. Et, lorsque l'enseignant lui demanda de sourire, surprise, elle constata que, spontanément, cette «grimace» engendrait de la bonne humeur en elle.

Ainsi, l'état psychologique influence l'état corporel et, en retour, les positions du corps transforment l'expérience subjective. Tout apprentissage étant facilité par de nouveaux stimuli, en amplifiant certains mouvements on crée de nouvelles sensations pour le cerveau. Celui-ci réorganise ses connexions sensitives et motrices, et le corps se libère de ses limitations[18]. Automatiquement, l'image de soi est modifiée. Car, comme Antonio Damasio l'a montré, le sens du soi est le résultat de l'intégration au niveau cérébral des informations en provenance du corps[19]. C'est donc l'identité même de la personne qui est redéfinie au cours d'un travail corporel.

De ce fait, la méthode de Feldenkrais se révèle efficace tant chez des patients handicapés par des séquelles d'accidents ou de maladies neurologiques que chez des personnes limitées par des douleurs physiques ou des problèmes psychologiques. Elle peut aussi aider des personnes âgées à prévenir de mauvaises chutes, à garder une bonne image d'elles-mêmes et à éviter de sombrer dans la dépression.

On voit bien que, même si cela n'est pas encore véritablement démontré selon les critères de la recherche, les méthodes d'Alexander et de Feldenkrais ont une action à la fois physique et psychique. Physique, en restaurant la tenségrité nécessaire au fonctionnement optimal du corps et de sa «matrice vivante». Psychique, en permettant une meilleure définition du schéma corporel au niveau cérébral. Ici, le sentiment de bien-être n'est pas dû à une performance sportive augmentant la production d'endorphines. Aucun effort n'est à fournir, aucune souffrance à endurer. Tout se fait en douceur, dans le respect des solutions propres à chaque individu. C'est de l'intégration psychocorporelle que naissent les sentiments de stabilité, de sécurité et de complétude.

Véritables modèles d'éducation somatique, les méthodes d'Alexander et de Feldenkrais ont ouvert la voie à toute une série d'autres approches. C'est le cas notamment de l'«antigymnastique», mise au point par la kinésithérapeute française Thérèse Bertherat dans les années 1970 à partir des travaux de Wilhelm Reich sur les cuirasses corporelles et des découvertes de Françoise Mézières sur la chaîne musculaire postérieure qui s'étend de la nuque aux orteils[20]. Autre exemple : la méthode Pilates, créée dans les années 1980 par l'Allemand Joseph Pilates à partir de son expérience de la danse, du yoga et de la méditation zen, est devenue populaire au cours des années 1990, notamment auprès d'un public frustré par le peu de conscience du corps développé au cours des exercices de musculation, dans la pratique de l'aérobic ou dans les leçons de gymnastique classique[21].

En permettant le développement de l'intelligence corporelle, l'éducation somatique véhicule deux messages essentiels. Le premier insiste sur le fait que nous pouvons trouver des solutions en nous-mêmes, au cœur de la vérité du corps. Le second rappelle que nous pouvons évoluer et changer tout au long de notre existence, particulièrement si les transformations sont inscrites dans la réalité du corps. Et, lorsque nous n'y arrivons pas tout seuls, certains thérapeutes proposent de nous y aider avec leurs mains.

L'ÉQUILIBRE DE LA STRUCTURE

Un sujet de controverse

À l'instar du massage, l'art de manipuler le corps fait partie de toutes les traditions médicales depuis la nuit des temps. Or, avec l'avènement de la médecine fondée sur des évidences cliniques et des preuves scientifiques, son utilité est souvent mise en doute, voire totalement niée. On est loin de l'époque antique où Galien était nommé «Prince des médecins» pour avoir rendu l'usage de son bras à un savant romain en lui réalignant le cou.

C'est Daniel David Palmer, un magnétiseur nord-américain, qui, à la fin du XIXe siècle, lance la polémique. Convaincu de pouvoir soigner un grand nombre de pathologies en réalignant le squelette, il crée une méthode qu'il baptise «chiropraxie» (du grec *kheir* : la main, et *praxis* : l'action). La légende veut que, en corrigeant une déviation de la colonne cervicale chez un homme frappé de surdité à la suite d'un accident survenu dix-sept ans auparavant, Palmer ait expérimenté pour la première fois la puissance de l'ajustement corporel, l'homme ayant recouvré l'ouïe après le traitement. Vraie ou non, cette anecdote serait en tout cas à l'origine de la théorie chiropratique. Se fondant sur le fait que le système nerveux contrôle l'ensemble du corps, Palmer considère que les tensions, les pincements et l'irritation des nerfs sont responsables de la plupart des maladies. Avec le temps, il introduit la notion de «subluxation osseuse» pour expliquer l'origine des atteintes nerveuses incriminées. Il s'agit alors de débloquer la colonne vertébrale et d'autres parties du corps pour traiter non seulement des désordres musculaires et squelettiques, mais aussi des dysfonctionnements organiques [22].

Le problème est qu'à ce jour il n'existe pas d'évidence quant au rôle joué par les subluxations dans les pathologies traitées, ni même de preuve formelle de l'existence de ces subluxations [23]. Pourtant, plusieurs études font état d'effets favorables de la chiropraxie sur les douleurs dorsales et sur la restauration de la mobilité du squelette. Malheureusement, au vu des biais statistiques et des lacunes méthodologiques, il semble que l'on ne puisse rien en conclure[24]. L'analyse de quelques travaux réalisés selon des critères plus rigoureux – en double aveugle sur des patients sélectionnés au hasard, avec un contrôle placebo (*sham* *) – n'est pas plus probante[25]. Par ailleurs, à ce jour, aucune étude sérieuse ne semble confirmer la possibilité de traiter des problèmes autres que musculo-squelettiques[26].

Ainsi, outre le manque d'explication concernant le mode d'action, c'est l'efficacité même des manipulations vertébrales qui est remise en cause[27]. Pourtant, les patients semblent satisfaits et, malgré les réticences de la médecine conventionnelle, la chiropraxie s'est considérablement développée. Au point qu'aujourd'hui on estime qu'elle occupe la troisième place dans les professions médicales en Occident, après la médecine allopathique et la dentisterie. Dans ma pratique, j'ai entendu de nombreux patients déclarer avoir été aidés par leur chiropracteur. Il m'arrive donc de recommander ce traitement, et j'y ai également recouru pour moi-même avec succès. On peut s'interroger sur les raisons des améliorations observées. Certains affirment que les manipulations vertébrales ne sont pas plus efficaces que d'autres traitements et que c'est l'évolution naturelle des douleurs dorsales qui explique les résultats enregistrés[28]. D'autres prétendent que les effets obtenus sont essentiellement dus au phénomène placebo. Une efficacité chez l'animal contredirait cette hypothèse. Mais, là aussi, le manque d'études existantes sur la chiropraxie vétérinaire empêche de faire évoluer le débat[29].

Il se peut que les mécanismes actifs de la chiropraxie ne soient pas ceux que l'on croit. Il paraît en effet légitime de mettre en doute la possibilité de manipuler les vertèbres d'un cheval entourées d'épaisses couches de muscles et de ligaments[30].

---

* Pour la définition de ce terme, voir chapitre 1, p. 42.

S'il y a un effet, il ne repose peut-être pas sur la force appliquée au squelette. Il est possible que l'action se manifeste à un niveau plus subtil, selon des lois encore mal comprises. Les notions de tenségrité et de «matrice vivante» y participent probablement[31]. En tout cas, il paraît indispensable d'encourager la recherche dans ces domaines.

Plus subtil et moins clair

Quelques années avant Palmer, un autre Américain, Andrew Taylor Still, a exploré lui aussi la possibilité de soigner en manipulant le corps. Médecin et pasteur, Still avait perdu trois de ses enfants lors d'une épidémie de méningite. Les recherches de Louis Pasteur commençaient à peine, les antibiotiques n'existaient pas et, à part les purges, les saignées et autres ventouses, en cette fin du XIXᵉ siècle, les moyens de la médecine étaient finalement bien pauvres. Pourtant, Still était persuadé qu'il existait une autre voie. Formé à la chirurgie sur les champs de bataille de la guerre civile, il avait acquis une connaissance détaillée de l'anatomie. Celle-ci l'aida à développer une palpation d'une sensibilité extrême. Si bien qu'en 1874, lorsqu'il fut appelé au chevet d'un enfant atteint d'une dysenterie hémorragique, Still n'eut aucune peine à ressentir une faible différence de température entre le dos et le ventre du malade, une induration dans sa région lombaire et des variations de souplesse dans sa colonne vertébrale. Il promena sa main sur ces différentes zones en tentant d'harmoniser les températures et les mouvements, et, à sa grande surprise, l'hémorragie de l'enfant cessa sur-le-champ. Quelques jours plus tard, le petit patient avait recouvré une santé parfaite[32].

On imagine la suspicion engendrée par ce genre de récit miraculeux. À la lumière des connaissances de l'époque, Still proposa une explication qui ne fit qu'accroître la défiance de la communauté scientifique. Sa théorie, encore embryonnaire, postulait que la structure influence la fonction et que les déséquilibres responsables des maladies finissent toujours par se marquer au niveau des os – d'où le nom d'«ostéopathie» qu'il donna à son approche. Un nom qui peut induire en erreur, car cette pratique ne se résume pas à manipuler le squelette. Au contraire, à la différence du chiropracteur, l'ostéopathe travaille essentiellement sur les tissus mous. L'observation et la palpation fine du corps sont au centre de sa méthode. Il repère des «lésions ostéopathiques» et des «restrictions de mobilité» qu'il a appris à reconnaître du bout des doigts. Souvent assez doux, ses ajustements visent à restaurer l'harmonie et la fluidité non seulement des fascias, des muscles et des ligaments, mais aussi des vaisseaux, des nerfs, des glandes et des organes. Et, même si l'ostéopathie a beaucoup évolué, conformément aux principes édictés par Still, les manipulations sont toujours effectuées pour permettre au corps de mobiliser ses mécanismes d'autocorrection.

Le tout est alors de définir ce qui déclenche réellement l'autoguérison. Une fois de plus, les études fondamentales manquent. Comme dans n'importe quel traitement, un effet placebo est certainement en cause. Aborder l'individu dans sa globalité et attirer son attention sur le fait qu'il possède des ressources propres contribue sans doute à créer du sens, des émotions positives, une activation nerveuse parasympathique et une relaxation réparatrice. Néanmoins, cet effet ne semble pas tout expliquer puisque de nombreux thérapeutes décrivent des bienfaits chez les nourrissons et même chez l'animal. Des études vétérinaires seraient donc très utiles[33]. Du côté des explications physiologiques, les travaux sur la tenségrité et la «matrice vivante» semblent être une bonne piste pour les recherches futures[34]. Les mécanismes démontrés dans les études concernant le toucher et le massage en fournissent probablement une autre*. Mais, là non plus, rien n'est encore démontré.

---

* Voir chapitre 7.

Les études cliniques sérieuses font également défaut. Celles qui existent portent essentiellement sur des problèmes musculo-squelettiques et ne sont pas suffisantes pour que l'on puisse tirer des conclusions convaincantes[35]. Cette situation est sans doute due au fait que les ostéopathes travaillent indépendamment les uns des autres, sans collecter leurs résultats selon les critères de la recherche scientifique. De plus, l'étendue de leur pratique permet difficilement de déterminer la cause réelle des améliorations observées. Certains privilégient les manipulations fonctionnelles, d'autres les structurelles, d'autres encore les viscérales ou les crâniennes. Tantôt ils touchent franchement les patients, tantôt ils les effleurent à peine. Et, la plupart du temps, ils ajoutent des outils particuliers aux manipulations corporelles de base, par exemple des conseils diététiques ou une écoute psychologique. Les détracteurs de la technique ricanent en affirmant qu'il existe autant d'ostéopathies que d'ostéopathes. Ils oublient que, comme toutes les thérapies, l'ostéopathie est un art et que, dans ce cas précis, fidèle aux enseignements de Still, l'artiste s'adresse à l'individu dans sa globalité. L'approche ne peut donc se restreindre à des techniques hypercodifiées. Néanmoins, certains ostéopathes s'inquiètent des dérives et des aménagements rencontrés dans la pratique[36].

Ayant moi-même référé des patients pour traitement ostéopathique et m'étant fait traiter par plusieurs praticiens, j'ai été interpellé par la diversité de leurs approches. Certains m'ont paru plus proches des guérisseurs traditionnels que des techniciens «scientifiques» que leur formation, au demeurant très solide et calquée sur les études médicales classiques, était censée avoir produits. L'ostéopathie est donc loin d'avoir conquis sa place au sein de la médecine scientifique occidentale. Pour qu'elle y parvienne, il faudrait pouvoir discerner ce qui agit réellement dans l'ensemble des pratiques proposées. Des études rigoureuses sont donc indispensables. Elles permettraient de préciser le contenu de l'approche et de mieux sélectionner les pathologies susceptibles d'en bénéficier. Faute d'une telle démarche, l'ostéopathie resterait une médecine peut-être efficace, mais purement empirique et exposée au risque des récupérations les plus douteuses. Cela serait dommage, car les principes qu'elle défend sont intéressants et la compréhension des mécanismes qu'elle mobilise pourrait faire évoluer toute la médecine.

Encore plus mystérieux

Dans les années 1930, l'ostéopathe William Sutherland, un élève de Still, affirma, à l'encontre du credo établi, que les os du crâne étaient mobiles et animés par un mouvement physiologique perceptible à la palpation. Baptisée «mouvement respiratoire primaire» (MRP), cette pulsation lente et rythmique prendrait sa source dans le liquide céphalo-rachidien et se transmettrait à l'ensemble du corps par l'intermédiaire de la dure-mère, autour du cerveau et de la moelle épinière, et *via* les fascias fibreux, autour des muscles et des organes. Le MRP serait donc palpable partout dans le corps. Et, par leur mobilité, les os du crâne constitueraient un tampon indispensable pour le liquide céphalo-rachidien qui, du crâne au sacrum, s'écoule dans un système hydraulique fermé. Une restriction de la mobilité des os crâniens provoquerait ainsi une perturbation du MRP et, de là, des troubles dans tout l'organisme. Par conséquent, la mobilisation et la relaxation des sutures crâniennes permettraient de traiter de nombreuses pathologies.

Pour le moins originale, la théorie de Sutherland provoqua un tollé parmi les scientifiques et une vive controverse chez les ostéopathes[37]. Pourtant, quarante ans plus tard, John Upledger, alors professeur de biomécanique à la Michigan State University, montra à l'aide d'un microscope électronique que, loin d'être solidement soudés les uns aux autres, les os crâniens sont séparés par des sutures occupées par des vaisseaux, des nerfs et du tissu fibreux[38]. Les mouvements perçus par Sutherland seraient donc possibles. De plus, des études menées chez l'animal puis chez l'humain ont mis en évidence une pulsation crânienne dont la fréquence est différente de celle des rythmes cardiaque et respiratoire[39]. Néanmoins, la controverse perdure et beaucoup d'ostéopathes considèrent que l'approche est trop mal documentée pour qu'ils puissent l'introduire dans l'enseignement de leur discipline[40].

Upledger, lui, ne doute pas. Au lieu de se focaliser sur les sutures osseuses, il lui paraît préférable d'agir sur le système cranio-sacral de la dure-mère qui régule la production, la résorption et la circulation du liquide céphalo-rachidien. Utilisant les os du crâne comme des poignées permettant de lever des tensions au niveau des membranes qui y sont rattachées, la «thérapie cranio-sacrale» remplace le toucher relativement appuyé de l'ostéopathie crânienne par des manipulations très fines. À peine perceptibles.

Évidemment, la subtilité de l'approche éveille la suspicion, notamment auprès des médecins qui ne sont absolument pas formés à ce genre de palpation. Le pianiste aveugle Ray Charles «voyait avec ses oreilles». Il semble que les thérapeutes cranio-sacraux entendent avec leurs doigts. Ayant développé la sensibilité de mon toucher, je peux comprendre l'expertise de certains praticiens. Toutefois, je sais aussi que l'autosuggestion peut nous faire percevoir des sensations en fonction de nos attentes. Il est donc important de disposer d'études comparant la fiabilité des sensations d'une palpation à l'autre chez un même examinateur et la reproductibilité des perceptions entre différents examinateurs. Dans le cas de la thérapie cranio-sacrale, ces études sont contradictoires[41].

Une session de thérapie cranio-sacrale commence par une palpation de tout le corps pour tester la mobilité des tissus et identifier des zones de restriction. Pour Upledger, le corps garderait la mémoire des chocs et des tensions qu'il a subis au sein de «kystes énergétiques». Ceux-ci se formeraient du fait du manque de dispersion de l'énergie à l'origine du traumatisme. La libération manuelle de ces «kystes énergétiques» dissiperait l'énergie stockée, provoquant parfois une impression de chaleur ou des réactions émotionnelles. Le corps pourrait alors se rééquilibrer et mettre en route ses mécanismes d'autoguérison.

Mary Ellen Clark, plongeuse, médaillée de bronze aux Jeux olympiques de Barcelone en 1992, raconte comment, à la suite de l'apparition de terribles vertiges, ne trouvant aucune aide efficace, elle finit par consulter John Upledger. Lors de la première session, celui-ci libéra plusieurs «kystes énergétiques», séquelles des multiples traumatismes dus aux dizaines de plongeons effectués quotidiennement depuis une plateforme haute de dix mètres. Au cours de la séance suivante, Upledger porta son attention sur le genou gauche de Mary Ellen. Elle se souvint alors s'être blessée à cet endroit lors d'un entraînement sur un trampoline. Upledger constata une torsion compensatoire de la colonne vertébrale, entraînée par la blessure du genou et responsable d'un mauvais positionnement de la tête. La correction de ces problèmes amorça une amélioration des symptômes. Six semaines plus tard, Mary Ellen reprit ses entraînements et, aux Jeux olympiques d'Atlanta, en 1996, elle remporta une nouvelle médaille de bronze[42].

L'approche cranio-sacrale paraît donc encore plus éloignée des concepts médicaux habituels que ne le sont la chiropraxie ou l'ostéopathie. À l'instar de ces deux disciplines cousines, cette thérapie repose sur des notions anatomiques dont l'interprétation, bien qu'originale et séduisante, n'est, pour le moment du moins, pas vérifiée selon les critères de la recherche scientifique[43]. Pourtant, ici aussi, le nombre des praticiens augmente, tout comme celui des patients.

Un ostéopathe pratiquant la thérapie cranio-sacrale me disait qu'il estimait tout à fait possible que les théories sur lesquelles il se fondait soient erronées. «En tout cas, elles me permettent de proposer une manière d'entrer en contact avec le corps de mes patients, me dit-il. Après, comme Upledger, j'accepte que l'intuition détermine une grande partie de mes gestes et que quelque chose se passe entre le patient et moi, de l'ordre de l'inexplicable.» Un aspect relationnel qui se rapproche peut-être des effets thérapeutiques placebo dont nous avons parlé au début de cet ouvrage. Ces praticiens seraient-ils des sorciers modernes qui, à l'instar des guérisseurs traditionnels, doivent afficher une réelle conviction dans leurs théories pour obtenir un effet favorable ? Cet effet serait-il d'autant plus marqué que, cette fois, contrairement au monde invisible des sorciers, le corps représente une réalité tangible et le discours tenu s'apparente à celui de la science médicale * ? Autant de questions troublantes, mais néanmoins incontournables. Car, comme un arbre peut cacher une forêt, ce ne serait pas la première fois en médecine qu'une théorie masquerait des mécanismes très différents de ceux imaginés au départ pour expliquer des faits inattendus.

C'est ce que nous allons découvrir en examinant comment la science occidentale appréhende des systèmes thérapeutiques très éloignés de ses conceptions mécanistes. Nous poursuivrons donc notre enquête en Chine, en Inde et dans les milieux «New Age» de l'Occident. Là où l'être humain est considéré comme une entité énergétique.

---

* Ces points sont exposés au chapitre 1.

TROISIÈME PARTIE

Une médecine de l'énergie
pour soigner le corps et l'esprit

9

Derrière les théories de la Chine

L'ÉPURATION DES CONCEPTS

Derrière l'arbre, la forêt

Il n'existe probablement pas de meilleur exemple d'arbre cachant une forêt que la médecine chinoise. En fait de «médecine», il s'agit plutôt d'un ensemble de pratiques élaborées à partir de concepts chamaniques et religieux dont l'origine se perd dans la nuit des temps. Totalement empiriques, ces différentes approches sont fondées sur les analogies observées entre le microcosme et le macrocosme, entre l'humain et son environnement. Certaines d'entre elles, les plus efficaces sans doute, sont parvenues jusqu'à nous, influencées par une multitude d'écoles de pensée. Si bien que ce que nous appelons la «médecine traditionnelle chinoise» est le résultat d'une synthèse assez récente, une tentative d'uniformisation effectuée entre les années 1950 et 1970 afin de soutenir la comparaison avec la médecine scientifique occidentale particulièrement bien codifiée et structurée.

Pour autant qu'une comparaison soit possible, car l'approche traditionnelle chinoise reste très différente de la démarche médicale occidentale. En effet, du point de vue chinois, il ne s'agit pas de séparer jusqu'à l'infime, de mesurer avec précision ni d'analyser avec rigueur les rouages de la physiologie. Le but n'est pas de décrire en détail les différents organes et systèmes du corps. Ce qui compte, c'est la connaissance des relations fonctionnelles qui unissent ces organes et ces systèmes entre eux. De ce fait, le langage de la médecine traditionnelle chinoise n'est pas scientifique au sens où nous l'entendons en Occident. Il est métaphorique et analogique. Sa vision n'est jamais morcelée, elle embrasse une globalité.

Cinq disciplines – la diététique, la pharmacopée à base de plantes, le massage, l'acupuncture et les exercices énergétiques, comme le qigong et le tai-chi – visent toutes à préserver l'harmonie et l'équilibre des forces et des énergies responsables de la bonne santé. L'approche est séduisante. Rationnelle et logique, même. Pourtant, les théories auxquelles elle se réfère représentent un obstacle considérable à sa reconnaissance par la communauté scientifique. Les notions de yin et de yang, la théorie des cinq éléments et le concept du *qi* (prononcé «tchi») sont parfois qualifiés de pures superstitions. On peut le regretter, car une analyse approfondie permet souvent de décoder des analogies entre ces concepts traditionnels et des faits scientifiquement établis. Parfois, la comparaison des deux approches aboutit à la mise en évidence de mécanismes physiologiques inattendus. La pensée médicale chinoise devient alors une source d'inspiration, une promesse de découvertes et de progrès.

Prenons les notions de yin et de yang. Nous avons vu comment ces deux forces, l'une active et émettrice, l'autre passive et réceptrice, traduisent une réalité neurologique inscrite dans l'antagonisme des systèmes nerveux autonomes sympathique et parasympathique*. De l'équilibre entre tension et relâchement

---

* Voir chapitre 2, p. 67-68.

dépend l'homéostasie de l'organisme. De la rencontre entre ces deux attitudes naissent les émotions, véritables moteurs de nos pensées et de nos actions. Du point de vue de la médecine chinoise, un excès ou un manque de yin ou de yang engendre le chaos et la maladie. En fait, la psycho-neuro-immunologie occidentale ne nous apprend pas autre chose. L'observation millénaire s'accorde donc parfaitement avec la réalité physiologique et il est aisé de traduire la métaphore orientale dans le langage scientifique de la culture occidentale.

La théorie des cinq éléments est plus difficile à cerner. Cinq organes yin (rein, foie, cœur, rate et poumons) et leurs correspondants yang (vessie, vésicule biliaire, intestin grêle, estomac, côlon) sont en rapport avec cinq éléments (eau, bois, feu, terre et métal), cinq animaux symboliques, cinq couleurs, cinq sons, cinq odeurs, cinq saveurs, cinq émotions, cinq saisons climatiques, cinq tranches horaires quotidiennes. Des cycles s'instaurent selon une logique naturelle où le feu forme la cendre et la terre, la terre crée le métal, le métal se transforme en eau, l'eau nourrit le bois et le bois alimente le feu. Très complexe, cette théorie postule également l'existence de cycles de contrôle, créateurs ou destructeurs, toujours en accord avec la nécessité de préserver l'équilibre physique et psychique. Évidemment, ces multiples correspondances sont difficiles à vérifier de manière scientifique. Ce n'est pourtant pas une raison pour les rejeter en bloc – même si la prudence s'impose, car bon nombre de ces concepts datent d'une époque où des pans entiers de la physiologie humaine étaient méconnus. Le cœur, par exemple, aussi appelé l'Empereur, joue un rôle central dans la théorie des cinq éléments. Or plusieurs de ses attributions sont aujourd'hui déplacées vers le cerveau, dont le fonctionnement était pratiquement inconnu avant l'avènement des neurosciences.

Autre sujet de trouble dans les esprits occidentaux : les théories médicales chinoises ont été influencées par des croyances qui restent à ce jour non validées par la méthode scientifique. Il n'est donc pas toujours aisé de discerner la part de superstition impliquée dans les processus de guérison. Ainsi, par exemple, une étude publiée en 1993 dans la revue *Lancet* montre comment les croyances astrologiques des patients californiens d'origine chinoise influencent l'évolution de leur santé. Pour parvenir à cette conclusion, David Phillips, chercheur à l'université de Californie, à San Diego, a examiné l'âge et la cause du décès d'environ trente mille Californiens d'origine chinoise comparés à un groupe contrôle constitué de Californiens de race blanche. Les résultats sont surprenants : de manière tout à fait significative, les Californiens d'origine chinoise meurent plus précocement que la moyenne lorsqu'ils souffrent d'une maladie que l'astrologie et la médecine chinoises associent à l'année de leur naissance. En revanche, les Californiens de race blanche ne subissent aucune influence de ce genre. Il semble donc que les croyances du groupe d'origine chinoise ont une influence sur leurs attentes et leurs espérances face à une maladie considérée comme inéluctable si elle correspond aux prévisions de l'année de naissance[1].

Suggestion, conditionnement et «effet du sens» ne sont certainement pas étrangers à une médecine où les métaphores font office de théories. Néanmoins, ce constat ne devrait pas nous détourner d'une question essentielle posée par la médecine traditionnelle chinoise : quelle est la véritable nature des liens entre le macrocosme et le microcosme ? Les climats, les saisons, le mouvement des planètes, toute une série de cycles naturels influencent notre santé d'une manière plus subtile que nous ne le pensons*. La tradition empirique chinoise l'a observé et exprimé avec ses mots imagés. Si elle reste ouverte et curieuse, la science occidentale pourra peut-être traduire ces concepts dans notre langage. Cela faciliterait certainement leur incorporation au sein des mesures préventives et thérapeutiques de la médecine moderne.

---

* Ce point est abordé au chapitre 10, p. 263-266.

Une question d'énergie

Selon la pensée taoïste, l'ensemble de la matière provient de la condensation d'une composante fondamentale : le *qi*. *A priori*, cette idée paraît difficile à traduire en langage scientifique. On parle d'«énergie». Cependant, soyons clairs : il ne s'agit pas de l'une des formes d'énergie (électrique, électromagnétique, nucléaire, calorique, mécanique) mesurées par les Occidentaux. Le *qi* s'apparente davantage à la «force en action» exprimée par le mot grec *energeia**. Un concept imprécis qui, à l'instar du «souffle de vie» (*ankh* des Égyptiens, *pneuma* des Grecs, *prana* des Indiens), est né de l'observation intuitive à une époque dépourvue de moyens d'analyse sophistiqués. Le *qi* pourrait donc représenter toutes les énergies identifiées par la science occidentale, auxquelles il faudrait ajouter l'énergie psychique qui, à travers les émotions, met le corps en mouvement.

L'avantage de cette imprécision est qu'elle permet d'aborder l'humain dans sa globalité, en évitant toute séparation du corps et de l'esprit. Le *qi* est alors le lien, une sorte de continuum entre la matière et la pensée. Ses manifestations sont multiples, tantôt physiques, tantôt psychiques. Et, si le *qi* est invisible et impalpable, ses effets nous permettent d'en apprécier la quantité et la qualité. En ce sens, il s'agit bien d'une énergie puisqu'elle représente la capacité d'effectuer un travail.

Sans vouloir créer un pont pseudo-scientifique avec les acquis de la modernité, on constate que l'équation d'Einstein $E = mc^2$ et la théorie de l'information fournissent une base de réflexion sur la nature du *qi***. Tantôt matière, tantôt mouvement, force et action, tantôt les deux en même temps. Au cours de mon exploration des médecines et des pratiques énergétiques orientales, j'ai constaté que le mot «énergie» avait plusieurs significations selon les circonstances dans lesquelles il était utilisé : force physique (on est rempli d'énergie), disposition

---

* Voir chapitre 5, p. 140.
** Voir chapitre 2, p. 56.

émotionnelle (on ressent une énergie positive ou négative) ou encore intention particulière (on met une bonne ou une mauvaise énergie) à faire quelque chose. Il est d'ailleurs intéressant de constater que régulièrement, dans nos discours, nous nous référons à ces différents aspects de la dimension énergétique de la vie. Nous parlons volontiers en termes d'ondes ou de vibrations, bonnes ou mauvaises, positives ou négatives.

Qu'il soit énergie ou matière, le *qi* contient une information. Nos actions et nos paroles peuvent donc l'influencer. Nous avons vu qu'un massage du corps ou des exercices respiratoires rétablissent l'équilibre du système nerveux, activent les aires cérébrales responsables des émotions positives et stimulent les défenses immunitaires. De la même manière, une parole réconfortante, le sens attribué à un traitement ou des pensées positives produisent des effets physiologiques qui sont autant de manifestations du *qi*. Ainsi, le *qi* exprime la réalité de l'«unité corps-esprit». Pour la médecine traditionnelle chinoise, la bonne santé dépend d'une circulation fluide du *qi*. En d'autres termes : l'équilibre psychologique et l'équilibre physique sont indissociables. Le *qi* n'est sans doute pas une forme d'énergie particulière dont l'existence n'aurait pas encore été démontrée. Il est probablement intentions, pensées, émotions, actions, influx nerveux, circulation sanguine, communication entre les cellules, réactions chimiques entre les molécules, collisions ou attractions entre les particules. Dès lors, on comprend mieux comment un blocage du *qi* crée un inconfort physique et un stress psychologique pouvant conduire à la maladie.

MAÎTRISER LE *QI*

«On ne perd pas la bonne santé à cause de la maladie. On est malade à cause du fait que l'on n'est pas en bonne santé», est-il écrit dans le *Huang Ti Nei Ching*, le plus ancien des textes médicaux chinois[2]. Le message est clair : avant toute chose, la médecine doit prévenir les déséquilibres responsables de l'affaiblissement du corps.

Parmi les outils que la médecine traditionnelle chinoise a développés pour harmoniser la circulation du *qi*, les exercices énergétiques tiennent une place fondamentale. Leur origine remonte à la plus haute antiquité. Ils sont à la base de tous les arts martiaux. Leur philosophie repose sur les leçons de la sagesse taoïste : « Céder et vaincre, plier et se dresser », écrivait Lao-tseu. « Retourner est le mouvement du Tao, se soumettre est le chemin du Tao » ; « Raide et inflexible est le principe de la mort, doux et soumis est le principe de la vie » [3].

L'entraînement énergétique

Mon premier contact avec la pensée chinoise, je l'ai vécu dans mon corps. Auprès d'un maître de qigong. Lentement, patiemment, cet homme m'a appris le « travail du *qi* ». Loin d'être une simple gymnastique, le qigong regroupe des exercices de méditation, de visualisation et de respiration, la tenue de postures et l'enchaînement de divers mouvements, des étirements et des ondulations ainsi que la réalisation d'automassages. Le tout dans le plus grand respect du yin et du yang, en équilibre entre la passivité et l'activité. La promesse de Lao-tseu est alléchante : « Inspirer et expirer permet de se débarrasser du vicié et de prendre du frais. Bouger comme un ours et s'étendre comme un oiseau permet d'accroître la longévité. »

Depuis quelques années, la médecine occidentale s'intéresse de près aux bienfaits du qigong. En 1953, un institut de recherche a été créé à Shanghai et de nombreuses études sont déjà disponibles. Malheureusement, la plupart d'entre elles sont publiées dans des journaux chinois difficiles d'accès en Occident et, souvent, leur méthodologie est peu conforme aux critères scientifiques. Néanmoins, il existe un consensus pour dire que les effets sont réels et que les investigations méritent d'être poursuivies.

La pratique accordant une grande place à la respiration, des travaux montrent une diminution notoire de la sévérité des symptômes chez des patients asthmatiques[4]. D'autres indiquent un effet favorable sur la tension artérielle[5], une diminution du cholestérol sanguin et une amélioration du diabète[6]. L'action préventive du qigong réduirait la fréquence des accidents vasculaires cérébraux et retarderait le déclin de la fonction cardio-respiratoire chez les personnes âgées[7]. Dès lors, plusieurs équipes médicales ont décidé d'intégrer le qigong dans leur programme de réhabilitation cardiaque.

En augmentant la souplesse, en exerçant les muscles et en développant le sens de l'équilibre, la pratique du qigong aide également à réduire la fréquence des chutes chez les personnes âgées. Il faut dire que la douceur de l'approche permet de s'y adonner à un âge avancé. Des études ont montré qu'une pratique régulière augmente les taux de testostérone et d'hormone de croissance de manière significative et proportionnellement plus élevée chez les sujets âgés que chez les sujets jeunes[8]. Par ailleurs, chez les personnes âgées, on a observé des effets positifs sur les sécrétions des glandes thyroïde et parathyroïde ainsi que sur le métabolisme du calcium[9]. Associés à la préservation de la masse osseuse que permettent les exercices physiques du qigong, ces effets endocriniens pourraient retarder le vieillissement de manière naturelle sans qu'il soit nécessaire de recourir à l'ingestion de suppléments alimentaires ou hormonaux. C'est là tout l'intérêt du qigong : avant d'être une discipline curative, c'est d'abord une approche préventive destinée à préserver la santé.

Parfois, le qigong aide à guérir. Au début des années 1960, Guo Ling, une jeune Chinoise, apprend qu'elle est condamnée. À l'âge de trente ans, un cancer gynécologique ne lui laisse aucun espoir de survie. Ne pouvant se résoudre à cette perspective, la jeune femme décide de pratiquer le qigong de ses ancêtres, qu'elle adapte à sa manière. Et, contre toute attente, elle guérit. L'histoire de Guo Ling frappe les esprits. La nouvelle se propage et, très vite, la jeune femme ouvre un club d'entraîne-ment à Shanghai. Le deuxième membre de son club, un homme nommé Wang, guérit d'un cancer de l'estomac qui n'avait pas répondu aux traitements de chimiothérapie et de radiothérapie. À la fin des années 1980, les Cancer Recovery Clubs de Guo Ling comptent plusieurs dizaines de milliers d'adhérents. À travers toute la Chine, les parcs et les jardins publics se remplissent de pratiquants. Le qigong est devenu très populaire[10].

Comme la majorité des « miraculés », Guo Ling doit proba-blement sa guérison à une extraordinaire conviction, à un espoir et à une prise en main de son destin qui favorisent, nous l'avons vu, la mobilisation des défenses immunitaires de l'orga-nisme. Son charisme, la force de sa foi et la crédibilité de son témoignage ont pu entraîner d'autres malades dans la même expérience. D'un point de vue psychologique, les clubs de Guo Ling représentent un réseau de soutien précieux dans le contexte culturel chinois qui tend à marginaliser les malades du cancer. D'un point de vue physiologique, on imagine facile-ment que la réduction du cortisol[11], l'amélioration de la réponse immunitaire[12] et la diminution des douleurs[13] obser-vées chez les pratiquants du qigong puissent soulager, sinon guérir, certains patients.

La grande particularité du qigong réside dans le fait que les exercices physiques sont effectués sans stress ; ils sont même associés à une profonde relaxation. Une sorte d'état méditatif provoqué par les visualisations et la concentration nécessaires pour réaliser les postures et les mouvements. Le système nerveux parasympathique est activé. La respiration profonde renforce le phénomène. Les émotions positives sont mobilisées, l'anxiété diminue, le stress se dissipe, les symptômes de dépres-sion s'amenuisent et la cascade des effets physiologiques réparateurs se met en branle.

Selon la théorie des cinq éléments, les postures et les mouvements sont en relation avec les organes (rein, foie, cœur, rate, poumons) et les émotions (peur, colère, joie, sympathie, tristesse) qui y sont associées. Simple croyance ou réalité encore non démontrée ? La question n'est pas résolue. Ce qui est plus certain, c'est le bénéfice du qigong au cours d'une psychothérapie[14]. Ainsi, une étude réalisée auprès d'un groupe de patients héroïnomanes montre que la pratique quotidienne du qigong accélère le processus de désintoxication, réduit les symptômes du sevrage et diminue l'anxiété[15]. Par ailleurs, une meilleure conscience du corps incite les patients à respecter davantage leurs limites et leurs besoins. Ils apprennent à écouter les signes que le corps produit pour les avertir du déséquilibre provoqué par leur stress physique et émotionnel.

Bénéfique pour la santé du corps et de l'esprit, le qigong est l'occasion d'une étonnante découverte de soi. Dans ma pratique personnelle, j'éprouve un grand plaisir à sentir vibrer les différentes parties de mon corps pendant que j'explore l'espace à l'extérieur et à l'intérieur de moi. Du coup, parler d'énergie n'est pas un concept abstrait. C'est une perception réelle. Le fait d'être pleinement présent à soi rétablit sans doute les connexions sensorielles et motrices entre le cerveau et le reste de l'organisme ; en tout cas, le phénomène de la plasticité cérébrale permet de le penser. Dès lors, le qigong est un entraînement psychologique et physique dont les effets s'installent progressivement et durablement. Avec le temps, la sensation de vie est de plus en plus intense, la liberté des mouvements est de plus en plus jubilatoire. La paix ressentie est délicieuse.

Le combat de la grue et du serpent

Autre proposition d'entraînement énergétique, le tai-chi se distingue du qigong par des mouvements plus lents et moins isolés, essentiellement effectués en position verticale, le bas du corps se mouvant dans un carré, le haut se déployant dans une suite de cercles multiplans. La légende raconte que cette discipline fut inventée par un prêtre taoïste qui observait le combat entre une grue et un serpent. Amples et arrondis, les mouvements du serpent laissaient peu d'emprise à son adversaire. Par sa souplesse et sa lenteur, l'animal rampant finit par l'emporter sur le volatile.

Père de tous les arts martiaux, le tai-chi est d'abord un travail intérieur, une prise de conscience des différentes énergies qui animent le corps et l'esprit. Il est focalisé sur le *tan tien*, point de gravité situé au centre du bassin, à quelques centimètres en dessous du nombril ; de ce fait, la sensation d'ancrage et de stabilité est puissante. Le plus difficile est alors d'apprendre à ralentir ses mouvements. L'extrême lenteur de leur exécution permet de déceler les blocages et les restrictions du corps et de l'esprit. Ici aussi, on s'exerce à ressentir : vibrations, chaleur, picotements, tremblements. Parfois, une montée d'émotions se manifeste. De vieilles mémoires se réveillent. Une respiration profonde apaise et dissipe les tensions. Chaque inspiration, chaque expiration est une occasion de reprendre conscience de soi, dans l'instant. La relaxation se produit sans effort. L'esprit est calme et alerte à la fois. Le tai-chi est une véritable méditation en mouvement.

Des millions de Chinois le pratiquent quotidiennement. En Occident, il n'est plus si rare de voir des groupes de personnes s'y adonner dans des lieux publics. Le spectacle est fascinant : force et souplesse, lenteur et précision, extériorité et intériorité, la dynamique du yin et du yang est en action. Il semble que la pratique en groupe favorise l'intégration sociale, en particulier chez les personnes âgées qui, en plus, y trouvent un véritable plaisir. Une étude a d'ailleurs montré que celles-ci adhéraient plus facilement au tai-chi qu'à d'autres disciplines physiques. L'évolution positive de leur santé et la bonne humeur dans laquelle les met la pratique les encouragent à s'y consacrer avec régularité[16]. Je me rappelle un patient cardiaque qui refusait toute forme d'exercice, malgré les recommandations répétées de ses médecins. Six mois après avoir finalement accepté de s'inscrire à un cours de tai-chi, enthousiaste, il me déclara : « Ce n'est jamais ennuyeux, c'est un peu comme une danse. »

À l'instar du qigong, le tai-chi a un effet paradoxal : le corps est à la fois stimulé et relaxé, l'esprit est à la fois vigilant et détendu. Cette situation semble particulièrement favorable sur le plan cardio-vasculaire. Ainsi, un enchaînement de mouvements de tai-chi équivaut à une activité aérobie comparable à une marche effectuée d'un bon pas[17]. Ses bénéfices sont à la fois préventifs et thérapeutiques : réduction significative de la tension artérielle chez des adultes sédentaires[18], amélioration de la fonction cardio-pulmonaire après une chirurgie coronaire[19], accélération de la récupération après un infarctus[20]. Comparé à un exercice aérobie comme la bicyclette ergonomique, le tai-chi offre une plus grande efficacité respiratoire. Sans doute à cause de la mobilisation lente et profonde du diaphragme[21].

Comme le qigong, en développant l'équilibre, la force des membres inférieurs, la souplesse des genoux et l'amplitude des mouvements de la colonne vertébrale, le tai-chi accroît le sentiment de sécurité des personnes âgées et diminue l'incidence de leurs chutes[22]. Les exercices stimulent la croissance osseuse et renforcent le tissu conjonctif. Certains n'hésitent donc pas à proposer un programme de tai-chi en remplacement d'un traitement médicamenteux pour prévenir l'ostéoporose, notamment chez les femmes ménopausées[23].

Plusieurs études mettent en évidence l'intérêt du tai-chi dans la récupération fonctionnelle après un accident vasculaire cérébral, à la suite d'un traumatisme neurologique ou en cas de sclérose en plaques[24]. Une pratique régulière permet aussi de réduire des douleurs chroniques comme celles de l'arthrite rhumatoïde[25]. La sécrétion d'endorphine au cours des exercices n'est sans doute pas étrangère à cet effet. L'augmentation du tonus parasympathique et le relâchement des tensions y contribuent aussi.

Parmi les nombreux effets favorables de la pratique, notons encore une facilitation de l'endormissement et une amélioration de la qualité du sommeil. Au point que certains médecins considèrent le tai-chi comme une alternative efficace à la prise de somnifères[26].

Enfin, des patients atteints du cancer peuvent également retirer un bénéfice du tai-chi[27]. Du fait de sa douceur, l'approche peut être proposée aux plus affaiblis. L'apaisement est réel. La composante méditative favorise la mobilisation des émotions positives, diminue le stress et l'anxiété[28], et participe au déclenchement des réactions immunitaires et des processus de réparation de l'organisme[29]. L'intégration psychocorporelle est totale. Le *qi* sous toutes ses formes s'équilibre.

LES MYSTÈRES DE L'ACUPUNCTURE

Une anatomie invisible

Considérer le *qi* comme la métaphore de l'ensemble des énergies qui nous animent est plutôt rassurant pour un esprit formé à la démarche scientifique. On évite ainsi d'avoir à prouver l'existence d'une «énergie vitale» non mesurable. Cependant, une question persiste, tout aussi embarrassante : les méridiens décrits dans la tradition médicale chinoise existent-ils réellement ?

D'après les textes, le *qi* circulerait dans une série de canaux énergétiques répartis en douze méridiens principaux – six méridiens yin à l'avant du corps, six méridiens yang dans le dos – plus deux méridiens médians et un réseau de méridiens secondaires. Chacun de ces canaux énergétiques est en relation avec un organe et chaque organe exerce un rôle spécifique dans la conversion de l'air et des aliments en substances vitales, en sang et en *qi*. Classiquement, on décrit trois cent soixante-cinq points de contact avec l'énergie qui circule dans les méridiens. Certains traités en comptent plus de deux mille. Comme les postures et les mouvements du qigong, l'insertion de fines aiguilles au niveau de ces points permettrait d'équilibrer la circulation du *qi* au sein du réseau. Automatiquement, les mécanismes d'autoguérison du corps seraient mobilisés et les différents organes harmoniseraient leur fonctionnement.

Dans la pratique, le choix des méridiens et des points à traiter se fait sur la base d'un interrogatoire détaillé. Guidé par la théorie des cinq éléments, le praticien repère les déséquilibres du patient en identifiant ses goûts, ses besoins et ses préférences, excellents indicateurs de ses manques et de ses déficits. Une palpation attentive du pouls selon une technique beaucoup plus sophistiquée que celle qui prévaut dans la médecine occidentale permet de percevoir le rythme, la régularité, la force, la profondeur et la qualité de la pulsation. Autant de caractéristiques qui, ajoutées à l'examen de la langue et à l'observation détaillée des mouvements et des postures, sont de précieux éléments pour établir un diagnostic.

À ce jour, il n'existe aucune preuve de l'existence d'un quelconque réseau de canaux énergétiques. Pourtant, il y a quelques années, une étude réalisée par des chercheurs français prétendait le contraire : en injectant du technétium radioactif à l'endroit de certains points d'acupuncture, ses auteurs avaient mis en évidence une diffusion du produit le long du trajet présumé des méridiens. En revanche, une injection pratiquée en dehors des points ne provoquait qu'une dispersion locale du produit[30]. Aussi spectaculaires qu'inespérées, ces observations n'ont cependant jamais pu être répliquées. Sans doute parce qu'il est illusoire de vouloir isoler une quelconque structure anatomique. S'il existe, le réseau des méridiens est probablement de nature fonctionnelle.

Ainsi, certains travaux ont montré une diminution de la résistance électrique le long du trajet des présumés méridiens, suggérant la présence de voies de communication par courants directs[31]. Une augmentation de la conductance électrique a également été observée au niveau de certains points d'acupuncture, notamment en rapport avec une pathologie de l'organe auquel ils étaient reliés[32]. Par exemple, le point «foie numéro 8», situé au niveau du genou, avait une conductance dix-huit fois plus importante que la normale en cas de cirrhose ou d'hépatite[33]. Pour James Oschman, qui s'intéresse aux propriétés de la «matrice vivante» constituée par les tissus conjonctifs de l'organisme, il est possible qu'un mode de communication biologique très primitif se cache derrière le concept des méridiens[34]. L'information s'y propagerait de manière mécanique et électronique. Mécanique : nous avons vu comment, suivant les principes de la tenségrité, le moindre mouvement sollicite l'ensemble des fascias autour des plus infimes structures du corps et commande des modifications chimiques et génétiques au sein des cellules de l'organisme*. Électronique : depuis les travaux d'Albert Szent-Györgyi, prix Nobel en 1937 pour sa découverte de la vitamine C, on sait que les protéines possèdent des propriétés semi-conductrices[35]. Dès lors, certains chercheurs pensent que le tissu conjonctif de la «matrice vivante» constitue un réseau de communication électronique à grande vitesse reliant les différentes structures de l'organisme entre elles. Ainsi, le corps serait parcouru par de véritables circuits électroniques. L'acupuncture influence peut-être leur fonctionnement[36]. Le *qi* serait donc assimilable à la cascade des échanges électroniques qui s'opèrent dans la matière vivante, vecteur fondamental de l'information et de l'énergie. Il ne s'agit, bien entendu, que d'une hypothèse de travail. Des études devront la vérifier.

L'acupuncture à la mode occidentale

Bien qu'elle ait été pratiquée en Europe dès la fin du XVIIᵉ siècle, l'acupuncture ne fit son entrée sur la scène médiatique occidentale qu'en 1971, lorsque le journaliste James Reston publia le récit des mésaventures qu'il avait connues au cours d'un reportage effectué à l'occasion de la visite du secrétaire d'État américain Henry Kissinger en Chine. Paru dans le *New*

---

* Voir chapitre 8, p. 199-201.

York Times, son article racontait comment, après qu'il eut été opéré en urgence d'une appendicite aiguë dans un hôpital de Pékin, ses douleurs avaient été soulagées par de petites aiguilles placées au niveau de ses mains et de ses jambes[37]. Le témoignage était convaincant. Il n'en fallut pas plus pour déclencher l'engouement du public. De leur côté, de nombreux médecins manifestèrent des réticences à l'égard des théories quelque peu ésotériques de la médecine chinoise. Ils tentèrent de débarrasser la technique des croyances qui l'accompagnaient pour ne s'intéresser qu'à ses effets physiologiques. L'« acupuncture médicale » s'est donc affranchie des concepts et des moyens diagnostiques de la médecine traditionnelle chinoise. Laser et électricité y remplacent parfois les aiguilles. Le nombre de points traités est souvent réduit.

Dans ce contexte, le National Institutes of Health américain a émis en 1997 un rapport affirmant que l'acupuncture était efficace pour soulager les nausées et les vomissements postopératoires, relatifs à la grossesse ou consécutifs aux chimiothérapies, et qu'elle pouvait être envisagée comme traitement complémentaire pour une série d'autres problèmes : douleurs postopératoires, migraines, crampes en rapport avec les règles, douleurs musculaires ou articulaires, asthme, dépendance à la drogue, séquelles d'accident vasculaire cérébral[38]. Trois ans plus tard, la British Medical Association élargissait la liste des indications, notamment aux douleurs dorsales chroniques[39].

Bien évidemment, l'acupuncture est utilisée pour soigner d'autres pathologies. Néanmoins, dans ces cas, les études bien conduites manquent et il est impossible de recommander ces indications sur la base de données scientifiques. Comme le faisaient remarquer les auteurs d'une vaste enquête réalisée dans le Centre de recherche pour la médecine complémentaire de l'université de Munich, en Allemagne, le fait que la recherche sur l'acupuncture ne puisse déboucher sur aucun brevet ni aucune commercialisation explique probablement pourquoi les crédits nécessaires à son étude scientifique sont si difficiles à trouver[40].

L'acupuncture n'a rien à vendre. Sauf du vent, affirment certains sceptiques qui persistent à penser que cette technique n'est que l'héritière des pratiques chamaniques des temps préhistoriques[41]. Pour eux, elle agirait uniquement par effet placebo. La réalité semble plus nuancée. Dans le cas des douleurs chroniques, par exemple, l'insertion factice des aiguilles d'acupuncture ou leur mise en place en dehors des zones thérapeutiques (acupuncture *sham*) est efficace dans 33 à 50 % des cas[42]. Ces pourcentages sont proches de ceux obtenus avec un médicament placebo. Une composante placebo importante explique peut-être pourquoi plusieurs écrits remontant à la dynastie Han (Ier siècle avant notre ère) précisent que celui qui ne croit pas à l'acupuncture ne devrait pas l'utiliser[43]. «Je suis la première des aiguilles du traitement», me disait un professeur d'acupuncture de Shanghai. Néanmoins, lorsqu'elle est pratiquée de manière réelle, l'acupuncture provoque une amélioration de l'ordre de 55 à 85 % des cas de douleurs. L'insertion des aiguilles au niveau des points d'acupuncture a donc une efficacité supérieure aux traitements factices. Le problème est que, en présence d'un effet placebo important, l'établissement d'une preuve statistique nécessite le recrutement d'un grand nombre de malades. À ce jour, aucune expérimentation n'a rempli les conditions requises. Une vaste étude (toujours en cours) a donc été lancée en Allemagne à l'initiative de plusieurs compagnies d'assurances-santé et des universités de Heidelberg, Bochum et Mannheim[44].

Des aiguilles qui stimulent le cerveau

En attendant, qu'elle agisse *via* un effet placebo ou au contraire de manière tout à fait spécifique, l'acupuncture provoque des modifications cérébrales que les récents progrès de l'imagerie par résonance magnétique fonctionnelle du cerveau permettent d'objectiver. Ainsi, ses effets antalgiques et anti-inflammatoires seraient expliqués par la stimulation de l'hypothalamus responsable de la production des endorphines qui inhibent la douleur et de l'ACTH qui déclenche la sécrétion de cortisol par les glandes surrénales[45].

Des investigations réalisées à l'université Harvard montrent par ailleurs que la stimulation de certains points d'acupuncture active des voies nerveuses bloquant la douleur et désactive des zones du cerveau émotionnel limbique impliquées dans la perception de la douleur. Observation importante : ces phénomènes ne se produisent pas en cas de stimulation de «points sham»[46]. L'action du traitement semble donc spécifique. De plus, certaines des zones cérébrales désactivées par l'acupuncture sont stimulées chez les personnes consommant de la cocaïne ; on comprend mieux comment de fines aiguilles peuvent aider au sevrage de certaines drogues et du tabac[47].

Une autre étude, menée à l'université de Pennsylvanie chez des patients souffrant de douleurs chroniques survenant d'un côté du corps, a mis en évidence une asymétrie de la circulation sanguine au niveau du thalamus – la région cérébrale où arrivent les fibres de la perception douloureuse. Un traitement par acupuncture corrigeait cette asymétrie[48].

Évidemment, une partie de ces observations pourraient être le résultat d'un effet placebo car, nous l'avons vu, les attentes des patients entraînent parfois des modifications cérébrales mimant parfaitement les effets thérapeutiques espérés*. Des investigations plus poussées sont donc nécessaires pour préciser la spécificité du traitement[49]. En attendant, le fait d'observer de réelles modifications dans des zones cérébrales impliquées dans la douleur nous rend moins incrédules face aux statistiques chinoises qui prétendent que l'acupuncture peut réduire d'environ 50 % les doses de produits anesthésiants utilisées lors des interventions chirurgicales[50].

Outre la réduction de la douleur, l'action de l'acupuncture sur le cerveau limbique explique probablement certains de ses

---

* Voir chapitre 1, p. 36.

effets hormonaux, immunitaires, cardio-vasculaires ou gastro-intestinaux. Le rééquilibrage des fonctions de l'organisme s'effectuerait par l'intermédiaire de la balance entre les systèmes nerveux parasympathique et sympathique – le yin et le yang *. Au niveau digestif, par exemple, le même traitement par acupuncture peut stimuler les contractions de l'estomac chez les sujets dont la motilité gastrique est lente et, au contraire, supprimer la péristaltique chez ceux qui ont une motilité excessive [51]. Il est très probable aussi que le rééquilibrage des systèmes nerveux parasympathique et sympathique soit à l'origine de certains effets anxiolytiques et antidépresseurs de l'acupuncture [52].

Mais les découvertes de l'imagerie cérébrale ne s'arrêtent pas là. En 1998, une étude publiée dans *Proceedings of the National Academy of Sciences* par Zang-Hee Cho, de l'université de Californie, à Irvine, montrait que la stimulation de points d'acupuncture censés traiter des problèmes oculaires augmentait l'activité de l'aire visuelle du cortex cérébral. En revanche, la stimulation de points situés à quelques centimètres des points thérapeutiques ne produisait aucune modification [53]. Par la suite, plusieurs chercheurs ont obtenu les mêmes résultats, que ce soit à l'aide d'aiguilles d'acupuncture ou d'une stimulation au laser [54]. Il faut toutefois mentionner que, pour des raisons encore mal comprises, une étude réalisée par Isabel Gareus, en 2002, à l'université de Fribourg, en Allemagne, ne va pas dans le même sens [55].

Cela n'a pas empêché Zang-Hee Cho de poursuivre ses recherches, stimulant cette fois des points d'acupuncture utilisés dans le traitement des problèmes auditifs. Et, à nouveau, il a mis en évidence une corrélation entre les points stimulés et l'activation d'une zone spécifique du cortex cérébral – dans ce cas, l'aire auditive [56]. Ces résultats paraissent presque trop parfaits pour être vrais. Ils semblent pourtant se

---

* Voir chapitre 2, p. 67-68.

confirmer. Ainsi, en 2003, à l'université de Hong Kong, Geng Li a observé que la stimulation de deux points d'acupuncture en rapport avec le langage provoque l'activation de zones cérébrales impliquées dans la parole[57]. Et, en 2004, à l'université Harvard, une équipe de chercheurs a montré que la stimulation du point d'acupuncture PC6 (point numéro 6 sur le méridien du péricarde), utilisé dans le traitement des nausées, déclenche l'activation de zones du cervelet impliquées dans l'apparition des nausées[58]. L'imagerie par résonance magnétique fonctionnelle du cerveau est donc en train de modifier notre compréhension de l'acupuncture. Et, si les corrélations observées devaient se confirmer, il nous faudrait admettre que le corps et le cerveau sont reliés par des voies nerveuses encore non connues.

Un corps holographique ?

Personnellement, je pense que si un lien cérébrocorporel existe en dehors des voies neurologiques classiques, il faut le chercher dans l'étude de l'embryologie. Nous l'avons vu, les organes et les différentes structures de l'organisme se développent selon une logique précise à partir de trois feuillets embryonnaires *. On peut donc imaginer que chaque partie du corps est connectée à une zone cérébrale en suivant une continuité tissulaire mise en place au cours de la croissance du fœtus. Ainsi, des « voies » de connexion privilégiées s'établissent peut-être au sein de la « matrice vivante » en vertu d'une anatomie bien spécifique.

Dans les années 1950, le médecin acupuncteur français Paul Nogier fit une découverte qui allait dans le sens de cette hypothèse. En effet, il constata que la stimulation de certains points au niveau de l'oreille provoque des effets semblables à ceux obtenus par l'acupuncture classique. Publié en 1957, son

---

* Voir chapitre 5, p. 135-136.

Traité d'auriculothérapie décrit la répartition de ces points selon un schéma qui résume l'anatomie d'un humain en miniature – à l'image d'un fœtus blotti, la tête en bas, dans la matrice utérine figurée par le pavillon de l'oreille. Détail troublant : Nogier ignorait que la description d'un «petit homme dans l'oreille» avait été établie plusieurs milliers d'années auparavant dans les traités d'acupuncture chinoise. Très vite, l'auriculothérapie se révéla aussi efficace que l'acupuncture classique. Par exemple, une étude réalisée en 2003, à l'hôpital de Villejuif, sur des patients souffrant de douleurs liées au cancer qu'aucun traitement médicamenteux ne parvenait à soulager, a montré qu'une nette diminution des plaintes était observable chez 36 % des patients traités par auriculothérapie, contre seulement 2 % dans le groupe ayant reçu un traitement factice[59].

La cartographie de l'oreille mise en évidence par Nogier semble donc reposer sur des bases comparables à celles de l'acupuncture classique. C'est en tout cas l'avis du psychobiologiste Terence Oleson. Dans une étude cherchant à vérifier les corrélations établies par Nogier, il a constaté qu'une charge électrique augmentée au niveau des points auriculaires était l'indice d'une pathologie dans le secteur corporel correspondant[60]. Intrigué, Oleson raconte qu'un jour il remarqua une zone de peau anormalement écailleuse sur l'oreille d'un ami. Celle-ci correspondait à un point relié au cœur. Il conseilla donc à son ami de se soumettre à un contrôle médical. Dès le lendemain, un cardiologue diagnostiqua un problème cardiaque grave et une intervention chirurgicale fut pratiquée en urgence[61].

Pour expliquer ses observations, Nogier proposa l'idée d'une correspondance embryologique entre les points d'auriculo-acupuncture et les organes. Ainsi, le centre de l'oreille serait en relation avec l'endoderme, la partie moyenne avec le mésoderme et la partie externe avec l'ectoderme, chacune de ces trois régions comportant les points reliés aux organes selon une orientation «tête en bas». La vérification de cette théorie serait certainement très fastidieuse à réaliser. Néanmoins, elle déboucherait peut-être sur une nouvelle vision de l'anatomie où le corps serait considéré comme un hologramme – c'est-à-dire un ensemble où chaque partie contient le tout.

Cette idée de l'hologramme est bien illustrée par l'exemple des cellules de l'organisme, chacune contenant le matériel génétique nécessaire à l'élaboration de l'ensemble. Pour Ralph Alan Dale, directeur de l'Acupuncture Education Center de Miami, en Floride, il existerait de nombreux «microsystèmes d'acupuncture», chacun reproduisant l'anatomie globale. C'est peut-être la raison pour laquelle l'acupuncture coréenne de la main ou celle du cuir chevelu semblent donner des résultats thérapeutiques comparables à l'auriculothérapie ou à l'acupuncture classique pratiquée sur l'ensemble du corps[62].

La réflexologie plantaire mise au point par l'Américaine Eunice Ingham dans les années 1930 se fonde sur le même principe holographique : l'ensemble du corps se trouve représenté sur la plante de chaque pied. Un massage profond de celle-ci stimule les organes correspondants. Simple méthode de relaxation pour les uns, la réflexologie est considérée comme une véritable médecine par les autres. On l'utilise pour traiter des maladies liées au stress, des problèmes articulaires, musculaires, cardiaques, respiratoires, digestifs, gynécologiques, hormonaux ou neurologiques. Si son efficacité reste controversée, la réflexologie n'en produit pas moins des effets tout à fait inattendus. Ainsi, au cours de ses investigations sur le toucher, Tiffany Field a observé que le massage du ventre chez des femmes enceintes d'environ vingt semaines ne produisait aucune réaction du fœtus, alors que le massage de leurs pieds induisait immédiatement des mouvements du bébé[63]. Ce genre de connexion entre un endroit précis du corps et le fœtus a également été constaté au cours d'une étude publiée dans le très sérieux *Journal of the American Medical Association* : le recours à l'acupuncture permettait de retourner un fœtus qui se présentait par le siège dans le ventre de sa mère[64]. Le fait est troublant et reste sans explication.

Des méridiens et des émotions

Bien avant l'utilisation des aiguilles, les acupuncteurs étaient sans doute des acupresseurs. D'ailleurs, une technique de massage japonaise – le shiatsu – consiste, encore aujourd'hui, à appliquer des pressions fortes et prolongées pour stimuler une série de points – les *tsubos* – situés sur le trajet des méridiens d'acupuncture[65].

Louisa, une patiente atteinte d'un cancer des ovaires à qui j'avais recommandé de se faire masser entre ses cures de chimiothérapie, me raconta comment, au cours d'une séance de shiatsu, subitement, elle ressentit une peur intense. Angoissée, elle se confia au thérapeute. « Rien d'étonnant à cela, répondit l'homme, je suis en train de travailler sur votre rein et le rein est le siège de la peur. » Qu'est-ce que cela signifiait ?

En fait, même si ce n'est pas son objectif principal, comme toutes les techniques faisant intervenir le toucher et le relâchement des tensions corporelles, le shiatsu peut provoquer une décharge émotionnelle, la remontée de vieux souvenirs ou l'expérience de sentiments inhabituels. Toutefois, la correspondance précise entre les émotions, les méridiens et les organes n'est absolument pas prouvée. Et pour cause : elle n'a jamais été étudiée.

Quelques années après le récit de Louisa, je fus moi-même confronté à cette question. C'était la première fois que je consultais un acupuncteur. Une douleur à l'épaule droite motivait ma démarche. Après un interrogatoire approfondi, une minutieuse palpation de mes pouls et un examen de ma langue, le verdict du praticien tomba, sans appel : « C'est votre foie ! » L'homme semblait sûr de lui et il ajouta : « Auriez-vous une bonne raison d'être en colère ? » De la colère ? Je ne comprenais pas où il voulait en venir. Quelques aiguilles placées sur le méridien du foie, une sensation de picotement, un léger engourdissement de la jambe droite et, au bout de dix minutes, je ressentis une douleur sourde dans le flanc gauche, accompagnée d'une envie pressante d'uriner. Pour un premier contact avec une méthode considérée comme «douce», il y a mieux. Néanmoins, j'étais décidé à suivre le traitement proposé jusqu'au bout. Je quittai donc l'acupuncteur en convenant d'un autre rendez-vous.

La suite de mon aventure pourrait faire peur à ceux qui envisagent de recourir à ce genre de soins. En effet, durant deux jours, j'ai souffert de violents spasmes coliques et j'ai éliminé une grande quantité de dépôts calcaires dans mes urines. Hasard ou réelle relation de cause à effet, je ne le saurai jamais. Cependant, il est possible qu'un rééquilibrage sympathique/ parasympathique soit à l'origine d'une cascade de réactions physiologiques dont les effets, pour le moins spectaculaires, ont abouti à une disparition de mes douleurs à l'épaule et – cela m'intrigua énormément – déclenché une profonde colère. De manière tout à fait inattendue, je pris conscience que je manquais de temps et d'espace dans ma vie. Je souhaitais écrire le livre que vous êtes en train de lire et j'étais fâché contre moi-même de ne pas m'offrir l'occasion d'y parvenir.

Suggestion opérée par la question de l'acupuncteur ou véritable implication du méridien du foie? Il est tout à fait possible que, à l'instar des grilles de lecture de la symbolique psychocorporelle, les corrélations émotionnelles du système de croyances chinois aient été pour moi l'occasion d'un question-nement sur mes besoins essentiels, dans une situation de crise où mes tensions engendraient une douleur à l'épaule*. Le relâchement obtenu par l'acupuncture m'aurait alors offert l'opportunité de contacter des sentiments refoulés. Cette expli-cation s'accorde parfaitement avec l'état actuel des connais-sances scientifiques. Néanmoins, il est aussi possible que des liens spécifiques, pour l'instant encore non démontrés, puissent opérer entre certaines parties du corps et les zones du cerveau limbique où sont gérées les différentes émotions. Cela confir-merait l'intuition des thérapeutes, pour qui les maladies se

---

* Voir chapitre 6, p. 172-176.

manifestent selon une logique émotionnelle précise. Rappelons-nous le cas de Patrizia, cette jeune femme atteinte d'une
hépatite auto-immune *. Existerait-il un lien entre l'immense
colère qu'elle s'empêchait d'exprimer et la partie de son corps
où s'est déclarée sa maladie ? La colère et le foie, le rein et la
peur, les poumons et la tristesse : autant de relations hypothétiques que les progrès des neurosciences devraient permettre
de vérifier dans un avenir pas trop lointain. Autant de « chinoi-
series » qui deviendront peut-être des évidences scientifiques
ou, au contraire, resteront des visions poétiques.

---

* Voir chapitre 6, p. 166.

10

Derrière la tradition de l'Inde

LES COUSINES ASIATIQUES

Loin d'être l'apanage de la Chine, la conception énergétique de l'être humain est à l'origine d'une autre grande tradition médicale : l'ayurvéda. Cette « science de la vie » née en Inde est probablement la plus ancienne des médecines encore pratiquées de nos jours. Son rayonnement fut immense, son influence s'étendit jusqu'à la Grèce antique, à la Chine et au Tibet, et, longtemps, elle demeura le principal système médical du sous-continent indien. Puis, sous l'occupation britannique, elle fut progressivement désertée au profit de la médecine importée d'Occident. Un temps, cet inestimable patrimoine fut menacé de disparition. Jusqu'en 1980, date à laquelle le Congrès national de l'Inde réhabilita l'ayurvéda en lui conférant un statut officiel. Depuis, de nombreux hôpitaux ayur-védiques ont été construits un peu partout dans le pays et une collaboration fructueuse s'installe avec les médecins formés à la médecine occidentale. Pendant ce temps, en Europe et aux

États-Unis, l'intérêt pour l'ayurvéda ne cesse de grandir. Maharishi Mahesh Yogi, le gourou indien qui initia les Beatles à la méditation transcendantale, et Deepak Chopra, un endocrinologue qui fonda l'American Association of Ayurvedic Medicine, y ont beaucoup contribué.

Parmi les similitudes qu'elle partage avec sa cousine chinoise, l'ayurvéda considère l'être humain comme un microcosme de l'univers. Cinq éléments se combinent pour donner naissance à trois forces fondamentales, les *doshas* – *vata*, *pitta*, *kapha* –, dont l'équilibre et les interactions déterminent la nature de chaque individu sur les plans physique, émotionnel, intellectuel et spirituel*. Ici, l'énergie vitale ne s'appelle pas *qi* mais *prana*, et les canaux dans lesquels elle circule ne sont pas des méridiens mais des *nadis* constituant un vaste réseau organisé autour de centres énergétiques appelés *chakras*.

Comme sa cousine chinoise, la médecine indienne est avant tout préventive. Son but est de préserver l'équilibre des forces fondamentales et la circulation de l'énergie vitale. Pour y parvenir, les médecins indiens ont développé des moyens très semblables à ceux utilisés par leurs confrères chinois : diététique, remèdes à base de plantes, massages, méditation et exercices corporels. Médecines indienne et chinoise représentent donc de véritables systèmes de soins intégrés, de parfaits exemples de médecine holistique. L'individu y est soigné dans son entièreté tout simplement parce qu'il est considéré comme une globalité. Et le dénominateur commun aux différents éléments de cette globalité est l'énergie. Une énergie exprimée sous des formes physiques et psychiques.

Une cuisine énergétique

Cette vision énergétique, unitaire et psychosomatique influence tous les aspects de la démarche de santé. Du point de

---

* Voir chapitre 5, p. 140.

vue diététique, par exemple, la valeur attribuée à la nourriture va bien au-delà du simple apport calorique. Les aliments représentent davantage que des protéines, des sucres, des graisses, des vitamines et des oligoéléments. Ainsi, en Chine, chaque saveur (salée, sure, amère, sucrée, piquante) est en rapport avec un organe (rein, foie, cœur, rate, poumons) dont elle viendra compenser la faiblesse énergétique. Chaque organe étant le siège d'une émotion (peur, colère, joie, sympathie, tristesse), l'alimentation influence directement le comportement de l'individu. L'énergie d'un aliment est donc physique (sa valeur nutritive et calorique), émotionnelle et intentionnelle. Et le potentiel de cette énergie se définit en vertu de sa charge yin ou yang. Un excès d'aliments yin (sucre, alcool, champignons, racines, poissons, coquillages) peut entraîner de la léthargie, de la passivité, voire de la dépression. Une surcharge d'aliments yang (sel, fromage, viande) rend irritable, agressif et hyperactif. Les graines, aliments neutres, constituent la base idéale d'un régime équilibré.

Même chose en Inde : six goûts ou *rasa* (sucré, acide, salé, piquant, amer, astringent) réduisent ou renforcent l'une ou l'autre des trois *doshas*. Les individus de tendance *vata*, plutôt hyperactifs et versatiles, devraient ingurgiter des repas nourrissants, huileux et aigres-doux à base de pâtes, de riz et de viande. Les *pitta*, compétitifs, colériques et passionnés, devraient éviter le sel, l'huile et les sauces piquantes, et préférer les aliments rafraîchissants, amers et astringents. Les *kapha*, robustes, calmes et affectueux, devraient prendre des repas légers, à base de fruits et de légumes crus. Trois grandes catégories d'aliments – *sattvic*, *rajasic* et *tamasic* – influencent l'évolution spirituelle de manière spécifique. Les aliments *sattvic* (fruits et légumes frais, fruits secs, lentilles, yaourt, lait, céréales et riz complet) sont considérés comme purs et favorisent la gentillesse, l'intelligence, le courage, la discipline et la sincérité. Ils devraient constituer la base d'un régime, car ils participent au bien-être, préservent la jeunesse et créent la santé physique, psychologique et spirituelle. Les aliments *rajasic* (pommes de terre, sucre, viande, poisson, fromage, œufs) sont riches en protéines et en calories. Ils sont donc considérés comme stimulants et devraient être consommés avec modération. Ils rendent impatient, anxieux, excessif, inconstant et égoïste. Enfin, les aliments *tamasic* (plats cuisinés additionnés de conservateurs et de rehausseurs de goût, alcool) entraînent des déséquilibres physiques, émotionnels et mentaux. Ils sont donc à éviter.

On le voit, les préceptes diététiques de la Chine et de l'Inde apparaissent comme infiniment plus détaillés que ceux de la médecine occidentale. En Orient, depuis des millénaires, manger est une nécessité physique et psychologique, un moyen de préserver la santé du corps et de l'esprit. En Occident, cette idée commence à faire son chemin. Du coup, la connaissance et l'expérience accumulées par les médecines asiatiques pourraient constituer un apport précieux pour la médecine scientifique. En particulier dans la prise en charge des maladies chroniques et la prévention des troubles liés au vieillissement, deux domaines où les médecins occidentaux sont souvent dépourvus de solutions réellement efficaces. Cependant, pour y parvenir, il faudrait explorer le concept énergétique dans sa dimension élargie, corporelle et psychologique. Et, nous l'avons vu à propos de la médecine traditionnelle chinoise, il n'est pas toujours aisé de traduire les métaphores dans le langage de la science moderne.

L'ANATOMIE SACRÉE DES YOGIS

Les concepts ayurvédiques sont de plus en plus fréquemment abordés dans les médias occidentaux. Certains patients rencontrés au cours de mes consultations me parlent de leurs *chakras* comme d'une évidence dont la preuve scientifique n'est plus à faire. Je suis alors obligé de les contredire. Certes, il existe des théories très sophistiquées élaborées par des chercheurs issus de grandes universités[1]. On parle d'énergies subtiles, de physique quantique, de champs de pensée. De nombreux efforts d'imagination tentent de faire correspondre les théories de l'ayurvéda avec les acquis de la science moderne. Mais, en réalité, n'en déplaise aux rêveurs et aux vulgarisateurs, à ce jour, aucune de ces théories n'est formellement démontrée.

Ce qui est certain, en revanche, c'est qu'à force de vouloir tout prouver, on s'expose au danger de faire de la pseudo-science. Des raisonnements entiers se fondent alors sur des certitudes qui ne sont en fait que des croyances. Les propos de Raghubir Sangh, un ami indien formé aux médecines ayur-védique et occidentale, résument très bien la situation : « Tant que la nature du *prana*, des *nadis* et des *chakras* ne sera pas définie avec précision, il sera illusoire de vouloir échafauder la moindre théorie validant une anatomie énergétique invisible. Au lieu d'inventer des explications alambiquées, nourries à l'imaginaire de la science-fiction, il vaudrait mieux lire les théories de l'ayurvéda à la lumière de ce qui est actuellement connu et reconnu sans équivoque par la science contempo-raine. Cela devrait suffire à émerveiller notre curiosité et à nous convaincre du bien-fondé de la doctrine védique. »

L'équilibre d'Ida et de Pingala

Cette invitation à la prudence nous encourage à considérer le *prana* non pas comme une énergie d'un type particulier, mais plutôt comme l'ensemble des forces physiques, émotionnelles et intellectuelles mobilisées et régulées, entre autres, par la respira-tion. À l'instar du *qi*, le *prana* serait donc le flux des informations responsables de la parfaite cohérence du corps et de l'esprit. Dans cette perspective, les *nadis* ne sont peut-être pas des canaux spécifiques, mais simplement les circuits – nerfs, vaisseaux lymphatiques et sanguins – qui véhiculent l'information électrique et chimique à travers l'organisme. Et, comme le proposait James

Oschman pour les méridiens d'acupuncture, ces *nadis* correspondent peut-être aussi à des voies préférentielles de conduction électronique au sein de la «matrice vivante»[2].

Selon l'anatomie indienne, trois canaux principaux suivent le trajet de la colonne vertébrale : *Sushumna* remonte au centre, depuis le coccyx jusqu'au sommet du crâne, entouré d'*Ida* et de *Pingala* qui, semblables à deux serpents, se croisent l'un l'autre à sept reprises. À chaque croisement émerge un *chakra*, sorte de «roue énergétique» où est métabolisé le *prana*. D'un point de vue énergétique, *Ida* et *Pingala* remplissent des fonctions opposées et complémentaires, comme le font le yin et le yang chinois. Sans chercher à prouver l'existence de ces canaux, on est bien forcé d'y voir une analogie troublante avec le fonctionnement du système nerveux autonome. Ainsi, *Ida* est en rapport avec l'archétype féminin de la Lune et avec les fonctions intuitives et émotionnelles du cerveau droit. On peut donc l'associer au système parasympathique qui commande la réponse de relaxation et de relâchement. *Pingala*, au contraire, est relié à l'archétype masculin du Soleil et aux fonctions de raisonnement et d'analyse logique du cerveau gauche. Il correspond parfaitement au système sympathique qui enclenche la réaction de fuite ou de combat. Au milieu, *Sushumna* représente l'équilibre idéal, l'homéostasie parfaite, condition d'une bonne santé physique et psychique.

Psycho-neuro-endocrino-immunologie des chakras

Situés aux points de rencontre entre *Ida* et *Pingala*, les sept *chakras* correspondent à la localisation de sept zones neurologiques importantes, sept plexus où se mêlent les innervations parasympathique et sympathique. Le premier *chakra*, situé entre les jambes, semble lié au plexus nerveux coccygien; le deuxième *chakra*, situé sous le nombril, au plexus sacré; le troisième *chakra*, situé au niveau de l'estomac, au plexus solaire; le quatrième *chakra*, situé au niveau de la poitrine, au plexus cardiaque ; le cinquième *chakra*, situé au niveau de la gorge, aux plexus pharyngien et carotidien ainsi qu'aux ganglions nerveux cervicaux ; le sixième *chakra*, situé entre les deux yeux (à l'endroit du «troisième œil»), à la partie postérieure de l'hypophyse, directement reliée à l'hypothalamus ; le septième *chakra*, situé au sommet du crâne, au cortex cérébral.

Élaboré plusieurs millénaires avant notre ère, le système des *chakras* serait donc la traduction imagée d'une réalité neurologique perçue de manière totalement empirique et intuitive par les yogis indiens[3]. Les corrélations sont d'autant plus troublantes que les *chakras* sont considérés comme des «roues» (c'est la traduction du sanskrit) transformant et redistribuant l'énergie vitale. Or, d'après la tradition védique, cette énergie agirait au niveau de différents organes, notamment des glandes endocrines et des tissus immunitaires : glandes surrénales pour le premier *chakra* ; testicules ou ovaires pour le deuxième ; pancréas et rate pour le troisième ; cœur et thymus pour le quatrième ; glande thyroïde pour le cinquième ; partie antérieure de l'hypophyse pour le sixième ; glande pinéale (aussi appelée épiphyse) pour le septième. De plus, selon les textes anciens, chaque *chakra* influencerait une étape du développement psychologique et spirituel de l'individu. De nouvelles corrélations peuvent donc être établies entre l'action des hormones produites par les glandes liées aux *chakras* et les comportements prévus par la théorie védique. La logique du système est surprenante. Passer les *chakras* en revue un à un suffira à nous en persuader.

Rattaché à la terre et à la dimension physique, le premier *chakra* permettrait la survie de l'individu. De fait, les glandes surrénales qui y sont attachées produisent l'adrénaline nécessaire à la réaction de fuite ou de combat et le cortisol sécrété en cas de stress et de danger.

Rattaché à la fluidité de l'eau et à la vie émotionnelle, le deuxième *chakra* présiderait aux relations avec les autres, et en particulier à la sexualité. On ne peut nier que les testicules et les ovaires produisent les hormones sexuelles qui influencent l'humeur, les comportements et les rapports humains. De leur bon fonctionnement dépend la créativité de l'individu, un autre aspect relié au deuxième *chakra*.

Rattaché au feu et à l'intellect, le troisième *chakra* participerait à l'élaboration du sentiment de soi et engendrerait la capacité de définir l'ego. De toute évidence, le pancréas et les autres organes digestifs contribuent à l'assimilation des aliments qui construisent l'individu, et la rate stocke les cellules immunitaires destinées à défendre ses limites.

Ainsi, la logique exprimée par les trois premiers *chakras* retrace parfaitement le processus d'individuation de l'être humain : d'abord survivre, ensuite entrer en relation avec les autres, enfin définir son identité. L'analogie avec l'évolution phylogénique des cerveaux instinctif, émotionnel et intellectuel est assez troublante *. En effet, c'est l'instinct du cerveau reptilien qui permet de survivre ; ce sont les émotions du cerveau mammalien qui régulent les interactions avec le monde extérieur ; et ce sont les facultés cognitives du néocortex qui développent une conscience de soi.

Rattaché à la limpidité de l'air et à l'amour, le quatrième *chakra* transformerait les aspects physiques, émotionnels et intellectuels des trois premiers *chakras* en réalités spirituelles, imprégnées de compassion et de paix. C'est l'amour qui permet l'unification de soi et la communion avec les autres. C'est à travers le cœur que l'être humain touche au sublime. Bien que son rôle soit encore mal précisé, on sait que le thymus joue un rôle immunitaire de premier ordre, notamment grâce aux lymphocytes T ; le cœur, quant à lui, sécrète plusieurs hormones, dont l'ocytocine, qui favorise l'attachement entre les individus ; enfin, il existe une boucle de régulation entre le plexus cardiaque et le cerveau limbique, dont l'activation, notamment par une respiration profonde centrée sur le

---

* Voir chapitre 2, p. 57-58.

«*chakra* du cœur» et accompagnée de pensées positives, entraîne un apaisement émotionnel, la cohérence du rythme cardiaque, un équilibre sympathique/parasympathique, l'optimalisation des facultés cognitives, un renforcement de l'intuition et une propension à l'empathie – des effets mis en évidence par les chercheurs de l'Institute of HeartMath, en Californie[4].

Mon ami Raghubir a raison : relire les théories ayurvédiques à la lumière des acquis scientifiques suffit à nous convaincre du bien-fondé des observations millénaires ! Il est impressionnant de constater comment, sans connaître l'existence des hormones, les yogis ont su traduire leurs effets en termes énergétiques. On peut, bien sûr, poursuivre la démonstration pour les trois *chakras* suivants.

Le cinquième *chakra* favoriserait l'expression de la vérité propre à chaque individu et permettrait la définition et la réalisation de ses besoins. Régulatrices du métabolisme et déterminantes dans le développement physique et mental, les hormones produites par la glande thyroïde s'inscrivent parfaitement dans cette fonction.

Le sixième *chakra* serait responsable des facultés mentales supérieures. La partie antérieure de la glande hypophysaire qui lui est rattachée commande l'ensemble du système endocrinien, tandis que sa partie postérieure régule la balance sympathique/parasympathique de l'hypothalamus. L'équilibre neuroendocrinien ainsi obtenu influence positivement non seulement la physiologie du corps, mais aussi l'état émotionnel, les raisonnements et l'intuition d'un individu.

Enfin, le septième *chakra* est rattaché au sentiment spirituel de l'unité. Il est intéressant de constater que les recherches récentes indiquent que la glande pinéale (épiphyse) joue un rôle de coordination et d'intégration indispensable au maintien de l'intégrité de chaque individu. Ainsi, la glande pinéale transforme l'information contenue dans la lumière, la température et les champs magnétiques en signaux neuroendocriniens, notamment la mélatonine, qui régulent l'ensemble de la physiologie et influencent les différents rythmes corporels[5]. En ce sens, il n'est pas faux de considérer le septième *chakra* comme une porte reliant l'individu au cosmos.

Un outil psychosomatique

Dans ses consultations, Raghubir utilise le système des *chakras* comme modèle de l'«unité corps-esprit». «C'est une manière de faire prendre conscience aux patients d'une réalité décrite de façon un peu aride par la psycho-neuro-immunologie occidentale», commente-t-il avec un grand sourire. «La seule chose qui compte réellement, ajoute-t-il, c'est d'aider les malades à trouver la paix du corps et de l'esprit. Chaque zone énergétique du corps, appelez cela *chakra* si vous le voulez, peut être le siège de déséquilibres et de blocages. Trop de tonus sympathique, pas assez de relâchement parasympathique, les tensions s'installent, l'information électrique et chimique stagne, les organes souffrent, des maladies peuvent survenir. Expliquer cela aux patients à l'aide du schéma des *chakras* leur permet d'identifier les raisons de leurs stress. Ils ont alors des clés pour leur guérison.» Ce discours aurait plu à Wilhelm Reich ou à Alexander Lowen*.

Pour Raghubir, la peur d'exprimer sa vérité ou l'incapacité de satisfaire ses besoins pourrait favoriser l'apparition de problèmes en rapport avec un déficit du cinquième *chakra*, par exemple des maux de gorge, des infections respiratoires ou des dérèglements de la glande thyroïde. Il m'a raconté le cas d'une patiente qui devait travailler au-delà de ses forces afin de nourrir sa famille. Durant des années, elle avait souffert d'une hyperthyroïdie, pour lui en rapport avec le stress et la nécessité d'être hyperactive. Puis, subitement, la jeune femme tomba en dépression. Les analyses sanguines révélèrent l'apparition

---

* Voir chapitre 5.

d'une hypothyroïdie. La glande thyroïde était épuisée ; la patiente aussi, physiquement et psychologiquement.

Ayant moi-même utilisé la grille de lecture des *chakras* dans mes consultations, j'ai observé des cas aussi éloquents que ceux rapportés par Raghubir. Ainsi, invariablement, les patients schizophrènes que j'ai rencontrés avaient tendance à tenir leurs pieds « rentrés vers l'intérieur », une position qui trahit la fermeture du premier *chakra* et donc un manque de connexion avec la réalité tangible – problème effectivement majeur chez ces malades. De la même manière, j'ai soigné un grand nombre de patients atteints d'ulcères gastriques ou de diabète dans un contexte de déboires sentimentaux ou professionnels responsables d'une blessure de l'ego typiquement associée au troisième *chakra*, et donc à l'estomac et au pancréas. Et, souvent, j'ai diagnostiqué une infection de la gorge chez des patients qui n'arrivaient pas à satisfaire leurs besoins essentiels ou à dire la rage qui les habitait – un blocage qui touche le cinquième *chakra*, ou « *chakra* de la gorge ». Cela me rappelle une étude publiée en 1992 dans *Biological Psychiatry*, qui montrait que des adolescents incapables d'exprimer leur colère avaient une baisse de leur immunité et un accroissement du nombre d'infections des voies respiratoires supérieures[6]. À propos du « *chakra* de la gorge » associé à la conscience de nos besoins, un yogi me faisait remarquer que la fatigue, la faim ou l'ennui provoquent un bâillement qui trahit le besoin de sommeil, de nourriture ou de changement. « Simplement parce que l'ouverture du cinquième *chakra* détend tous les muscles de la région. De cette manière, notre corps exprime son besoin », s'amusait-il à répéter en bâillant.

Ces corrélations mériteraient d'être vérifiées par des études rigoureuses et, comme c'est le cas pour toutes les grilles de lecture de la symbolique corporelle, il serait intéressant d'analyser l'éventuel impact de la théorie des *chakras* sur l'apparition des maladies puisque, nous l'avons vu, il est possible qu'un effet nocebo suggère aux patients quelle pathologie ils pourraient déclencher pour exprimer un mal-être dans une culture imprégnée de croyances à propos des *chakras**. En attendant, je reste troublé par le fait que la plupart des patients chez qui j'ai noté une corrélation entre leur maladie et une perturbation psycho-spirituelle associée à un *chakra* particulier n'avaient aucune connaissance védique ou ésotérique à ce propos. Dans tous ces cas, la théorie de Wilhelm Reich se confirmait : un blocage physique dû à un stress psychologique engendrait la contracture ou la «fermeture» d'une zone corporelle spécifique**. La corrélation entre cette zone corporelle et la théorie des *chakras* m'indiquait quelles perturbations énergétiques il fallait redouter. Il me suffisait alors de traduire le concept d'énergie en termes d'information. Et, en vertu des lois de la psycho-neuro-endocrino-immunologie et des modes de communication au sein de la «matrice vivante», je finissais par comprendre comment les organes de la région incriminée se déréglaient.

EN QUÊTE D'UNITÉ

Depuis longtemps, science et tradition font bon ménage en Inde. Ainsi, dès 1924, un centre de recherche biomédicale a été fondé à Lonavla, dans l'État du Maharashtra, près de Bombay. Entièrement consacré à l'étude des effets du yoga sur la santé, l'Institut Kaivalyadhama est soutenu par le gouvernement indien et collabore avec des chercheurs du monde entier. Les résultats de ses travaux ont largement contribué à perpétuer la tradition millénaire des yogis.

Bien qu'intimement lié à l'hindouisme et, plus tard, au bouddhisme, le yoga a su préserver son indépendance à l'égard de toute doctrine religieuse. Cela a certainement facilité sa propagation en Occident : aujourd'hui, rien qu'en Californie,

---

* Voir chapitre 6, p. 176-179.
** Voir chapitre 5, p. 143.

par exemple, on estime qu'il y a plus de professeurs de yoga que dans toute l'Inde[7]. Quantité n'étant pas toujours synonyme de qualité, la discipline est parfois dénaturée. C'est dommage car, loin d'être une simple gymnastique aux allures exotiques, le yoga est avant tout un art de vivre, une philo-sophie au cœur de l'ayurvéda. En ce sens, il peut être considéré comme une véritable médecine, essentiellement préventive, parfois curative.

Issu de la racine sanskrite *yug* qui signifie «réunir», le yoga rassemble différentes pratiques destinées à unifier le corps et l'esprit, à intégrer l'individu et son environnement. Équilibre mental et homéostasie physique sont ses objectifs principaux. Comme pour le qigong chinois, postures, techniques respira-toires et méditation constituent l'essentiel de sa pratique. En Occident, on oublie souvent qu'en plus il convient de respecter un ensemble de règles diététiques, d'habitudes et de comporte-ments, tout aussi importants pour la santé que les exercices respiratoires et les postures physiques. Le yoga devient alors une voie de développement personnel, l'occasion d'une profonde compréhension de soi.

La rencontre du Soleil avec la Lune

Simple technique méditative pratiquée en position assise, le raja yoga des origines s'est enrichi d'un grand nombre de postures ou *asanas* qui constituent le hatha yoga. Plus physique, cette forme de yoga est la plus répandue aujourd'hui[8]. *Ha* signifie le Soleil, et *tha* la Lune. Rencontre des opposés, du jour et de la nuit, du masculin et du féminin, de la tension et du relâchement. Chaque posture est l'occasion d'un étirement, d'une flexion ou d'une torsion qui favorisent la flexibilité de la colonne vertébrale, assouplissent les articulations, activent les flux sanguins et nerveux, mobilisent les organes et alignent le corps selon les principes de la tenségrité. Comme dans les techniques de Feldenkrais ou d'Alexander, il s'agit de ne jamais forcer mais, progressivement, de prendre conscience des tensions*. Le maintien des postures pendant un certain temps entraîne l'esprit à la persévérance et à la concentration. Il s'ensuit une véritable méditation. Les techniques respiratoires, *pranayama*, augmentent l'oxygénation du sang, mobilisent davantage d'énergie et stimulent le système parasympathique. Le cœur se ralentit et les muscles se détendent. Le fait de se concentrer sur le rythme respiratoire favorise la prise de conscience de soi dans l'instant. L'esprit s'apaise et se clarifie. Les émotions positives prennent le dessus. On apprend alors à accepter son corps tel qu'il est, façonné par notre histoire. La voie que propose le yoga est donc celle de l'écoute et du respect de soi. C'est aussi celle du changement car, au fil de la pratique, tandis que la rigidité fait place à la fluidité, on découvre l'étonnante plasticité du corps et de l'esprit.

Souvent présenté comme une technique de relaxation, le yoga diminue le stress et l'anxiété, améliore les troubles du sommeil et procure un sentiment de bien-être tant chez les personnes bien portantes que chez les malades[9]. Une étude réalisée chez des étudiants en médecine a montré que ceux qui pratiquaient le yoga en période d'examens mentionnaient une diminution significative de leur stress et obtenaient de meilleurs résultats[10]. Par ailleurs, chez des patients psychiatriques, des personnes en cure de désintoxication ou des malades atteints du cancer, le yoga constitue un soutien précieux. Outre ses effets antidépresseurs, il peut stimuler l'immunité et réduire les douleurs[11].

En 1998, Dean Ornish, directeur du Preventive Medicine Research Institute, à Sausalito, et professeur à l'université de Californie, à San Francisco, publiait dans le *Journal of the American Medical Association* un article qui révélait qu'un régime alimentaire associé à la pratique du yoga pouvait réduire le rétrécissement des artères coronaires et améliorer la

---

* Voir chapitre 8, p. 201-206.

circulation sanguine au niveau des petites artères à la périphérie du corps[12]. L'étude fit grand bruit : que la maladie coronarienne soit réversible paraissait incroyable. Depuis, plusieurs études, réalisées notamment en Inde, ont montré que la pratique du yoga pouvait abaisser le taux des lipides nocifs pour les artères et augmenter l'activité antioxydante qui protège contre les lésions vasculaires[13]. De plus, cette pratique entraîne souvent un changement des habitudes alimentaires, un arrêt de la consommation de tabac et une vie plus détendue qui, associés à la diminution du tonus sympathique et à l'accroissement de l'activité parasympathique, réduisent la pression sanguine[14].

La démonstration des effets positifs du yoga est convaincante : amélioration de la fonction respiratoire, notamment chez des patients asthmatiques, assouplissement tendineux et tonification musculaire, meilleure irrigation des organes, stimulation digestive efficace pour lutter contre la constipation[15]. Une étude a même montré qu'en cas de côlon irritable certains exercices de yoga étaient plus efficaces que les médicaments pour lutter contre les diarrhées[16]. Il n'en faut pas plus pour justifier l'entrée du yoga à l'hôpital. Ainsi, au Columbia Presbyterian Medical Center de New York, l'enseignant de yoga Robyn Ross a mis sur pied un programme destiné aux patients cardiaques après une intervention chirurgicale. Pratiqués au lit ou en chaise roulante dès le lendemain de l'opération, postures, exercices respiratoires, méditation et relaxation diminuent l'anxiété des patients, améliorent leur humeur, apaisent leurs douleurs, leur donnent confiance en eux et accélèrent leur récupération[17]. Par rapport à la kinésithérapie postopératoire classique, « le yoga est une gymnastique du corps et de l'esprit », me disait un patient transplanté cardiaque ayant bénéficié de ce programme. « On ressent une telle énergie, ajouta-t-il, comme si le souffle de notre respiration nous donnait une force physique et mentale très puissante et, en même temps, très apaisante. »

À *chaque cerveau sa narine*

Yin et yang, *Ida* et *Pingala*, système nerveux parasympathique et sympathique. Quelle que soit sa tradition, empirique ou scientifique, l'être humain pressent que le secret de son bonheur et de sa santé passe par l'équilibre des deux forces qui l'agissent. La respiration est l'expression la plus visible de cet antagonisme. Inspir et expir : les mouvements sont opposés et complémentaires. Ils constituent le moteur même de la vie.

Pourtant, nous respirons mal. Souvent stressés, nous sommes dominés par les influx nerveux sympathiques. Notre souffle est court, rapide et superficiel. L'oxygénation des globules rouges est médiocre, la circulation sanguine est ralentie et la quantité d'énergie disponible pour les cellules de l'organisme est faible. La souffrance corporelle qui s'ensuit accroît notre stress. Nous respirons encore plus mal. Le cercle devient vicieux. Il est non conscient.

N'ayant jamais séparé le corps de l'esprit, l'Orient possède des techniques efficaces pour briser ce cercle infernal. Chinoises ou indiennes, elles agissent toutes sur la respiration et enseignent à l'esprit comment maîtriser les mouvements du corps. Car la respiration est le seul mécanisme biologique qui puisse être inconscient ou conscient, automatique ou volontaire. Dans un premier temps, un effort d'attention permet de conscientiser notre crispation. Ensuite, une profonde inspiration suffit pour augmenter les influx parasympathiques. La balance nerveuse se rétablit, l'oxygénation du sang augmente, les cellules engendrent davantage d'énergie et le corps se relâche, soulagé[18].

Effectuée en pleine conscience, la respiration idéale comporte trois temps : l'inspiration profonde dilate l'abdomen, ouvre la cage thoracique et laisse pénétrer l'air jusqu'au sommet des poumons ; ensuite, le relâchement des côtes chasse l'air hors des poumons ; enfin, la contraction des muscles abdominaux complète l'expiration.

Lorsque j'ai commencé à pratiquer le yoga, classiquement, j'ai appris à expirer deux fois plus longtemps que ne durait l'inspiration. Je me rappelle mon étonnement en constatant l'influence immédiate que cette «technique 2/1» exerçait sur mon stress. L'explication est pourtant simple : le déséquilibre entre l'expir et l'inspir fait pencher la balance neurologique en faveur du système parasympathique. Le relâchement obtenu est donc profond. De plus, l'attention nécessaire pour maintenir ce rythme particulier plonge le mental dans un état méditatif très apaisant. Respirer de la sorte fut pour moi un outil précieux, notamment en salle d'opération, lorsque j'étais confronté à des cas particulièrement difficiles.

Quelques années plus tard, alors que j'étudiais l'influence de la respiration sur l'état émotionnel, je me suis rendu à Franklin Park, près de Princeton, dans le New Jersey. Là, au milieu d'une campagne verdoyante, Sri Shyam-ji Bhatnagar, un maître indien émigré aux États-Unis dans les années 1960, enseignait la psychologie selon les *chakras*, la guérison par les sons et le chant, et, ce qui m'intriguait particulièrement, le swara yoga, ou «yoga de la respiration»[19].

D'après le swara yoga, chacune des narines est en rapport avec un des canaux énergétiques *Ida* ou *Pingala*. Respirer à travers la narine gauche activerait *Ida*, respirer à travers la narine droite stimulerait *Pingala*. Or, nous l'avons vu, *Ida* représente le système parasympathique et *Pingala* est l'équivalent du système sympathique. Après une brève introduction théorique, Shyam-ji m'enseigna comment gérer un stress important simplement en m'allongeant sur le côté droit. Dans cette position, le mucus s'accumule dans les cavités nasales droites, la respiration se fait préférentiellement à travers la narine gauche, *Ida* est stimulé et, au bout d'une vingtaine de minutes, l'apaisement se produit. La démonstration était convaincante.

Ce qui l'était moins, c'étaient les affirmations de Shyam-ji selon lesquelles chacune des narines domine la respiration en suivant une alternance influencée par les cycles naturels de l'organisme et le mouvement des planètes. Intrigué, je me rendis à la bibliothèque de l'université de Princeton pour y effectuer des recherches. À ma grande surprise, j'y trouvai plusieurs études démontrant l'existence d'une alternance cyclique de la respiration nasale. Conformément à la théorie du swara yoga, celle-ci se produit en phase avec les rythmes ultra-diens qui, toutes les quatre-vingt-dix minutes, alternent la dominance des hémisphères cérébraux, provoquent les phases d'hypovigilance de l'état de veille et entraînent les périodes de sommeil paradoxal au cours desquelles nous rêvons[20]. Des enregistrements électroencéphalographiques montrent que l'activation des hémisphères cérébraux est croisée par rapport à la narine utilisée : si l'air respiré passe par la narine gauche, on assiste à l'activation préférentielle du cerveau droit; en revanche, lorsque la narine droite prend le relais, c'est l'activité du cerveau gauche qui l'emporte[21]. Il suffit alors de forcer le passage de l'air à travers une narine congestionnée pour provo-quer un changement de la dominance cérébrale[22].

Les yogis ne racontent donc pas des fables : il est possible d'interférer avec le fonctionnement du cerveau simplement en modifiant la respiration. Et pour cause : les cavités nasales sont en relation étroite avec l'hypothalamus, lieu de la régulation sympathique/parasympathique et élément central du cerveau émotionnel. De plus, chaque hémisphère cérébral est impliqué de manière spécifique dans la gestion des émotions*. On comprend alors qu'un changement de dominance nasale puisse modifier la dominance cérébrale et, de là, influencer l'équilibre du système nerveux autonome, l'état émotionnel et le fonction-nement du corps tout entier.

Dans sa thèse de doctorat, la psychologue américaine Dorlene Osowiec a montré que des individus sereins et capables de se réaliser positivement avaient un cycle nasal beaucoup plus régulier que celui des individus peu épanouis, anxieux et manifestant de nombreux symptômes liés au stress[23]. Ces résultats corroborent les textes anciens qui associent l'irré-

---

* Voir les travaux de Richard Davidson, chapitre 2, p. 63.

gularité du cycle nasal et la dominance prolongée d'une narine avec l'apparition de maladies physiques et de troubles mentaux. Par exemple, les yogis considèrent que si la respiration se fait exclusivement par une des deux narines plus de trois jours consécutifs, une crise mentale, émotionnelle ou physique risque de se produire. L'alternance nasale semble donc indispensable au maintien d'une bonne santé. Sans doute parce qu'elle permet l'installation régulière de phases parasympathiques qui sont autant d'occasions de mettre en route les processus réparateurs de l'organisme*.

Le swara yoga aurait ainsi une série de vertus thérapeutiques dont la logique correspond aux connaissances neurophysiologiques actuelles[24]. Certaines sont faciles à vérifier. En cas de fièvre, par exemple, l'obstruction de la narine dominante aide à faire chuter la température. En cas de constipation, se coucher sur le côté gauche avant et après les repas permet d'ouvrir la narine droite et, de ce fait, d'activer *Pingala*, qui relance la péristaltique intestinale. En cas de stress, nous l'avons vu, il suffit de se coucher sur le côté droit pour activer *Ida* et ressentir un apaisement. Les yogis des temps anciens ne se sont donc pas trompés. La précision de leurs observations est impressionnante. La science qu'ils transmettent avec sagesse depuis des millénaires est un précieux héritage. Un patrimoine essentiel de l'humanité. Puissions-nous avoir assez d'ouverture d'esprit et d'humilité pour en explorer les aspects les plus étranges ! Telles étaient les pensées qui m'habitaient lorsque je quittai la bibliothèque de l'université de Princeton.

Les rythmes du corps

Comme la médecine traditionnelle chinoise, l'ayurvéda et le yoga insistent sur la nécessité de respecter les rythmes de l'organisme en accord avec les cycles de la nature. Ainsi, la

---

* Voir chapitre 2, p. 68-69.

pratique du swara yoga exige de connaître l'heure exacte du lever du soleil afin de synchroniser l'ouverture des narines en fonction d'un calendrier précis, élaboré d'après les positions solaire et lunaire. Restée longtemps étrangère à ces concepts, la médecine occidentale commence à s'y intéresser. Depuis une cinquantaine d'années, elle a même inventé une nouvelle discipline : la chronobiologie.

Le fait est à présent scientifiquement établi : tous les organismes vivants possèdent des rythmes biologiques endogènes génétiquement programmés. Chez l'être humain, la périodicité de ces rythmes est définie par de véritables horloges biologiques – appelées « oscillateurs » –, situées au niveau de l'hypothalamus, de la glande pinéale et de tissus aussi divers que la rétine, la peau ou les glandes surrénales. Une série de « synchroniseurs » extérieurs exercent une influence sur ces « oscillateurs » de manière à permettre une parfaite adaptation de l'organisme à son environnement. Ainsi, la lumière du jour, les variations climatiques ou les fluctuations des champs magnétiques conditionnent la température corporelle, la tension artérielle ou les sécrétions hormonales[25].

L'idée n'est pas nouvelle. Pourtant, elle a mis du temps à s'imposer. Songeons qu'en 1971, lorsque Elliot Weitzman découvre que la concentration sanguine du cortisol peut être nulle une bonne partie de la nuit, il n'ose pas publier ses résultats tant ceux-ci paraissent absurdes. Pour la majorité des scientifiques, le cortisol était une hormone trop essentielle pour être soumise à des fluctuations importantes. Aujourd'hui, on sait que, très basse au cours de la nuit, la sécrétion de cortisol est soumise à un cycle qui provoque une augmentation de sa concentration vers quatre heures du matin, en prévision du réveil de l'individu. Plusieurs études ont même montré que la rythmicité des glandes surrénales se produit non seulement sur vingt-quatre heures, mais également sur une année[26].

Ainsi, l'organisme adapte son fonctionnement à l'aide de rythmes circadiens dont la période est d'environ vingt-quatre heures, de rythmes infradiens qui dépassent vingt-huit heures et peuvent s'étaler sur plusieurs jours, ou encore de rythmes ultradiens, inférieurs à vingt heures et pouvant se réduire à quelques secondes. L'alternance respiratoire du swara yoga fait partie de ces rythmes ultradiens, de même que la périodicité de quatre-vingt-dix minutes du sommeil paradoxal et des états d'hypovigilance, que le psychobiologiste Ernest Rossi compare à des phases d'autohypnose nécessaires pour permettre l'apprentissage et la récupération en profondeur[27].

Synchronisé par rapport à son environnement, l'être humain est programmé pour vivre en phase avec l'alternance du jour et de la nuit ou le changement des saisons. Ainsi, pendant plus de six cent mille ans, soumise aux rythmes agricoles, sa physiologie s'est adaptée à la nécessité d'une activité estivale intense suivie d'un repos hivernal. Puis, brusquement, la révolution industrielle et l'urbanisation massive ont bousculé ce fonctionnement harmonieux. L'homme moderne n'est donc plus en phase avec ses propres rythmes et, souvent, il vit décalé par rapport aux cycles de la nature. Force est de constater, par exemple, que nos choix alimentaires dépendent moins de l'offre des saisons que de la pression publicitaire. Et, dans le même ordre d'idées, il est bon de rappeler que les «grandes vacances d'été» se produisent au moment où nous en avons le moins besoin. En effet, d'un point de vue chronobiologique, se reposer en été est une aberration. C'est en hiver que le corps est fragile, son immunité diminuée et ses taux de cortisol abaissés. La tradition des vacances estivales n'est donc pas une nécessité biologique, mais plutôt une erreur historique. Elle remonte au temps où, la majorité des enfants étant scolarisés, il a fallu les libérer des contraintes de l'école durant les mois d'été afin qu'ils puissent aider aux travaux des champs[28].

Les répercussions de telles aberrations sur la santé sont encore mal appréciées. Cependant, il ne serait pas étonnant que l'on démontre un jour un lien causal entre le chaos chronobiologique dans lequel nous vivons et l'apparition de maladies comme celles d'Alzheimer et de Parkinson, de dépressions ou même de certains cancers. Car les chronobiologistes, les yogis indiens et les médecins chinois le savent : on ne dérègle pas impunément une mécanique ultrasophistiquée !

« Le monde apparaît comme un tissu complexe d'événements, dans lequel des connexions de différentes sortes alternent, se chevauchent ou se combinent, déterminant par là la texture de l'ensemble », affirmait Werner Heisenberg, prix Nobel en 1939 pour ses apports à la physique quantique. « Chacun de nous est au centre d'un réseau de corrélations », disait Ilya Prigogine, prix Nobel de chimie en 1977. De la compréhension de ces liens naîtra probablement une nouvelle science et, donc, une nouvelle façon de penser l'être humain et le monde.

11

Derrière les croyances du New Age

RETOUR AUX SOURCES

« Les crises de notre époque mettent les religions du monde en demeure de libérer une nouvelle forme spirituelle qui transcendera toute limite religieuse, culturelle et nationale, pour favoriser une nouvelle conscience de l'unité de la communauté humaine. Dépouillée de toute insularité, cette nouvelle spiritualité devra être orientée vers la naissance d'une conscience planétaire. » Cette déclaration, prononcée à la tribune de l'Organisation des Nations unies au mois d'octobre 1975, résume bien l'état d'esprit dans lequel est née la mouvance du New Age[1].

Apparue aux États-Unis au début des années 1970, l'aspiration à un « âge nouveau » était sans aucun doute une manière de calmer la faim spirituelle qui tiraillait un monde étouffé par les exigences du progrès matériel. Un monde qui, face aux incertitudes du futur dominé par la technologie, éprouvait le besoin d'un retour à la nature, à des valeurs essentielles, à des solutions ancrées dans les traditions du passé. Or, au même moment, l'accélération des échanges internationaux créait un pont entre l'Orient et l'Occident. Une société en manque de repères rencontrait une terre encore vierge de modernité sur laquelle toutes les projections étaient possibles. Hindouisme, bouddhisme, tantrisme, taoïsme... l'offre comblait la demande. Le terrain était d'autant plus favorable à la croissance des nouvelles semences que, depuis plusieurs siècles déjà, l'imaginaire occidental se nourrissait de l'exotisme oriental. Avec l'espoir non dissimulé d'y trouver les solutions intérieures que sa quête de progrès matériel ne lui permettait pas d'atteindre.

Ainsi, le New Age nourrissait le dessein d'une civilisation globale, bâtie sur le principe de l'unité dans la diversité. Dès lors, tous les syncrétismes furent permis. Pensées d'Orient et d'Occident se mêlèrent, au risque de voir leurs fondements respectifs transformés, dénaturés, voire tout simplement oubliés. Inévitablement, cette volonté d'unification se refléta dans la conception de la nature humaine. La réconciliation des archétypes opposés tendait à accorder l'extériorité et l'intériorité, l'homme et la femme, le yang et le yin, l'Occident et l'Orient, le matériel et le spirituel. Il était donc normal de voir émerger le concept d'«unité corps-esprit». Un être humain global dans un monde global. Cette vision faisait écho aux corrélations macro- et microcosmiques des traditions indienne et chinoise. Aux théories de la relativité et aux principes de la physique quantique, également. Un être humain de la même nature que le monde : l'espoir d'une réconciliation entre l'homme et son environnement était donc permis.

Dans ce contexte, le paradigme énergétique représentait le modèle idéal, le trait d'union indispensable pour expliquer la nature commune de toutes les choses. Or, nous l'avons vu, l'Orient, et en particulier l'Asie, propose une série de concepts énergétiques souvent très anciens et remplis de bon sens. D'un point de vue médical, le New Age s'est donc largement inspiré de la pensée holistique de la Chine et de l'Inde. Y ajoutant, çà et là, quelques héritages amérindiens, soufis, celtiques ou kabbalistiques. Et, dans le respect de ses origines chrétiennes, il conserva la croyance en des pouvoirs de guérison spirituelle qui, des esséniens aux rois de France, se sont manifestés au travers des mains de moult thaumaturges.

Le succès de romans comme *La Prophétie des Andes*, de James Redfield, ou, avant lui, *Le Troisième Œil*, de Lobsang Rampa – *alias* Cyril Hoskin, faux moine tibétain inspiré par les thèses pseudo-bouddhistes de la Société théosophique d'Helena Blatvasky –, montre à quel point le paradigme énergétique est entré dans la vision occidentale. Et avec lui des concepts tels que l'aura, les *chakras*, le corps astral ou la transmission de pensée. Mais aussi les esprits, les guides spirituels et la possibilité d'une communication avec un monde invisible. Autant de croyances qui, avant l'avènement du New Age, appartenaient à la tradition ésotérique et occultiste, et, avant elle, aux traditions primitives de l'humanité.

LES NOUVEAUX SORCIERS

De ce fourre-tout sont nées une série d'écoles et de pratiques dont les promoteurs vantent les mérites avec conviction. Il suffit de se promener sur l'Internet pour découvrir l'étendue du commerce qui s'est organisé autour de ces «nouvelles» pratiques inspirées du passé. Toutes déclarent aborder une dimension encore mal connue, invisible et subtile de l'être humain. Aucune ne précise que les théories et les explications proposées ne sont que des habillages culturels, des arbres qui cachent une forêt d'effets physiologiques que la science peut ou, parfois, ne peut pas encore expliquer. À coups de propagande et de marques déposées, les sorciers du New Age finissent par se livrer de véritables batailles commerciales. Immense paradoxe de la part des acteurs d'une culture censée éviter les oppositions pour laisser la diversité exister dans l'unité.

Évidemment, en dehors de son intérêt sociologique et

anthropologique, ce folklore ésotérico-mystico-orientaliste ne jouit d'aucune crédibilité auprès de la communauté scientifique. Toutefois, en épurant leurs concepts, deux approches ont réussi à créer des passerelles avec la médecine occidentale. La première, baptisée « toucher thérapeutique », est un pur produit de l'Occident sous influence orientale. La seconde, appelée reiki, est née au Japon et aurait été influencée par la culture chrétienne. Toutes deux sont inscrites sur la liste des thérapies alternatives et complémentaires dont l'étude est encouragée par le National Institutes of Health américain*.

La rencontre d'une infirmière et d'une guérisseuse

Le toucher thérapeutique est né en 1972 de la rencontre entre deux femmes : Dolorès Krieger, infirmière et professeur à l'université de New York, et Dora Kunz, guérisseuse séduite par la théosophie. Établie à la fin du XIXᵉ siècle par un groupe de passionnés d'occultisme, la doctrine théosophique enseigne l'existence de « maîtres invisibles », d'une « énergie vitale » comparable au *prana*, de *chakras* et de champs énergétiques – sortes de trames subtiles du corps physique, des émotions et des pensées produites par un individu. Autant de présupposés puisés dans la fascination pour un Tibet magique dont on ne savait presque rien à l'époque, mais qu'Helena Blatvasky, la fondatrice de la Société théosophique, disait peuplé de lamas aux pouvoirs extraordinaires[2].

Rationalité oblige, la théorie développée par Kunz et Krieger est teintée de moins d'ésotérisme. Il n'y a plus de place, donc, pour les êtres invisibles qui confèrent aux guérisseurs des pouvoirs particuliers. Pour les deux femmes, toute personne est capable d'exercer la guérison « spirituelle » ou « énergétique », à condition toutefois de développer assez de sensibilité pour interagir avec les champs énergétiques des patients[3].

---

* Voir introduction, p. 24-25.

Contrairement à ce que son nom laisse supposer, le toucher thérapeutique n'implique pas forcément de contact physique. Le praticien commence par se centrer intérieurement, comme le ferait n'importe quel pratiquant de tai-chi ou de qigong. Cet état méditatif l'aide à mieux percevoir les champs énergétiques qui irradient à distance du corps. À l'aide de larges mouvements des mains, il dégage alors des zones «congestionnées», lève certains «blocages» et réharmonise les champs d'énergie en y projetant des pensées, des couleurs ou des sons.

Pour un esprit habitué à penser sur la base de faits concrets et tangibles, ce genre de procédé s'apparente davantage à un délire qu'à une réelle technique de soin. Pourtant, un nombre croissant d'infirmières et d'autres professionnels de santé se forment au toucher thérapeutique. Enseignée au sein même de certaines écoles de nursing, l'approche est de plus en plus fréquemment pratiquée au chevet des malades, dans des hôpitaux, aux États-Unis mais aussi dans d'autres pays[4].

Une étude publiée en 1998 par le *Journal of the American Medical Association* tenta de vérifier si les praticiens du toucher thérapeutique étaient réellement capables de détecter les champs énergétiques d'un patient. Seulement 44 % des deux cent quatre-vingts essais réalisés se révélèrent concluants. «Une preuve irréfutable que le toucher thérapeutique est sans fondement et que son usage professionnel est injustifié[5]», d'après les auteurs de l'article. La polémique n'est pourtant pas close car, outre le fait qu'elle comporte quelques faiblesses méthodologiques, l'étude ne permet pas d'exclure l'efficacité de l'approche, celle-ci n'ayant tout simplement pas été testée. Comme le fait remarquer Eric Leskowitz, psychiatre à la faculté de médecine de Harvard, la seule conclusion que l'on puisse tirer de ces résultats est qu'il est impossible de détecter de manière reproductible la présence d'un éventuel champ énergétique humain[6].

Les patients, eux, disent ressentir des picotements, des vibrations, une impression de chaleur, une sensation de froid ou une circulation d'énergie à travers leur corps. Un genre d'expérience que je peux attester, m'étant moi-même soumis à plusieurs reprises aux soins de «guérisseurs énergétiques». Suggestion ou réalité ? Ces sensations ne sont pas forcément étonnantes ou inattendues. En effet, le simple fait d'être pris en charge par un tiers provoque souvent une véritable détente. Comme dans un massage, le système parasympathique est stimulé et des réactions vasomotrices au niveau de la peau pourraient expliquer les sensations mentionnées par les patients. Cette profonde relaxation est peut-être à l'origine des résultats positifs enregistrés en cas de stress et d'anxiété [7]. Elle expliquerait aussi les améliorations constatées au niveau de la douleur ou du système immunitaire [8].

Cependant, ne rêvons pas : les études rigoureuses manquent cruellement. Une enquête réalisée dans le Centre de recherche sur la médecine complémentaire et alternative de l'université du Michigan montrait que, sur quatre-vingt-deux études concernant le toucher thérapeutique, seulement dix-huit avaient été menées selon les critères permettant une bonne évaluation des résultats. De cette synthèse, il ressort que la technique est modérément efficace dans la prise en charge de l'anxiété [9]. Ce qui a été confirmé par une autre synthèse d'études publiée en 2000 dans la très sérieuse revue *Annals of Internal Medicine* [10]. Pour toutes les autres indications, les preuves font défaut. Selon plusieurs spécialistes, c'est la méthodologie des études sur la guérison énergétique qui est à revoir. En effet, l'exclusion d'un éventuel effet placebo nécessite de pratiquer des séances factices. Or, au dire des praticiens, l'intention est un élément clé de leur travail. Intention qu'aucune séance factice ne pourrait arriver à contrôler.

Laisser couler l'énergie universelle

Autre approche de guérison énergétique où l'intention occuperait un rôle primordial : le reiki – mot japonais pour désigner l'énergie *(ki)* universelle *(rei)*. Remise au goût du jour au début du XXe siècle par Mikao Usui, cette pratique semble tirer ses origines de très vieux textes indiens rédigés en sanskrit. Néanmoins, les circonstances de la découverte de ces manuscrits ne sont pas claires. L'identité de Mikao Usui est entourée d'un parfum de légende : théologien chrétien qui cherchait à comprendre les miracles du Christ, ou moine bouddhiste ayant côtoyé un érudit japonais converti au christianisme ? Ses recherches sur le Christ l'auraient mené un temps aux États-Unis avant de l'orienter vers les récits des guérisons pratiquées par le Bouddha. En fait, il semble que la véritable histoire ait été totalement transformée à la fin des années 1930 par Hawayo Takata, une Japonaise qui vivait à Hawaï. Ayant échappé à une intervention chirurgicale au Japon grâce aux effets thérapeutiques du reiki, la jeune femme avait décidé de faire connaître cette thérapie aux Occidentaux. L'introduction de références chrétiennes lui facilita probablement la tâche. Et pour cause : la guérison par imposition des mains est davantage rattachée à la culture occidentale qu'aux traditions orientales. On en retrouve des traces dans les *tantras* du bouddhisme tibétain ou dans les Védas de l'hindouisme, mais aucun des systèmes médicaux – tibétain ou ayurvédique – qui en découlent ne comporte de pratique de ce genre.

Débarrassé de tout dogme religieux, le reiki se distancie des pratiques de guérison de certaines églises chrétiennes. Néanmoins, le parcours initiatique dont il est l'objet lui confère un caractère ésotérique. Les détracteurs de la technique insistent d'ailleurs sur ce point, mettant en avant les sommes importantes que le candidat thérapeute doit débourser pour avoir accès à la maîtrise de son art.

Un centrage intérieur plonge le praticien dans un état méditatif, à la fois alerte et détendu, nécessaire pour lui permettre de «canaliser» l'énergie universelle. Celle-ci pénètre alors le corps et les champs énergétiques du patient, levant certains « blocages » physiques, émotionnels ou intellectuels. Pendant ce temps, le praticien n'a rien à faire si ce n'est « lâcher prise » et devenir un instrument de la guérison. Avec humilité et confiance, il laisse l'intelligence de l'énergie vitale œuvrer au rétablissement de la fluidité et de l'équilibre. Ses mains sont posées à différents endroits du corps du patient, notamment au niveau des *chakras*. Visualiser certains symboles ou un organe en souffrance baigné d'une « lumière dorée de guérison » l'aide à rester concentré, en contact avec le patient, dans l'intention de favoriser le retour de la pleine santé physique, émotionnelle et spirituelle. Rester présent à soi et à l'autre constitue le véritable secret de la pratique.

Au dire des thérapeutes, une séance de reiki apporte autant de bénéfice à celui qui la « donne » qu'à celui qui la « reçoit ». Ayant expérimenté les deux situations, je peux le confirmer : à l'instar de ce qui se produit au cours d'un massage, le toucher du reiki procure un réel bien-être à celui qui touche et à celui qui est touché*. Ce qui est plus étonnant, c'est que les effets apaisants et relaxants se produisent même dans les cas où le soin s'effectue à distance du corps.

Comme au cours d'autres thérapies corporelles, des émotions sont mobilisées, des larmes peuvent surgir et des prises de conscience *(insights)* peuvent survenir de manière tout à fait inattendue. Par ailleurs, picotements, impression de froid, frissons, bâillements et détente musculaire sont autant de manifestations que l'on peut mettre sur le compte d'une stimulation parasympathique. Une étude réalisée à l'université de South Glasgow, en Écosse, montrait une diminution plus importante de la tension artérielle et de la fréquence cardiaque chez des sujets recevant une séance de reiki que chez des personnes se relaxant simplement ou chez qui le traitement était administré par un praticien non initié. L'effet parasympathique du reiki semble donc particulièrement intense[11].

---

* Voir chapitre 7, p. 190.

À l'université du Texas, à Houston, une évaluation des effets d'une séance de reiki révèle une diminution significative de l'anxiété, une baisse de la pression sanguine et une augmentation des IgA salivaires, sans doute en rapport avec la stimulation parasympathique et la cascade immunitaire qui s'ensuit [12]. D'autres études montrent un effet favorable sur certaines douleurs chroniques, les migraines, les souffrances postopératoires, la cicatrisation de plaies, l'asthme, des problèmes digestifs ou l'accompagnement des mourants. On a même rapporté une normalisation de la glycémie chez des patients qui présentaient des taux de glucose sanguin trop élevés [13]. Malheureusement, la faiblesse méthodologique de la plupart de ces travaux empêche de tirer des conclusions définitives [14].

D'origine indienne, Sangeeta Singg est professeur de psychologie à l'Angelo State University, au Texas. Frustrée par le manque d'études bien conduites, elle a entrepris un programme de recherche en collaboration avec Linda Dressen, un «maître reiki» [15]. Les deux femmes ont évalué les effets de dix séances de reiki, administrées à la fréquence de deux par semaine, sur un groupe de patients souffrant de maladies chroniques. Comparés à un groupe ayant reçu le traitement par un praticien non initié, les patients ayant reçu le «vrai reiki» présentaient une nette diminution de leurs douleurs, de leur anxiété et de leurs symptômes dépressifs, une légère amélioration de l'estime d'eux-mêmes et une certaine ouverture spirituelle. La diminution des douleurs était toujours présente lors du contrôle d'évolution, trois mois après la fin du traitement [16].

Il semble donc que le fait d'être réellement initié au reiki fasse une différence. Poser les mains aux endroits prévus par la théorie ne suffit pas, il faut que le praticien soit dans un état «propice à laisser l'énergie universelle couler naturellement entre lui et son patient». On pourrait penser qu'en distinguant les vrais «maîtres reiki» des faux, les patients mettent en route un effet placebo qui expliquerait la différence d'efficacité entre les deux types de traitement. Une étude réalisée à l'université de la Saskatchewan, au Canada, montre cependant que les patients ne parviennent pas à différencier les traitements factices des vrais[17].

De tels résultats justifient sans doute l'engouement de certaines infirmières ou même de certains médecins. Comme le toucher thérapeutique, le reiki a fait son entrée à l'hôpital. Depuis 1997, par exemple, les chirurgiens du Columbia/HCA Portsmouth Hospital en proposent une séance avant les opérations[18]. Et des «maîtres reiki» sont admis dans des centres aussi prestigieux que le Memorial Sloane Ketering Hospital à New York, le Tuscon Medical Center en Arizona ou l'University of Michigan Hospital à Ann Arbor[19]. Au Columbia Presbyterian Medical Center à New York, Mehmet Oz, professeur de chirurgie et directeur du programme de médecine intégrée, a invité Julie Motz à pratiquer le reiki sur ses patients transplantés cardiaques. De manière tout à fait surprenante, ceux-ci présentaient très peu de douleurs postopératoires, n'avaient aucun des symptômes dépressifs qui accompagnent les suites de ce genre d'intervention et n'ont manifesté par la suite aucun rejet de l'organe transplanté[20]. Placebo ou non, le reiki gagne du terrain. Au Canada et en Europe, je connais plusieurs kinésithérapeutes ou infirmières qui, sans en faire étalage, le pratiquent quotidiennement au chevet de leurs patients.

Une physicienne ésotérique

Intrigué par les guérisseurs du New Age, en 1999, j'ai décidé de suivre une formation à la Barbara Brennan School of Healing, à Miami, en Floride. Créée au début des années 1980, cette école a obtenu une reconnaissance officielle par l'État de Floride. Au terme d'un programme calqué sur celui de n'importe quel collège, elle délivre des certificats d'aptitude professionnelle et même des *bachelor degrees*. Rien de bien particulier en somme, si ce n'est les matières enseignées : une solide formation de psychothérapie centrée sur le corps, l'apprentissage de diverses disciplines énergétiques et, au contraire du toucher thérapeutique ou du reiki, un système de croyances très élaboré fait d'auras, de *chakras*, de collaborations avec des guides spirituels et de communication avec l'invisible au cours de séances de *channeling*. Toute la panoplie du New Age y est donc enseignée dans la plus stricte légalité[21].

Physicienne de formation, Barbara Ann Brennan a quitté son poste à la NASA pour entreprendre un chemin de développement personnel : psychothérapie, analyse bioénergétique, diverses pratiques énergétiques et recherche spirituelle au sein de la communauté du Pathwork. Vingt ans plus tard, ce parcours éclectique se traduit par un enseignement original suivi par plusieurs centaines d'étudiants qui font le voyage jusqu'à Miami en provenance du monde entier, cinq fois par an, pour suivre les sessions de cours étalées sur quatre années. Une aventure.

D'abord, il fallut me familiariser avec l'ensemble de ces concepts intangibles sans jamais les considérer de façon péjorative, car ils devaient me servir de cadre et d'outil thérapeutique. Puis je dus apprendre le «lâcher prise» et la qualité de «présence» nécessaire au bon déroulement des *healings*, ou séances de soin énergétique. Une démarche peu coutumière pour un chirurgien habitué à tout contrôler.

Située entre le travail non dirigé du reiki et les réharmonisations actives du toucher thérapeutique, l'approche de Brennan comporte une série de techniques bien codifiées. Une «science» sophistiquée qui repose sur des croyances hétéroclites largement influencées par la théosophie d'Helena Blatvasky. Avec le temps, j'ai compris que les schémas proposés permettaient de mieux focaliser mon attention. Ils étaient un moyen de préciser mon intention. Ainsi, dans un état méditatif, l'esprit vide, centré sur l'instant présent, j'étais plongé dans une sorte de transe induite par des exercices respiratoires issus du tai-chi et du qigong. Aussitôt, mes sens s'éveillaient de manière surprenante. Au point qu'il m'arrivait de «voir», de «sentir», ou plus simplement d'avoir l'intuition d'un désordre physique ou psychologique chez le patient allongé sur la table de soin. C'est ce que Barbara Brennan appelait le «sens aigu de la perception».

Je me souviens du cas d'Elsa. Âgée d'une cinquantaine d'années, elle me consultait car elle avait entendu dire que des soins énergétiques comme le reiki ou les *healings* aidaient à se détendre. Le temps de me centrer à l'aide de ma respiration et de poser mes mains sur les pieds de la patiente, subitement, je sentis une très forte odeur d'urine. Ayant appris à ne pas perturber mon état de concentration par des questions et des jugements, je poursuivis la séance. L'odeur d'urine persistant, je posai mon regard sur le ventre de la patiente, et là je «vis» une tache noire autour de son ovaire droit. «Voir» est un mot qui ne convient pas tout à fait à l'expérience que je décris, mais je n'en connais pas de plus adapté. À la fin de la séance, sans alarmer Elsa, je lui demandai si elle était suivie par un gynécologue. Elle me répondit qu'elle consultait le sien régulièrement, car elle avait un kyste au niveau de l'ovaire droit. Un peu surpris par la concordance de ma «vision», je lui recommandai de se soumettre à un nouveau contrôle dans un avenir proche, car l'énergie semblait «ne pas circuler de manière optimale au niveau de cet ovaire». Trois mois plus tard, Elsa m'appela pour m'annoncer qu'on lui avait découvert une tumeur de douze centimètres à l'ovaire droit !

Mes perceptions au cours de cette séance font penser aux observations publiées, il y a plusieurs années déjà, dans *Lancet*, selon lesquelles des chiens pourraient détecter des cancers de la peau, des poumons ou des seins simplement parce qu'ils ont un odorat suffisamment développé pour sentir les substances volatiles produites par ces tumeurs[22]. Une étude parue en 2004 dans le *British Medical Journal* montre même que des chiens peuvent être entraînés à discerner les urines de patients atteints d'un cancer de la vessie[23]. Se pourrait-il que, dans certains états de conscience, l'être humain perçoive des informations habituellement inaccessibles à ses sens, inhibés par l'activité constante de son cortex cérébral ? Y aurait-il des circonstances où, au lieu de penser et d'informer le monde, sans réfléchir, nous nous laissons totalement informer par lui ? L'intuition apparaît avant tout comme un processus corporel : de manière incessante, le cerveau enregistre des informations qui éveillent des sensations émotionnelles au niveau physique. Décoder ces sensations est alors une source d'informations très précieuse pour la prise de décision. On peut donc imaginer que, en facilitant le ressenti, le travail de centrage des guérisseurs permet de développer leur intuition. Reste cependant à discerner les éventuelles projections qui pourraient dénaturer la valeur de l'information perçue.

Ce genre d'expériences invite à penser le « travail énergétique » en termes d'informations *. Ce que certains appellent une « communication d'inconscient à inconscient » repose peut-être tout simplement sur une perception extrêmement fine de la réalité. La plupart du temps, le phénomène se produirait de manière non consciente. Le talent de certains psychanalystes, psychothérapeutes ou guérisseurs serait alors d'en faire l'expérience d'une manière plus consciente. En ce sens, l'enseignement de Brennan est un outil relationnel très puissant.

Comme le reiki, les séances de *healing* produisent des transformations émotionnelles, des prises de conscience et un apaisement qui aident les patients dans leur évolution psychologique. Après un temps d'«intégration», qui va de quelques heures à quelques jours, les bénéficiaires de ce genre de soins déclarent souvent «voir les choses autrement», faire plus attention à leur corps et aspirer à davantage de spiritualité. Effets spécifiques des traitements ou simples conséquences du désir de changement plus général dans le cadre duquel s'inscrit le recours à ces pratiques ? Difficile à dire. Cependant, il paraît évident que, avant de recevoir leur première séance, la plupart des candidats aux soins énergétiques sont déjà en quête de développement personnel et spirituel.

---

* Voir chapitre 9, p. 223-224.

Plusieurs psychologues et psychiatres recourent au reiki ou aux *healings* pour accélérer les processus thérapeutiques de leurs patients[24]. Moi-même, j'ai pu constater les effets bénéfiques de cette manière de procéder. Néanmoins, on ne saurait trop recommander la prudence, car les images métaphoriques utilisées par certains praticiens impressionnent les esprits au point de leur faire prendre au premier degré des concepts qui devraient l'être au second, voire au troisième. Par exemple, la pratique du *channeling* et la recherche d'une guidance spirituelle délivrée par des êtres invisibles devraient être analysées à la lumière des croyances de la mythologie occidentale. Ce n'est sans doute pas un hasard si la plupart des maîtres guérisseurs du New Age affirment être inspirés par une révélation extérieure. Celle-ci fut faite à Moïse, à Jésus, à Mahomet et même à Joseph Smith, le fondateur de l'Église des mormons. Or les «vérités révélées» par une «intelligence supérieure» peuvent devenir des dogmes imposés aux autres au nom de cette supériorité. On imagine les manipulations, conscientes ou non, exercées sur ceux qui n'ont pas compris que les messages des gourous du New Age ne sont que les produits de leur imagination. Une imagination qui n'est pas toujours éclairée ni bienveillante.

VITALISTES CONTRE MÉCANISTES

Le besoin de convaincre

Les pratiques du New Age n'ont rien de nouveau. Au contraire. Chaque époque de l'histoire, chaque culture a inventé des rituels au cours desquels une autorité spirituelle obtenait des effets thérapeutiques liés à un état de transe que l'on qualifierait aujourd'hui d'hypnotique. Un simple geste, un effleurement ou un regard pouvaient suffire. L'odeur de l'encens, le rythme des tambours, les chants, les danses ou, plus simplement, les passes magiques opérées autour du patient créaient les conditions lui permettant de mobiliser la puissance de son autosuggestion, de son désir de guérir. Les forces de l'inconscient pouvaient alors s'exprimer par une série d'images archétypales, des anges et des démons, des esprits malins ou bienfaisants.

Avant l'avènement de la culture scientifique, la suggestion était au cœur d'un grand nombre d'actions thérapeutiques. Et, l'esprit humain n'étant jamais à court d'imagination pour calmer ses angoisses, de multiples métaphores expliquaient l'inexpliqué. Puis, aux XVIIᵉ et XVIIIᵉ siècles, les grandes découvertes de la physique et de la chimie révélèrent une réalité tangible. Du coup, le langage des guérisseurs dut s'adapter au discours dominant. Ainsi, lorsqu'en 1779 le médecin allemand Franz Anton Mesmer tenta d'expliquer les effets « miraculeux » de ses séances de guérison, c'est dans un *Mémoire sur la découverte du magnétisme animal* qu'il le fit. Quoi de plus normal à une époque où l'on venait de découvrir l'électricité ? Conceptualiser la suggestion opérée entre le guérisseur et son patient par un fluide magnétique devait apporter le crédit scientifique désormais indispensable dans la communauté médicale. C'était sans compter sur la perspicacité de savants comme Benjamin Franklin et Antoine Laurent de Lavoisier, membres de la commission chargée par le roi Louis XVI d'examiner les théories de Mesmer. Leur conclusion fut sans appel : « Le fluide sans l'imagination est impuissant, alors que l'imagination sans le fluide peut produire les effets que l'on attribue au fluide. » Le magnétisme, ou « mesmérisme », fut donc rangé au rayon des charlataneries.

Il y a quelques années, je lisais avec intérêt une série d'études publiées par un certain Daniel Wirth à propos de l'influence du toucher thérapeutique sur la cicatrisation des plaies cutanées. Les résultats étaient convaincants, puisque le traitement accélérait la guérison des lésions[25]. Le tout était d'expliquer comment cette accélération pouvait se produire. Était-elle la conséquence d'une action sur un éventuel champ énergétique, comme le proclament les praticiens du toucher thérapeutique, ou bien le résultat d'une suggestion hypnotique responsable du déclenchement de la cascade neuro-endocrino-immunologique réparatrice*? Carol Ginandes, psychologue à Harvard, avance des arguments en faveur du phénomène hypnotique. Dans une étude réalisée sur des patients immobilisés pour une fracture de la cheville et traités par une séance d'hypnose hebdomadaire durant douze semaines, elle a observé un raccourcissement significatif du temps de guérison[26]. Afin de s'assurer que le soutien psychologique n'expliquait pas à lui seul ces bons résultats, Ginandes a entrepris une autre étude chez des femmes opérées d'une réduction mammaire et réparties en trois groupes, le premier ne bénéficiant d'aucun traitement postopératoire, le deuxième recevant huit sessions de psychothérapie et le troisième soumis à huit séances d'hypnose, focalisée sur la cicatrisation des plaies. Les résultats plaident en faveur d'une action spécifique de la suggestion, puisque les patientes hypnotisées présentaient une cicatrisation significativement accélérée par rapport aux deux autres groupes[27].

Les résultats de Daniel Wirth pourraient donc eux aussi s'expliquer par un processus d'hypnose et de suggestion. À condition toutefois qu'ils soient vrais car, en vérifiant mes sources, j'ai découvert avec stupéfaction que Wirth n'est pas médecin, comme il le prétend. Plus grave : il a participé à une étude frauduleuse démontrant l'influence positive de la prière sur les résultats de la fécondation *in vitro*[28]. Publiée dans une revue scientifique de renom, cette étude fut l'objet d'une enquête au terme de laquelle Bruce Flamm, professeur de gynécologie à l'université de Californie, à Irvine, révéla le passé scandaleux de Wirth[29]. Fausses identités, escroqueries multiples, association de malfaiteurs : ce *curriculum* compromettant ne mériterait pas de

---

* Une étude réalisée à l'Ohio State University par Janice Kiecolt-Glaser montre un allongement du temps de cicatrisation des plaies cutanées chez des personnes stressées par la maladie d'Alzheimer de leur conjoint (voir chapitre 3, p. 77).

figurer dans cet ouvrage s'il n'illustrait pas à quel point le désir de convaincre peut aveugler les promoteurs d'une théorie qui échappe à la validation scientifique.

Des ondes et des champs

On comprend donc la méfiance à l'égard des recherches sur la médecine dite «énergétique». D'autant plus que la volonté de prouver l'existence d'une force différente de celles décrites par la physique moderne relance le vieux débat qui, depuis quatre cents ans, oppose les vitalistes aux mécanistes. La querelle est passionnelle : d'un côté, les mécanistes affirment que la réalité est exclusivement matérielle et que la science peut ou pourra tout démontrer à l'aide des lois de la physique et de la chimie ; de l'autre, les vitalistes jugent ce réduction-nisme inacceptable, car il ne tient pas compte de la «force vitale» qui agit en amont des mécanismes démontés par la science matérialiste. Confortés dans leurs croyances par la découverte de l'électromagnétisme, les vitalistes décrivent la «force vitale» comme un ensemble de «champs» qui inter-agiraient entre eux et à distance. Échaudés par ce genre de démonstrations pseudo-scientifiques «à la Mesmer», les mécanistes se méfient et suspectent les vitalistes de vouloir prouver l'existence d'une dimension divine. Le débat n'est donc pas seulement philosophique, il est aussi religieux.

Dans ce contexte, il n'est pas toujours facile de discerner l'influence qu'exercent les convictions des chercheurs sur l'inter-prétation des phénomènes observés. Un fait est cependant bien établi : il existe des champs d'énergie produits par l'activité du corps humain. Exemple familier : le champ calorique. Créé par le métabolisme cellulaire, ce champ est dégagé en dehors des limites de la peau et l'on peut en ressentir la chaleur à distance d'un individu. Autre exemple : les champs magnétiques engen-drés par l'activité électrique des muscles et des organes. Le phénomène paraît plus mystérieux. Pourtant, il est tout à fait physiologique. En effet, depuis le début du XIXe siècle, on sait qu'un courant électrique passant à travers un matériau conducteur crée un champ magnétique capable de dévier l'aiguille aimantée d'une boussole. Or l'électricité est à la base du fonctionnement nerveux, musculaire et cardiaque. Au niveau du cœur, par exemple, chaque battement commence par une impulsion électrique ; le système circulatoire étant un bon conducteur, le flux électrique cardiaque se propage dans l'ensemble de l'organisme et, inévitablement, un champ magnétique apparaît autour du corps. Des mesures réalisées à l'aide d'un magnétomètre très sensible – le SQUID (Superconducting Quantum Interference Device) – montrent que ce champ s'étend indéfiniment dans l'espace, son intensité diminuant progressivement jusqu'à devenir indétectable au milieu des autres champs produits dans l'environnement[30]. Ce phénomène s'observe pour tous les organes. Cependant, l'activité électrique du cœur étant la plus intense, le champ biomagnétique cardiaque est plus fort que tous les autres – environ cinq mille fois plus important que les champs magnétiques produits par le cerveau, par exemple[31].

Longtemps, les champs électriques et magnétiques produits par le corps ont été considérés comme des épiphénomènes, simples dérivés de l'activité physiologique des cellules. On ne les utilisait que pour diagnostiquer certaines pathologies musculaires (électromyogramme), oculaires (oculogramme), cardiaques (électrocardiogramme, magnétocardiogramme) ou cérébrales (électroencéphalogramme). Aujourd'hui, il existe de plus en plus d'arguments pour penser que le biomagnétisme joue un rôle important dans la régulation des processus biologiques[32]. Sans doute par l'intermédiaire de la «matrice vivante». En effet, nous l'avons vu, le tissu conjonctif périneural, périvasculaire ou périlymphatique, les fascias périmusculaires et le périoste constituent un excellent réseau semi-conducteur de l'information*. Ainsi, en se propageant à travers la «matrice vivante», les

---

* Voir chapitre 9, p. 233.

champs électriques et magnétiques agiraient sur chaque cellule de l'organisme jusqu'au niveau de l'ADN. Ce mode de communication serait plus ancien que celui de la conduction électrique par le système nerveux.

Il n'a pas été nécessaire d'attendre de comprendre les propriétés conductrices de la «matrice vivante» pour que certains chercheurs exploitent le rôle régulateur des champs électriques et magnétiques à des fins thérapeutiques. Au XIXᵉ siècle, déjà, on plantait des aiguilles dans les sites de fracture osseuse afin d'y faire passer un courant électrique censé stimuler la guérison. Jugée «sans fondement», cette pratique fut bannie au début du XXᵉ siècle. Pourtant, le phénomène est tout à fait explicable : les champs magnétiques induisent dans l'os une activité électrique de la même nature que celle engendrée par les mouvements musculaires ; de ce fait, la croissance osseuse est automatiquement stimulée. De nos jours, l'application de champs magnétiques est utilisée avec succès pour déclencher la guérison de fractures osseuses, parfois plusieurs dizaines d'années après que le processus de régénération de l'os a été interrompu[33]. Des recherches subséquentes ont montré que des champs d'une fréquence vibratoire de 2 hertz sont particulièrement bien adaptés pour la régénération nerveuse, de 7 hertz pour la croissance osseuse, de 10 hertz pour la guérison des ligaments et de 20 hertz pour la prolifération des vaisseaux sanguins et des fibroblastes qui réparent les tissus[34].

Une énergie de guérison?

Que l'on soit vitaliste ou mécaniste, une question se pose : les champs électriques et magnétiques sont-ils impliqués dans le toucher thérapeutique, le reiki ou les *healings*? En d'autres termes : les thérapies énergétiques agissent-elles par d'autres mécanismes que la suggestion et la relaxation?

Pour répondre à cette question, John Zimmerman, à l'université du Colorado à Denver, a enregistré à l'aide d'un magnétomètre SQUID les champs biomagnétiques émis par les mains de praticiens du toucher thérapeutique au travail[35]. Des tests similaires ont été effectués au Japon sur les mains de personnes pratiquant le qigong, le yoga ou la méditation[36]. Dans les deux cas, les champs biomagnétiques émis par les mains des sujets étaient très intenses, jusqu'à mille fois plus forts que ceux produits par le cœur et un million de fois plus forts que ceux du cerveau. Les fréquences vibratoires de ces champs variaient entre 0,3 et 30 hertz, avec une majorité d'ondes aux alentours de 7 à 8 hertz. Fait troublant : ces fréquences sont très proches de celles qui, nous venons de le voir, se révèlent efficaces pour guérir les tissus endommagés. On pourrait donc être tenté d'y voir un lien. Cependant, aucune de ces études n'a cherché à savoir si les champs enregistrés ont produit une quelconque amélioration de l'état de santé des personnes qui y étaient soumises.

Autre fait troublant : la fréquence de 7 à 8 hertz correspond à la fréquence des ondes cérébrales alpha, caractéristiques des états méditatifs et relaxés. Or ces ondes alpha ont été enregistrées sur l'électroencéphalogramme de guérisseurs issus de différentes traditions au cours de leurs séances de soins[37]. De plus, la fréquence de 7 à 8 hertz est proche de celle de la « résonance géomagnétique de Schumann », un phénomène créé par les deux cents éclairs qui déchirent le ciel toutes les secondes et créent des ondes électromagnétiques dont la trajectoire autour de la planète rebondit sans cesse entre la surface de la Terre et l'ionosphère[38]. De l'avis de certains biologistes, cette concordance serait à l'origine de la sensibilité des organismes vivants aux variations du champ magnétique terrestre[39]. Elle expliquerait aussi comment les mains des guérisseurs produisent des champs biomagnétiques très puissants dont la fréquence est alignée sur celle de Schumann. Dans son ouvrage *Energy Medicine : The Scientific Basis*, James Oschman montre très bien comment la méditation ou d'autres pratiques apaisantes mettent au repos une zone du thalamus qui engendre les ondes cérébrales. La déconnexion de ce «pacemaker cérébral» permettrait aux pulsations géomagnétiques d'entraîner les ondes du cerveau par un mécanisme impliquant sans doute les récepteurs magnétosensibles de la glande pinéale. Ainsi, les ondes cérébrales s'aligneraient sur la fréquence de Schumann, adoptant une fréquence de 7 à 8 hertz proche du rythme alpha. En se propageant à travers la «matrice vivante», ces ondes produiraient des champs biomagnétiques dont la puissance, conditionnée par la résonance de Schumann, serait amplifiée. Cela suffirait à leur conférer une action thérapeutique [40]. Délire ou hypothèse à creuser? La réponse varie selon que l'on accepte ou non l'idée d'une telle interdépendance entre l'organisme et son environnement.

LES LIENS INVISIBLES

Des phénomènes d'entraînement et de résonance vibratoire semblables à ceux qui interviennent dans l'hypothèse d'Oschman se produisent lorsque deux horloges placées sur le même mur finissent par accorder leur mouvement ou lorsque, si l'on pince les cordes d'une guitare, les cordes d'une autre guitare située à proximité se mettent à vibrer à la même fréquence.

Un mécanisme identique est probablement à l'origine de la synchronisation observée entre les êtres humains, par exemple lorsque des femmes vivant sous le même toit finissent par avoir leurs règles au même moment. En effet, dans les années 1930, Harold Saxton Burr, professeur à Yale, avait remarqué que l'ovulation produisait des modifications du champ électrique dont la détection au niveau des doigts permettait de prédire la fertilité des femmes [41]. On peut donc imaginer qu'une communication invisible s'instaure entre plusieurs femmes *via* leurs champs électriques et magnétiques, aboutissant à la synchronisation de leurs cycles menstruels.

Quand le cœur parle au cerveau

La communication entre les individus est un processus extrêmement complexe. Elle implique une série d'interactions très subtiles : des signaux exprimés par le corps (expressions faciales, qualité de la voix, gestes, postures), des signaux physico-chimiques projetés dans l'espace (sons, chaleur, odeurs, phéromones) et, peut-être, des signaux électromagnétiques absolument non conscientisés. C'est en tout cas le postulat des chercheurs de l'Institute of HeartMath qui explorent le rôle du champ bioélectromagnétique cardiaque dans la cohérence interne du fonctionnement de chaque organisme ainsi que dans la cohérence externe des rapports entre les individus.

Une série de tests ont été réalisés sur des paires de sujets placés face à face sans contact physique. Ils ont montré que les signaux électrocardiographiques engendrés par le cœur de l'un des deux individus pouvaient être détectés au niveau de l'électroencéphalogramme enregistrant l'activité cérébrale de l'autre individu. Aucun des deux sujets ne connaissait le but de l'expérience. Dès lors, Rollin McCraty, directeur de recherche à l'Institute of HeartMath, imagine qu'une communication directe s'instaure entre le cœur de l'un et le cerveau de l'autre[42]. C'est aussi l'avis de Gary Schwartz et de Linda Russek, qui ont obtenu le même genre de résultats dans leurs expériences menées à l'université d'Arizona[43].

Cette communication cœur-cerveau semble encore s'améliorer lorsque les sujets testés visualisent des pensées positives et respirent profondément en se focalisant sur leur cœur – une technique préconisée par l'Institute of HeartMath pour créer une cohérence de la variabilité du rythme cardiaque*. Selon McCraty, la balance émotionnelle et l'harmonie physiologique engendrées par la cohérence cardiaque produiraient des champs biomagnétiques plus structurés. Automatiquement, cette différence de qualité «vibratoire» serait perçue par les autres.

---

* Voir chapitre 4, p. 121.

Surtout si ces derniers sont eux-mêmes dans cet état de cohérence qui, toujours selon McCraty, les rendrait plus sensibles pour décoder l'information contenue dans les champs produits par leur interlocuteur[44]. Le cœur et le corps dans son ensemble fonctionneraient donc comme des antennes émettrices et réceptrices à la base d'une communication très subtile.

Je me rappelle un swami indien qui apprenait à «écouter avec le cœur». Ses conseils étaient simples : «Respire profondément en étirant ta poitrine, imagine que la roue de ton quatrième *chakra* s'ouvre pour laisser s'épanouir une rose, éprouve de l'empathie à l'égard de ton interlocuteur et laisse-toi envahir par des sentiments positifs.» Une technique fort proche de celle imaginée par les chercheurs de l'Institute of HeartMath pour engendrer la cohérence cardiaque. Utilisée au cours de mes consultations, celle-ci crée une communication fluide et chaleureuse avec mes patients. Une profonde compréhension s'installe entre eux et moi avant même qu'un mot ait été prononcé.

Réelle communication cardioélectromagnétique ou simple détection d'une attitude empathique au travers de petits signes analysés par le cerveau d'une manière non consciente? La réponse n'est pas tranchée. Il n'en reste pas moins que plusieurs études ont prouvé l'existence d'une synchronisation de la physiologie entre des patients et leur thérapeute, entre deux époux ou entre des personnes et leur animal de compagnie[45]. Alors, sciences ou pseudo-sciences? Nouvelle voie pour la recherche ou volonté utopique de traduire la métaphore du «cœur d'amour» en termes scientifiques? Le spectre du New Age n'est peut-être pas très loin. Tout comme le risque de faire quelques raccourcis et de tirer des conclusions un peu hâtives. Prudence, donc.

L'intention en question

Prudence et curiosité ne font pas toujours bon ménage. Que faut-il penser de ces expériences, de plus en plus nombreuses, réalisées en laboratoire pour tester les effets d'une «énergie de guérison» sur des cellules vivantes ou des micro-organismes? Un ouvrage collectif intitulé *Healing, Intention and Energy Medicine*, publié en 2003 à l'initiative de Wayne Jonas et de Cindy Crawford, chercheurs au Samueli Institute for Information Biology, rassemble une série de résultats pour le moins surprenants. Sous l'influence de guérisseurs, des cellules cancéreuses sont inhibées; des globules blancs prolifèrent s'ils sont normaux ou, au contraire, arrêtent leur croissance s'ils sont malins; l'activité des cellules immunitaires NK augmente; l'ADN ou d'autres molécules changent de structure[46]. Une étude laisse même penser que l'intention du guérisseur permet d'accroître ou de diminuer la prolifération de bactéries mises en culture[47].

Bien évidemment, ce genre d'investigations éveille le scepticisme. «Pourtant, un peu d'imprudence permet souvent de faire évoluer notre manière de penser et de créer», me disait un biologiste de l'Institute of HeartMath. C'est sans doute ce qui pousse un nombre croissant de chercheurs au *curriculum* prestigieux à se regrouper au sein d'institutions indépendantes – aux États-Unis, par exemple, l'Institute of HeartMath, le Samueli Institute for Information Biology ou l'Institute of Noetic Sciences – qui travaillent en collaboration avec certaines universités, ou parfois même avec les ministères de la Santé et de la Défense. Influence de l'esprit sur la matière, pouvoir de l'intention, vision à distance, conscience non localisée : le titre de certains protocoles de recherche peut faire sourire. Mais peu importe, la curiosité des vrais chercheurs est sans limite. Au PEAR Lab (Princeton Engineering Anomalies Research Laboratory) de l'université de Princeton, par exemple, un programme de recherche international a été initié afin d'étudier l'influence des manifestations de la conscience collective sur des générateurs de nombres aléatoires[48].

Tous ces projets semblent poursuivre le même rêve. Conscient ou non, celui-ci parle de rencontres, de contacts, de liens et d'amour – autant de choses dont manquent cruelle-ment nos sociétés technologiques. Patients, thérapeutes et chercheurs le manifestent clairement à travers leur engoue-ment pour les thérapies énergétiques. Comme me le disait Alain, un confrère chirurgien orthopédiste à qui j'avais donné un soin de *healing* : « Que l'on y croie ou non, et peu importe la manière dont on l'explique, quand un être humain pose la main avec amour sur un autre être humain, il se passe quelque chose, au-delà des mots. Comme si, tout à coup, ils devenaient un. » Il se crée un lien.

« Les liens sont le ciment de la vie. Sans eux, rien ne prendrait forme. Les liens sont la trame du tissu qui est la vie. Ils sont l'essentiel. Sans eux, aucune forme n'aurait de sens. Ils sont l'Essence. » Ces paroles prononcées par mon ami Raghubir* me rappellent une question que m'a posée Arnulfo – vous vous souvenez, ce guérisseur mexicain dont je vous ai parlé au début de ce livre** : « Entre toi et moi, quel est le plus important ? » Immédiatement, je pensai « moi », mais j'éprouvai un peu de honte à l'avouer. Mon hésitation amusa le sorcier, car la réponse qu'il attendait n'était ni « moi » ni « toi ». Elle était « et » : le lien. « C'est cela qui est important, commenta Arnulfo. Le lien entre le corps et l'esprit qui fait l'unité de l'être humain. Le lien entre les individus qui fait l'unité de l'humanité. Le lien entre l'humanité et la Terre qui fait l'unité du monde. » New Age ou non, l'idée est belle.

---

* Voir chapitre 10, p. 249.
** Voir chapitre 1, p. 43.

L'utopie n'est visible qu'à l'œil intérieur.

Jorge Luis Borges

CONCLUSION

Une médecine du potentiel humain
pour vivre au XXIe siècle

En commençant ce livre, nous nous étions fixé pour objectif d'y voir plus clair dans le paysage encore obscur des médecines alternatives et complémentaires. D'emblée, nous avons découvert que ces pratiques «non conventionnelles» agissent au niveau du lien essentiel qui existe entre la pensée et la matière, la culture et la biologie, l'esprit et le corps.

Du côté de l'esprit, nous avons compris l'importance des métaphores, de la suggestion et de l'«effet du sens» dans le processus de la guérison; nous avons vu comment les émotions positives, l'espoir et l'humour enclenchent les mécanismes réparateurs de l'organisme; et nous avons examiné l'efficacité de la visualisation, de la méditation et de l'hypnose dans le traitement des souffrances physiques et psychologiques.

Du côté du corps, nous avons observé les dégâts causés par le refoulement des émotions; nous avons appris comment le relâchement des tensions restaure la fluidité et la cohérence indispensables à la préservation de la santé; nous avons compris la nécessité de maintenir une posture équilibrée et d'effectuer des mouvements harmonieux; nous avons évalué les bénéfices du toucher, du massage et des manipulations musculaires et squelettiques; et nous avons découvert l'intérêt d'explorer les méandres de la mémoire psychocorporelle jusque dans ses retranchements transgénérationnels.

Entre les deux, nous avons constaté la pertinence des métaphores orientales où l'énergie représente le substrat commun au corps et à l'esprit; et, au-delà de certaines pratiques à l'allure exotique ou ésotérique, nous avons emprunté de nouvelles pistes pour comprendre comment il est possible d'aider un individu à guérir l'entièreté de son être.

Phénomène de la plasticité du cerveau, cascades psycho-neuro-endocrino-immunologiques, communication électronique et vibratoire au sein de la matrice conjonctive, interactions bioélectromagnétiques entre les individus : notre enquête s'est focalisée sur les arguments scientifiques versés au dossier controversé des médecines alternatives et complémentaires. Il en ressort que chaque individu possède en lui d'importantes capacités de prévention et de guérison. Aldous Huxley, l'auteur du *Meilleur des mondes*, appelait cela le «potentiel humain». En soi, il ne s'agit pas d'une découverte inédite. Beaucoup de gens recourent intuitivement à ce potentiel interne. Néanmoins, en démontrer l'existence de manière scientifique permet de remettre en cause le dogme, aujourd'hui très puissant, de la nécessité absolue de recourir à des remèdes extérieurs.

QUELQUES MISES AU POINT

Responsables, mais non coupables

«Faire croire aux gens qu'ils ont en eux un potentiel de prévention et de guérison est une odieuse façon de les culpabiliser», me dit un jour un confrère rhumatologue. Cette remarque révèle un malentendu qui empoisonne la médecine occidentale. Tout d'abord, il ne s'agit pas de «faire croire» à l'existence de telles ressources intérieures. Celles-ci existent bel et bien, les travaux scientifiques rapportés dans cet ouvrage en témoignent. Ensuite, il n'est pas question de culpabiliser qui que ce soit, mais simplement de responsabiliser chaque individu face à sa santé.

J'ai le sentiment que cette confusion entre la culpabilité et la responsabilité face à la maladie est l'héritage d'un lointain passé religieux où les notions du bien, du mal et de la faute terrorisaient les esprits. Comment reconnaître une quelconque responsabilité dans un événement si l'on redoute d'être aussitôt jugé coupable ? Préférant le statut de victime, de nombreux malades se considèrent comme impuissants, sans ressources et condamnés à subir. Ils sont convaincus que les solutions à leur problème ne peuvent venir que de l'extérieur.

C'est une façon de penser, mais ce n'est pas la seule. Remplacer le jugement par une analyse sans passion permet d'identifier des faits, des causes et des conséquences. Il est alors permis de choisir quelles causes on souhaite mettre en place pour quelles conséquences. C'est là tout l'intérêt d'assumer sa responsabilité.

Appliqué à la médecine, ce principe est parfois difficile à faire comprendre, tant aux patients qu'à certains praticiens. Pourtant, si l'on examine bien les maladies et leur évolution, on identifie souvent des causes sur lesquelles le patient peut agir. Il paraît donc évident que si un malade accepte sa part de «respons-abilité» dans les processus qui conduisent à la maladie, automatiquement, il est habilité à y trouver des réponses. De victime, il devient acteur de la préservation de sa santé et auteur de la guérison de ses maux.

Prenons un exemple simple et fréquent : la grippe. Il est évident que personne n'est coupable d'avoir été contaminé par le virus *influenza*. En revanche, on est parfois responsable de certaines causes ayant favorisé cette contamination. En effet, nous l'avons vu, la fatigue, le surmenage et le stress sont des facteurs prédisposant à la maladie*. Dès lors, même s'il est impossible d'empêcher les virus de rôder autour de soi, chacun peut agir sur son état général et développer une immunité suffisamment forte pour éviter d'être contaminé ou, si c'est trop tard, aider son organisme à éliminer l'intrus plus rapidement.

Dans mon expérience, le principe de responsabilité peut être appliqué au traitement de nombreuses maladies. Même à des cancers ou à des malformations congénitales. Cela ne veut pas dire que les patients atteints de ces pathologies peuvent agir sur les causes héréditaires, toxiques ou virales qui les provoquent. Cela signifie simplement que la manière dont ils réagissent face à ces pathologies influence profondément l'évolution de celles-ci. Je me souviens ici d'Arthur, un petit garçon handicapé psychomoteur. Pendant des années, il avait souffert de terribles crises d'épilepsie. Aucun traitement n'avait réussi à le soulager, jusqu'au jour où un pédiatre conseilla à ses parents de consulter un thérapeute – «une sorte de guérisseur qui le massait, lui apprenait à respirer et lui faisait prendre conscience de son corps». Les résultats ne se firent pas attendre : Arthur était plus détendu, les crises épileptiques s'espacèrent et, lorsqu'elles survenaient, elles étaient vécues moins douloureusement. «C'est un autre enfant, me disait sa maman, et, du fait qu'il a changé, toute la famille s'est mise à changer. À moins que ce ne soit notre transformation qui a permis à Arthur d'évoluer différemment...» Car les parents d'Arthur avaient entrepris une psychothérapie et, conscients de leurs tensions corporelles, ils suivaient des cours de tai-chi.

Attention aux fantasmes de toute-puissance !

La notion de responsabilité face à la cascade des causes et des effets menant au déséquilibre et à la maladie est proche du concept oriental de karma. Celui-ci insiste sur la possibilité de

---

* Voir chapitre 3.

changer les causes afin d'éviter la répétition des mêmes effets. Sans croire à la réincarnation, en Occident également, de plus en plus de gens ont l'intuition d'être acteurs, voire créateurs de leurs maux. L'accent mis sur la prévention des maladies en est un bon exemple. L'intérêt pour une éventuelle symbolique psychosomatique aussi. Mais le plus significatif est sans doute l'émergence de la psychologie transgénérationnelle. Celle-ci enseigne que la cascade des causes et des effets dépasse l'individu et s'inscrit dans une transmission, au sein d'une évolution. Il n'y a donc pas, ici non plus, de culpabilité à éprouver. Néanmoins, si le passé échappe au contrôle, le présent appartient à celui qui le vit. Dès lors, en comprenant sa responsabilité dans le maintien des croyances, des habitudes et des fidélités inconscientes à ses ancêtres, chacun peut éviter de remettre en place les éléments nécessaires à l'éclosion d'un symptôme *.

Évidemment, ce genre de raisonnement pourrait faire croire à certains patients qu'il est possible de tout contrôler par la volonté de l'esprit, l'évacuation des conflits émotionnels, la guérison des mémoires inconscientes héritées des générations antérieures et la mobilisation des mécanismes d'autoguérison. Penser de la sorte serait une erreur, un manque d'humilité, une illusion de toute-puissance. Car il ne faut pas sous-estimer la complexité humaine, ni ignorer les lois de la nature.

C'est ce que Marie, une jeune femme atteinte d'un cancer du pancréas, a expérimenté au cours de sa maladie. Parallèlement à sa chimiothérapie, elle avait suivi une psychothérapie, elle avait appris le qigong et elle s'était régulièrement fait masser par un maître de shiatsu. Elle avait guéri de vieilles blessures émotionnelles et relâché de profondes tensions musculaires. « Curieusement, je ne me suis jamais sentie aussi bien dans ma tête et même dans mon corps », me dit-elle. Pourtant, le cancer progressa. Déçue, elle se sentit coupable. « Je n'ai sans doute pas été assez loin dans ma psychothérapie,

---

* Voir chapitre 6, p. 168-172.

j'aurais dû mieux m'occuper de mon corps, je n'ai pas encore développé assez de fluidité et de cohérence entre mon corps et mon esprit », s'accusa-t-elle. À tort, car même si nous avons en nous des possibilités d'autoguérison, nous devons accepter que, parfois, les processus de la maladie sont irréversibles. C'est un fait, personne n'est coupable, c'est ainsi que la nature se comporte. Quelques jours après que nous eûmes discuté de tout cela ensemble, Marie m'appela au téléphone. « Je suis guérie, me dit-elle d'une voix très calme. Mon corps n'est peut-être pas débarrassé de cette tumeur, mais mon être est libéré, je suis soulagée d'un poids immense. Je comprends le sens de ma vie. Ou, du moins, je peux lui donner un sens. Je suis en paix. » Le désir de toute-puissance et la culpabilité de Marie avaient donc laissé la place à son humilité et à sa sagesse. Deux semaines plus tard, elle décéda.

Le désir de toute-puissance engendre une pensée magique comparable à celle qui anime les fantasmes de l'enfant. Le danger est alors de perdre le sens de la réalité. Régulièrement, je rencontre des patients persuadés de pouvoir résorber une tumeur maligne par la visualisation, la méditation ou la compréhension du « message » de leur maladie. Ils me parlent d'ouverture de *chakras*, m'expliquent qu'ils *savent* qu'il est possible de guérir sans chirurgie ni chimiothérapie, et me demandent de les aider en imposant mes mains sur leur corps comme le font les sorciers avec qui j'ai travaillé. L'espoir qui les anime est certainement bénéfique pour leur guérison. Néanmoins, dans le contexte occidental où j'ai été formé et où je travaille, je suis invariablement amené à leur répondre que *ma* sorcellerie se résume à faire prendre conscience aux gens de leurs multiples dimensions. S'ils souffrent d'une tumeur incrustée dans leur corps physique, je leur recommande d'utiliser des moyens physiques pour la traiter. À ce jour, la chirurgie, la radiothérapie et la chimiothérapie sont ce que la science biomédicale a trouvé de mieux pour y parvenir. Ces procédés ne sont pas parfaits et ils ont des effets indésirables, mais, en même temps, ils rendent des services appréciables. J'ajoute cependant que, au vu de tout ce que nous avons exploré ensemble dans ce livre, cela ne suffit pas. À côté des moyens physiques de la médecine conventionnelle, il existe toute une série d'approches complémentaires qui aident l'organisme à récupérer plus facilement et mettent en branle des mécanismes d'autoguérison. Par ailleurs, pour qu'un individu puisse guérir l'entièreté de son être, il faut l'encourager à explorer ses souffrances psychologiques et émotionnelles, l'inciter à se libérer des conditionnements de son passé et lui montrer la possibilité de *se* choisir un futur.

Libérer l'individu

Avoir conscience de son potentiel de prévention et de guérison permet de garder un peu de pouvoir face à la maladie et de préserver une certaine autonomie par rapport à ceux qui la soignent. C'est important car, tant dans le contexte de la médecine conventionnelle que dans celui des pratiques alternatives et complémentaires, il existe un risque de voir une dépendance s'installer entre le patient et le soignant. Et, il ne faut pas se leurrer, cela peut se produire dans les deux sens : le patient adopte alors le comportement d'un enfant en demande d'assistance, et le soignant y trouve une source de confort psychologique et financier. Le piège est donc réel. Pour le déjouer, tout soignant devrait se comporter comme un père bienveillant qui met en valeur les capacités de son enfant.

Cet aspect du traitement est essentiel car, nous le savons à présent, de la confiance en soi naissent des émotions positives et une cascade d'effets physiologiques qui participent à la guérison. Et de l'assurance intérieure surgit le désir de se prendre en charge et de participer activement à son rétablissement. La majorité des livres traitant des médecines alternatives et complémentaires insistent sur ce point : soigner un patient, c'est lui prodiguer un soin ou lui prescrire un remède ; guérir un individu, c'est lui permettre d'accéder à cette confiance et à cette assurance intérieures. L'acte thérapeutique est alors un acte d'amour.

Au lieu de cela, sans en être réellement conscients, bon nombre de médecins et de thérapeutes considèrent leurs patients uniquement comme des consommateurs de remèdes et de soins. C'est dommage, car il n'existe probablement pas de plus beau projet que d'aider autrui à croire en lui, de l'encourager à explorer ses potentialités et de lui apprendre à exploiter ses ressources intérieures. « C'est une utopie », me disait le dirigeant d'une entreprise pharmaceutique, à qui je confiais mon credo thérapeutique, lors du déjeuner qu'il offrait pour lancer un nouveau médicament « anti-âge ». « Parmi les humains, il y a, et il y aura toujours, des forts et des faibles ; ceux qui inventent les solutions et ceux qui les consomment. À vous de choisir votre camp », conclut-il sans l'ombre d'une hésitation dans la voix.

De tels propos traduisent le cynisme que l'on rencontre parfois dans le monde marchand. Au cours du même déjeuner, mon interlocuteur tenta de me convaincre que la vieillesse était une maladie contre laquelle il fallait lutter à tout prix. « Les vieux représentent un immense marché, des millions de consommateurs », me dit-il avec un sourire gourmand. Je me permis de lui faire remarquer, preuves scientifiques à l'appui, que le meilleur moyen de bien vieillir est d'apprendre à se relaxer, de s'alimenter correctement, de cultiver des émotions positives et de s'adonner à une activité physique régulière. Autant de solutions intérieures qui ne coûtent pas cher et respectent la liberté de l'individu. « Tout cela est ringard, me répondit l'homme. La science a fait des progrès. La technologie nous apporte des solutions nouvelles. Il faut vivre avec son temps. Soyez moderne ! »

Personne n'a envie de paraître démodé, pas plus que d'appartenir au « camp des faibles ». Néanmoins, je persiste à penser que si les forts inventent des solutions pour les faibles, l'une d'entre elles doit consister à rappeler à tous les êtres humains qu'ils ont davantage de solutions en eux qu'ils ne l'imaginent. C'est sans aucun doute le meilleur moyen pour que les faibles se sentent plus forts. Même si, en conséquence, les forts y perdent un peu de leur avantage. L'idée n'est probablement pas très moderne ; elle est peut-être tout simplement en avance sur son temps.

COMPRENDRE LA MODERNITÉ

Trop de solutions extérieures

Une courte histoire vaut parfois mieux qu'un long discours. Catherine a cinquante-deux ans. Depuis une quinzaine d'années, elle souffre d'une polyarthrite rhumatoïde très douloureuse. Au fil des poussées inflammatoires, ses épaules se sont figées et ses doigts se sont déformés. Mère de trois enfants, divorcée, elle mène une brillante carrière au sein d'un grand groupe d'affaires suisse. «Je n'ai pas une minute à moi», me dit-elle avec une sorte de fierté dans la voix. «Mais je suis au bord de la dépression», ajoute-t-elle, le regard empli d'anxiété. Heureusement, je prends des oméga-3. Sans eux, je ne tiendrais pas le coup.»

La liste des pilules qu'avale Catherine est impressionnante : un médicament contre l'hypertension artérielle, un médicament pour faire baisser son taux de cholestérol, du méthotrexate et un anti-inflammatoire pour sa polyarthrite, un anti-acide pour soigner un ulcère à l'estomac, une substitution hormonale à cause de sa ménopause, de la DHEA pour rester jeune, un supplément d'hormone thyroïdienne car elle manque de tonus la journée, un somnifère pour trouver la paix la nuit, et des oméga-3 qu'elle prend à la place des antidépresseurs que voulait lui prescrire son médecin traitant.

Tout cela me paraît bien absurde. Catherine sait-elle que la fatigue, les troubles du sommeil, l'hypertension, l'hypercholestérolémie, l'ulcère à l'estomac et, sans doute, une bonne partie des symptômes liés à la polyarthrite auraient pu être atténués, voire résolus, par une hygiène de vie plus respectueuse de ses besoins essentiels, et notamment par la pratique d'une activité physique régulière ? « Du yoga, du tai-chi ou du qigong ? Vous n'y pensez pas, me dit-elle. Je n'ai pas le temps, j'ai des responsabilités, je dois gagner ma vie. Et puis cela ne marche pas aussi bien que les médicaments ! » Erreur. Les études mentionnées dans ce livre en sont la preuve.

Véritablement dopée par les hormones thyroïdiennes, la DHEA (encore une hormone) et les oméga-3, Catherine ne se rend plus compte de l'état de stress dans lequel elle vit. Mais sait-elle que les hormones constituent un langage extrêmement subtil avec lequel il n'est pas anodin d'interférer ? Le risque accru de cancers du sein mis en évidence chez les femmes prenant des hormones de substitution après la ménopause le prouve[1]. « L'être humain se comporte comme un apprenti sorcier, me disait Arnulfo. Réparer une machine n'est pas toujours évident pour l'ingénieur qui l'a conçue. Alors comment croire qu'il en serait autrement pour le médecin qui, lui, ne fait que déchiffrer les plans d'une complexité dont il n'est pas l'auteur ? »

À propos de sorciers, Catherine a-t-elle pensé qu'un effet placebo peut être à l'origine des bénéfices ressentis après l'ingestion de DHEA ou d'oméga-3, et ce d'autant plus qu'un battage médiatique d'envergure confère à ces substances un véritable pouvoir de suggestion* ? « Placebo ou non, si cela me fait du bien, pourquoi m'en priverais-je ? » me répond-elle. C'est évident. À condition, toutefois, que l'ingestion d'hormones et de compléments alimentaires ne lui fasse pas perdre de vue la nécessité de modifier son mode de vie et ses habitudes alimentaires. Car, à force de pallier les déficiences, on ne guérit jamais

---

* Les études montrant l'influence de la publicité sur l'efficacité d'un médicament sont rapportées au chapitre 1, p. 38-39.

les causes qui les provoquent. Dans le cas des oméga-3, par exemple, leur consommation en gélules ne devrait pas nous dispenser de rechercher une alimentation qui en soit naturellement pourvue – et si, comme me le disait David Servan-Schreiber, auteur d'un livre sur le sujet[2], il n'y a plus de poissons élevés dans les conditions adéquates pour en contenir suffisamment, de militer pour que cette situation change.

Sous l'emprise de la peur

C'est une constante dans la pratique médicale en Occident : les patients consomment trop de médicaments et de technologies. On pourrait aussi dire que les médecins prescrivent trop de pilules et d'examens. Mais l'important n'est pas de désigner des coupables. Mieux vaut essayer de comprendre comment on en est arrivé là.

Ce sont les croyances collectives qui déterminent le comportement des individus au sein d'une société. Or, de nos jours, en Occident, une série de croyances issues de la philosophie des Lumières des XVIIᵉ et XVIIIᵉ siècles sont profondément ancrées dans les esprits : le monde est dangereux, l'être humain est dépourvu de ressources propres pour se défendre, il faut inventer, produire et consommer pour se protéger et se soigner. Dans ce contexte, le progrès est associé à l'accumulation de dispositifs sophistiqués visant à contrer les menaces de l'environnement ; la science se positionne en dehors de la nature, qu'elle considère comme une ennemie ; et la peur constitue le moteur de ce qu'on appelle la modernité[3].

La civilisation occidentale s'est donc organisée autour du dogme de la nécessité absolue de recourir à des remèdes extérieurs. Production et consommation sont au centre de l'activité économique. Une logique de croissance encourage la recherche, impose l'invention de nouvelles technologies et repose sur la création de nouveaux besoins. La sécurité et le bonheur dépendent essentiellement de la capacité d'agir, de produire et de posséder. *Être* est devenu moins important que *faire*. Par conséquent, l'homme moderne s'intéresse moins à ses potentialités internes qu'à ses productions externes.

Véritable aiguillon de l'instinct de survie, la peur est un moteur pour tous les êtres humains. Il n'est donc pas étonnant de voir les promesses de l'idéologie moderniste rencontrer le succès partout où celle-ci se répand. Car, riches ou pauvres, Occidentaux ou Orientaux, nous avons tous peur d'être séparés des autres, abandonnés, incapables de subvenir à nos besoins. Nous redoutons tous de perdre le contrôle sur les éléments extérieurs. Nous craignons tous de mourir. «Et nous nous tuons tous à essayer d'échapper à la mort», me disait sur le ton de la boutade un yogi rencontré à Mahabalipuram, dans le sud de l'Inde.

Il est vrai que le prix de cette course effrénée à la sophistication est élevé : négation des besoins essentiels de l'individu, stress exagérés, appauvrissement de l'environnement, pollution du cadre de vie. La logique de la croissance broie tout sur son passage. Catastrophes écologiques, pauvreté et conflits meurtriers. Dépressions, maladies liées au stress et cancers. Jamais dans l'histoire la survie de l'espèce humaine n'a paru aussi menacée. Mais peu importe, le système tourne sur lui-même, convaincu d'avoir trouvé la réponse idéale à la peur existentielle qui hante l'inconscient collectif.

Détecter les contradictions

Comme beaucoup de médecins et de thérapeutes, je constate l'ampleur du mal-être de mes contemporains. Je rencontre tous les jours des gens épuisés qui me déclarent avoir besoin de repos tout en justifiant l'obligation de travailler au-delà de leurs limites afin de pouvoir se payer des vacances. Ils oublient que le remède à leur fatigue ne réside pas dans la consommation d'un séjour balnéaire. Encore moins dans l'ingestion de stimulants ou de calmants. Seul un changement d'attitude au quotidien permet de résoudre le problème à sa base, de manière efficace et définitive. Cela suppose de définir ses priorités, d'identifier ses besoins essentiels, de mobiliser la volonté de son esprit et de respecter la sensibilité de son corps. Au lieu de cela, beaucoup de gens préfèrent justifier leurs contradictions en accusant la société et les lois du monde moderne. Ils poursuivent leur consommation de médicaments, rêvent aux deux semaines de repos qu'ils s'offrent chaque année, et fument ou boivent pour oublier leur inconfort.

En 2000, les trois premières causes de mortalité aux États-Unis étaient le tabac (435 000 morts, soit 18,1 % du nombre total des décès), la mauvaise alimentation et le manque d'activité physique (400 000 morts, 16,6 %), et la consommation d'alcool (85 000 morts, 3,5 %)[4]. Quel système de santé peut-il encore justifier l'invention de remèdes coûteux et polluants pour soigner des pathologies dues à des comportements évitables ? La réponse n'est pas simple car, comme le souligne l'économiste américain Jeremy Rifkin, les dépenses dues à la mauvaise santé des citoyens sont englobées dans le calcul du produit intérieur brut (PIB) des États – considéré comme l'indicateur du bien-être économique[5]. Il en va de même pour les coûts de la guerre, de la criminalité et de toute une série d'activités économiques destructrices. L'ensemble du système économique repose donc sur le malheur des uns pour le plus grand bonheur des autres.

Les croyances sont souvent aveugles et les logiques qu'elles sous-tendent sont parfois redoutables. Ainsi, la stratégie des grands groupes industriels empêche toute remise en question du dogme de la nécessité absolue de recourir à des remèdes extérieurs. Certaines sociétés pharmaceutiques, par exemple, fabriquent des médicaments contre le cancer, sponsorisent des campagnes de prévention où il n'est jamais fait mention des substances cancérigènes produites par les groupes auxquels elles appartiennent, possèdent des centres de traitement du cancer où sont prescrits les médicaments qu'elles fabriquent, et financent les départements universitaires où sont enseignées et décidées les politiques de santé[6]. Force est donc de constater qu'en ces temps où la civilisation cherche son chemin, dans le domaine de la santé, les conflits d'intérêts ne manquent pas.

CHOISIR POUR L'AVENIR

Participer au développement durable

« On ne peut résoudre les problèmes à l'aide de la manière de penser qui les a créés », écrivait Albert Einstein. La médecine est certainement un secteur privilégié pour mettre en place d'autres façons de penser l'être humain, sa relation avec lui-même et son rapport à son environnement. Dans ce sens, l'émergence des médecines alternatives et complémentaires permet de poser de nouvelles questions et donc d'apporter de nouvelles réponses. Sans nier le besoin de médicaments et de technologies, un système médical « intégré » laisse espérer une diminution du recours aux remèdes extérieurs au profit de méthodes capables de mobiliser les défenses naturelles de l'organisme. À terme, cette évolution pourrait contribuer à freiner l'escalade du système de production et de consommation, et, par la même occasion, aider à sortir du cercle vicieux de la pollution.

Un tel changement de mentalité aurait certainement des répercussions sur tous les secteurs de la société occidentale. Mais ne rêvons pas trop loin, ni trop vite. Proposer de mieux exploiter les ressources intérieures de l'individu paraît encore une solution bien désuète pour les modernistes purs et durs qui voient dans la maladie et son traitement des occasions d'alimenter la croissance du système économique. Parfois, ils font la promotion de telle ou telle autre approche destinée à mobiliser le potentiel humain, mais très vite ils l'exploitent comme un produit de consommation et, de ce fait, dénaturent le message de liberté et de responsabilité qui pourrait transformer l'attitude des citoyens face à leur santé. Il ne faut jamais sous-estimer le pouvoir d'une idéologie !

Une analyse réaliste de la situation oblige également à tenir compte du mouvement de balancier qui est en train de se produire entre l'Orient et l'Occident. En effet, si dans les pays occidentaux les limites du système médical en place sont de mieux en mieux conscientisées, ce n'est pas le cas dans d'autres régions du monde où la modernité occidentale commence à peine à être expérimentée. C'est ainsi qu'aux États-Unis, au Canada et en Europe des voix s'élèvent pour dénoncer les illusions d'une médecine exclusivement fondée sur la consommation de médicaments et de technologies. Alors que, pendant ce temps, en Inde et en Chine, l'importance du potentiel d'autoguérison et les principes de prévention véhiculés par la médecine holistique ancestrale sont oubliés pour vivre pleinement les fantasmes matérialistes de l'Occident moderne. Le phénomène est paradoxal, mais il paraît inévitable. Espérons qu'au final la communauté médicale internationale tirera le meilleur des deux approches – orientale et occidentale, traditionnelle et moderne – et, entre les deux extrêmes de ce mouvement de balancier, inventera une médecine où le malade aura le dernier mot.

Aider les patients à exploiter leurs ressources de prévention et de guérison serait certainement bénéfique pour leur santé et pour l'écologie planétaire. Cependant, cela impliquerait d'importantes modifications dans leur manière de vivre. L'organisation sociale en serait bouleversée. Des emplois seraient perdus non seulement dans le secteur de la commercialisation des produits préjudiciables à la santé, mais aussi dans celui de l'industrie pharmaceutique, des technologies de pointe, de la recherche, et même dans les institutions hospitalières. Les rouages du système économique seraient profondément perturbés et les bases de notre civilisation certainement ébranlées. L'ensemble de la construction moderne menacerait de s'effondrer. On comprend qu'il y ait quelques résistances au changement. Mais celui-ci pourra-t-il être évité ?

De plus en plus de gens pensent que non. Une vaste enquête publiée en 2000 et menée par le sociologue Paul Ray, de l'université du Michigan, et la psychologue Sherry Ruth Anderson, de l'université de Toronto, révèle que 24 % des Américains – un quart de la population, plus de 50 millions de personnes – ne vivent déjà plus en fonction du modèle moderniste. Ils ont abandonné leurs idéaux individualistes, capitalistes et hédonistes pour adopter des comportements nouveaux centrés sur l'écologie, la solidarité, des valeurs plus pacifiques et le souci d'un éveil intérieur[7]. Une étude similaire commandée par la Cellule de prospective de la Commission européenne en 1997 montre le même genre de résultats : plusieurs dizaines de millions d'Européens seraient en train de changer de paradigme[8]. Ils militent pour la protection de l'environnement, veillent à s'alimenter sainement, évitent de consommer inutilement. Pour eux, une attitude cohérente est la condition incontournable de la poursuite de l'expérience humaine car, disent-ils, « on ne peut pas espérer la guérison tout en continuant à se rendre malade ». Leur but est clair : il s'agit d'ancrer la mondialisation dans un développement durable.

Ainsi, une nouvelle culture est en train d'émerger. Née dans les années 1960, elle occupe aujourd'hui une place de plus en plus importante. Pour les acteurs de cette mutation, le combat entre les modernistes, dont ils se sentent les enfants, et les traditionalistes réactionnaires, qui rejettent les acquis de la modernité, n'est plus d'actualité. Ils savent que l'évolution ne s'est jamais effectuée en faisant table rase du passé. Ils cherchent donc à intégrer l'ensemble de leurs héritages. Et, comme cela se produit à chaque changement culturel important, étonnamment, l'ancien système ne comprend pas ce qui est en train de se passer. Aveuglé par sa propre logique, il est incapable de détecter les signes de la transformation. La plupart des politiques et des médias ignorent donc ce qui constitue probablement le départ de la civilisation postmoderne.

Une médecine postmoderne

Au vu de ce que nous avons exploré ensemble dans ce livre, on peut espérer que la médecine de cette nouvelle culture se développera autour de la vision unifiée du corps et de l'esprit humain, qu'elle incitera à un meilleur usage du potentiel interne de l'individu, qu'elle s'occupera autant de prévention que de traitement et qu'elle s'intégrera dans un projet éthique où la responsabilité individuelle sera la preuve d'un engagement réel en faveur de la préservation de la vie sur la Terre.

Pour y parvenir, les médecins conventionnels devront s'allier aux praticiens des médecines alternatives et complémentaires afin qu'ensemble ils partagent leurs expériences, questionnent leurs croyances et élargissent le champ de leurs investigations. Car les deux types d'approche ont beaucoup à s'apporter mutuellement.

Pour les praticiens des médecines alternatives et complémentaires, le moment est venu de s'investir dans la recherche biomédicale. La biologie a en effet le mérite de décrire les phénomènes en amont de leur interprétation psychologique, philosophique ou mystique ; son ancrage dans la réalité matérielle permet de proposer des réponses concrètes aux grands problèmes de l'humanité ; et son langage précis est assimilable par toutes les cultures de la planète. Il paraît donc indispensable que ces praticiens se réunissent en associations professionnelles afin de promouvoir leurs recherches et d'organiser leur formation dans le même esprit de rigueur, de qualité et d'efficacité que celui développé par la médecine conventionnelle. Il paraît également essentiel que, au-delà de leurs querelles d'écoles, ils entament une profonde réflexion sur les principes communs à leurs différentes thérapies. Ils pourront alors identifier quels sont les apports conceptuels et pratiques véritablement susceptibles de transformer la médecine du futur. Car c'est l'un des grands principes de la postmodernité : l'avenir n'est plus à la compétition, il est à la coopération.

De leur côté, les médecins conventionnels vont devoir intégrer le nouveau paradigme de l'«unité corps-esprit», s'intéresser davantage à la préservation de la santé et troquer plus souvent leur rôle d'utilisateurs de technologies et de prescripteurs de remèdes contre celui, plus noble, de révélateurs de potentiel et d'enseignants de la santé. Peu de médecins sont réellement conscients des enjeux économiques de leur profession. C'est regrettable, car l'exercice de la médecine risque de se transformer rapidement en un immense commerce où l'ignorance des médecins et de leurs patients sera une garantie de profit. La profession médicale a bien d'autres cadeaux à offrir au monde que de la croissance économique. Elle peut, si elle le veut, montrer le chemin de sagesse qui mène à la vie, à la survie de l'espèce humaine. Cela implique qu'elle prenne ses distances par rapport au monde marchand et qu'elle consacre ses efforts à réhumaniser la relation entre le patient et le médecin. Car, comme Joël de Rosnay l'écrivait dans son *Homme symbiotique*, «le grand défi de l'avenir ne sera pas technique, il sera humain[9]».

Une nouvelle médecine ne verra le jour que si l'on forme des médecins d'un type nouveau. Il y a dix ans déjà, Andrew Weil, professeur de médecine à l'université d'Arizona, plaidait en faveur d'un profond réaménagement du cursus médical[10]. Il proposait de réduire l'enseignement des détails théoriques superflus afin de donner plus de temps aux futurs médecins pour interroger leur esprit, ouvrir leur cœur et vivre leur corps. Dans cette perspective, l'enseignement de la philosophie des sciences, de l'histoire de la médecine et des différents systèmes de santé existant dans le monde développerait le sens critique des étudiants et leur fournirait les clés nécessaires pour choisir la manière dont ils exerceront l'«art de guérir». L'examen approfondi du potentiel humain, la compréhension des liens entre le corps et l'esprit ainsi qu'une connaissance affinée de la psychologie leur permettraient d'aborder la maladie et les malades de manière plus large et plus respectueuse. Sensibilisés à la dimension émotionnelle des relations humaines, les futurs médecins devraient être initiés à l'art de communiquer, d'interroger et de rassurer les patients. Toucher, masser, consoler ne leur ferait plus peur, car ils auraient apprivoisé leurs propres souffrances et défini leurs limites sans ambiguïté. Convaincus de l'influence du psychisme sur la santé physique, ils apprendraient à exploiter l'effet placebo, ils veilleraient à ne pas provoquer de stress chez leurs patients et ils se méfieraient de l'effet nocebo que pourraient déclencher certaines de leurs paroles. Conscients de l'origine multifactorielle de la plupart des maux, ils s'appliqueraient à en soigner toutes les causes. Leur connaissance intime de la nature humaine – physique, psychologique et spirituelle – serait au moins aussi importante que leur savoir scientifique. En ce sens, ils ne seraient plus seulement des médecins-techniciens mais deviendraient des médecins-guérisseurs. Informés sur les principes d'une alimentation équilibrée, initiés à la pratique de la relaxation ou de la méditation et habitués à bouger harmonieusement leur corps, ils incarneraient un exemple d'épanouissement personnel pour les malades. Enfin, formés à – ou tout au moins informés de – diverses pratiques «non conventionnelles», ils pourraient orienter leurs patients vers d'autres thérapeutes, parfois plus à même de les soulager ou, tout simplement, plus adaptés à leur culture. Ils respecteraient ainsi, eux aussi, le principe de coopération prôné par la postmodernité.

Lorsque j'expose ce programme idéal aux étudiants en médecine, je vois poindre dans leurs yeux une lueur d'espoir. «L'espoir de réintroduire un peu de vie dans mes études, et plus tard dans ma pratique», me dit une jeune femme qui se destinait à la gynécologie. C'est vrai, il suffit de lire un traité médical ou, plus simplement, de suivre un cours de cardiologie ou de chirurgie pour s'en convaincre : le réductionnisme scientifique a vidé la médecine de la vie. Or, comme le faisait remarquer Linus Pauling, lauréat des prix Nobel de chimie et de la paix, «la vie ne réside pas dans les molécules, mais dans les relations qui s'établissent entre elles». La vie n'existe qu'au travers de liens et d'échanges, dans la multiplicité et la diversité, la fluidité et le mouvement, la spontanéité et la fantaisie, l'imagination et la créativité. Autant de qualités vitales que devront posséder les médecins postmodernes s'ils veulent participer à la sauvegarde de la vie.

De cette mutation médicale résulterait certainement une manière différente de mener la recherche. Car, nourris au sein d'une approche pluriculturelle et pluridisciplinaire, les médecins postmodernes relativiseraient plus facilement l'impact de leurs découvertes; de ce fait, ils resteraient plus ouverts à de nouvelles idées. Signe des temps, c'est exactement ce qui est en train de se produire en génétique. Le fait est assez marquant pour être souligné. Rappelez-vous : en 2000, la communauté scientifique annonçait triomphalement le séquençage du génome humain. Le XXe siècle s'achevait sur un succès retentissant, tous les espoirs thérapeutiques étaient permis, et le dogme de la suprématie génique semblait inébranlable. Cinq ans plus tard, les biologistes déchantent. «Nous avons défait le puzzle, déclare le professeur Denis Noble de l'université d'Oxford; nous devons maintenant trouver comment le reconstruire[11].» Le réductionnisme génétique n'est donc plus à la mode; la biologie change de paradigme; des physiciens, des mathématiciens et des informaticiens unissent leurs efforts pour comprendre la dynamique qui préside aux destinées du vivant[12]. L'arrogance fait place à l'humilité.

Le même phénomène se produit dans les neurosciences. Certains chercheurs à l'origine d'avancées spectaculaires rappellent que l'on ignore pratiquement tout du rôle joué par les cellules gliales, alors que celles-ci représentent 90 % des cellules du cerveau. Longtemps, on les a crues exclusivement préposées au support, à la nutrition et à la protection de neurones. On sait aujourd'hui qu'en plus elles interviennent dans le traitement de l'information, la constitution de la mémoire et les mécanismes de la plasticité cérébrale[13]. Les esprits curieux du XXIᵉ siècle ont donc encore de belles découvertes en perspective.

Que constateront les médecins postmodernes lorsqu'ils interrogeront les patients sur leurs croyances au sujet de la maladie ? Quelles influences de l'espoir et des émotions positives mettront-ils en évidence lorsque, enfin, ces paramètres seront inclus systématiquement dans l'évaluation des résultats thérapeutiques ? Ne trouvera-t-on pas des causes psychologiques pour expliquer certaines différences dans les taux de guérison des patients lorsque des études sérieuses seront réalisées pour répondre à cette question ? Sera-t-on toujours aussi certain de la primauté des traitements conventionnels lorsqu'on aura eu la curiosité de demander aux malades s'ils bénéficient d'autres thérapies en complément ? Qui peut affirmer que la pratique d'une discipline comme le tai-chi ou le yoga n'influence pas l'évolution de certaines maladies, y compris des cancers ? Méditer, respirer, rire ou tout simplement bouger, n'est-ce pas essentiel à la guérison ? Des questions de ce genre peuvent paraître saugrenues. Pourtant, une étude publiée par des chercheurs de Harvard, en mai 2005, dans le *Journal of the American Medical Association* prouve qu'il est utile de les poser. En effet, qui aurait cru que des femmes atteintes d'un cancer du sein réduisent de 50 % le risque de mourir de la maladie si elles veillent à maintenir une activité physique aussi simple que celle qui consiste à marcher de trois à cinq heures par semaine [14] ?

En insistant sur la possibilité de prévenir et de guérir la maladie à l'aide des ressources intérieures de l'individu, les médecins de l'ère postmoderne pourraient influencer la politique de remboursement des compagnies d'assurances. De nouveaux métiers de la santé seraient créés, car il s'agirait davantage d'informer que de soigner. Des médecins-enseignants iraient dans les écoles pour expliquer aux enfants comment protéger le précieux trésor qu'est la vie pour chacun d'entre nous. Responsabilité et autodiscipline deviendraient les clés d'une vie heureuse. Et, sur les bancs des universités, on démontrerait que le philosophe anglais John Locke se trompait lorsque, au XVIIe siècle, il prétendait que « la négation de la nature est la voie du bonheur[15] ».

Réconciliés avec la nature et conscients d'en faire partie, les humains du IIIe millénaire auraient probablement envie de se réconcilier avec eux-mêmes. Inévitablement, ils se poseraient des questions sur la nécessité de poursuivre leur fuite en avant vers toujours plus de technologie, de production et de consommation. Et, irrésistiblement, ils auraient envie d'aimer, de rire et de danser. Tout simplement parce qu'ils se seraient souvenus que le meilleur moyen de préserver leur santé et celle de la planète sur laquelle ils vivent, c'est de créer l'équilibre et la cohérence du corps et de l'esprit.

Utopie ou réalité du futur ? Nul ne saurait le dire. Mais, en attendant la réponse, que pouvons-nous faire d'autre qu'essayer de mieux comprendre la nature des choses pour, un jour, peut-être, mieux respecter les choses de la nature ?

Remerciements

Ce livre est le fruit de la réconciliation entre le chirurgien et le psychothérapeute, le docteur et le guérisseur, le scientifique et le poète qui vivent à l'intérieur de moi. Il est le résultat d'un long travail qui n'aurait pas été possible sans le soutien d'une petite tribu qui m'a aidé à dissiper mes craintes et mes doutes. Je remercie donc François Marcq – le chef incontesté de cette tribu – ainsi que Caroline Francq, Olivier Roquigny, Natacha Severin, Nissim et Patsy Israël, Daniel Frachon, Émile Mahy, Anita Vaxelaire, Neyde Nunes Ferreira Sperandio, Gilles Fontugne, Valérie Lelièvre, Pascale Renaux, Guillemette Jooris, Matthieu Vanham, Dominique Guetta, John Van Cauwenberghe, Alain Matheï, Christophe Vaessen, Geneviève Fink, Larbi Ouriaghli, Caroline Mijnssen, Henri Baeyens, Carine et Dominique Derwa, Anja Ulhig, Kimberley Hirsch, Clovis Marques et mes parents, Colette et Georges Janssen.

Je remercie aussi tous ceux qui, d'une manière ou d'une autre, à travers une rencontre ou un échange de courrier, à certains moments critiques de l'écriture, m'ont permis d'affiner ma pensée et de préciser mon propos : Elisabeth Kübler-Ross (décédée au moment où je commençais la rédaction de cet ouvrage), Arthur Janov, Daniel Moerman, Ghislain Devroede,

Sri Shyam-ji Bathnagar, James Oschman, Fred Gallo, David Isaacs, Barbara Ann Brennan, Pnina Polishook, Enrique Arellano, Matthieu Ricard, Jacques Lefèvre, Dominique Thommen, Nicole Lattès, Nathalie Le Breton, David Servan-Schreiber, Yuichi Kawada, Danièle Rousseau, Antoine Valabregue, Marc Luyckx Ghisi, Thierry Gaudin et Élise Roy (qui a lu le manuscrit avec attention). Sans oublier deux personnages insolites, véritables miroirs de ma conscience : Raghubir Sangh et Arnulfo Olivares.

Je n'oublie pas non plus les nombreux chercheurs, médecins, thérapeutes, guérisseurs et sorciers que j'ai croisés sur mon chemin. Je ne citerai pas leurs noms pour être sûr de n'en oublier aucun. Mais que tous, s'ils se souviennent de m'avoir rencontré, soient assurés de ma reconnaissance pour leurs enseignements, l'inspiration et les questions qu'ils ont éveillées en moi. Sans eux, ce livre n'existerait pas. Il n'existerait pas non plus sans les patients qui m'ont fait confiance. Qu'ils trouvent ici le témoignage de ma gratitude et l'expression de mon profond respect.

Enfin, ma reconnaissance va aux parrains de cette *Solution intérieure* : Abel Gerschenfeld, l'éditeur de mes livres précédents, qui, le premier, m'a encouragé à écrire celui-ci ; Jean-Philippe de Tonnac, dont la généreuse confiance habite les pages de cet ouvrage ; et Henri Trubert, auprès de qui j'ai trouvé l'enthousiasme, la sensibilité, la culture et l'intelligence indispensables à la maturation de ce projet. Ce sont ses précieuses qualités qui m'ont incité à confier la destinée de ce texte aux bons soins des éditions Fayard.

Notes

INTRODUCTION

1. Barnes P., Powell-Griner E., McFann K., Nahin R., « Complementary and alternative medicine use among adults », *CDC Advance Data Report # 343*, États-Unis, 2002 (27 mai 2004).

2. Enquête sur la santé des collectivités canadiennes, *Statistique Canada*, www.statcan.ca.

3. Tzu Chi Institute, « Statut et contexte des approches complémentaires et parallèles en santé au Québec », Réseau canadien de la santé, 2003.

4. Fisher P., Ward A., « Complementary medicine in Europe », *British Medical Journal*, 1994, 309, p. 107-111.

5. Maclennan A.H., Wilson D.H., Taylor A.W., « Prevalence and costs of alternative medicine in Australia », *Lancet*, 1996, 347, p. 569-573.

6. Suzuki N., « Complementary and alternative medicine : a Japanese perspective », *Evidence-Based Complementary and Alternative Medicine*, en ligne : *eCAM*, 2004, http://ecam.oxfordjournals.org/content/vol1/issue2/index.dtl.

7. Louis C., « Thérapies alternatives : à travers le monde, la science du XXIᵉ siècle tente de comprendre, voire de s'approprier, les savoirs ancestraux », *Le Figaro*, 3 août 2004, p. 8.

8. Gordon J.S., « The White House Commission on Complementary and Alternative Medicine Policy and the future of health », *in* Schlitz M., Amorok T., Micozzi M.S. (éd.), *Consciousness and Healing. Integral Approaches to Mind-Body Medicine*, Saint Louis, MO, Elsevier Churchill Livingstone, 2005, p. 489-498.

9. Barzansky B., Jonas H.S., Etzel S.I., « Educational program in US medical schools, 1999-2000 », *Journal of the American Medical Association*, 2000, 284, p. 1114-1120.

10. Wetzel M.S., Kaptchuk T.J., Haramati A., Eisenberg D.M., «Complementary and alternative medical therapies : implications for medical education», *Annals of Internal Medicine*, 2003, 138, p. 191-196.

11. Jonas W.B., «Researching alternative medicine», *Nature Medicine*, 1997, 3, p. 824-882.

12. Organisation mondiale de la santé, *Traditional Medicine*, Washington, DC, WHO Publications, 1978.

13. Weil A., «The body's healing systems : the future of medical education», *Journal of Alternative and Complementary Therapies*, 1995, 1, p. 305-309.

14. Eisenberg D.M., Davis R.B., Ettner S.J. *et al.*, «Trends in alternative medicine use in the United States, 1990-1997 : results of a follow-up national survey», *Journal of the American Medical Association*, 1998, 280, p. 1569-1575.

15. Kamohara S., in *Alternative Medicine*, Tokyo, Tyuou Kouron Shinsha, 2002, 1ʳᵉ éd., p. 30-35.

16. Visser G.L., Peters L., Rasker J.J., «Rheumatologists and their patients who seek alternative care», *British Journal of Rheumatology*, 1992, 31, p. 485-490.

17. Astin J.A. *et al.*, «A review of the incorporation of CAM by mainstream physicians», *Archives of Internal Medicine*, 1998, 158, p. 2303-2310.

18. Verhoef M.J., Sutherland L.R., «Alternative medicine and general practitioners», *Canadian Family Physician*, 1995, 41, p. 1005-1011.

19. Perlman A. (éd.), «Complementary and alternative medicine», *The Medical Clinics of North America*, janvier 2002, vol. 86 (1).

20. *Evidence-Based Complementary and Alternative Medicine (eCAM)*, Oxford University Press, http://ecam.oxfordjournals.org.

21. Tada T., «Toward the philosophy of CAM : super-system and epimedical sciences», *Evidence-Based Complementary and Alternative Medicine*, en ligne : *eCAM*, 2004, http://ecam.oxfordjournals.org/content/vol1/issue1/index.dtl.

22. Cette liste est publiée sur le site du National Center for Complementary and Alternative Medicine : http://nccam.nih.gov.

23. Chaitow L., «Les cliniques de médecines intégrées», interview réalisée le 14 mai 2004 et publiée en ligne sur www.reseauproteus.net.

1 – EMBARRASSANT : L'EFFET PLACEBO

1. Cannon W., «"Voodoo" death», *Psychosomatic Medicine*, 1957, 19, p. 182-190.

2. Beecher H.K., «The powerful placebo», *Journal of the American Medical Association*, 1955, 159, p. 1602-1606.

3. Amanzio M., Pollo A., Maggi G., Benedetti F., «Response variability to analgesics : a role for non-specific activation of endogenous opioids», *Pain*, 2001, 90, p. 205-215.

4. Petrovic P., Kalso E., Petersson K.M., Ingvar M., «Placebo and opioid analgesia – Imaging a shared neuronal network», *Science*, 2002, 295, p. 1737-1740.

5. Wager T.D., Rilling J.K., Smith E.E., Sokolik A.S., Casey K.L., Davidson R.J., Kosslyn S.M., Rose R.M., Cohen J.D., «Placebo-induced changes in fMRI in the anticipation and experience of pain», *Science*, 2004, 303, p. 1162-1166.

6. Arstein P., «The placebo effect», *in* Leskowitz E.D. (éd.), *Complementary and Alternative Medicine in Rehabilitation*, New York, Churchill Livingstone, 2003.

7. Kienle G.S., Kiene H., «A critical reanalysis of the concept, magnitude and existence of placebo effects», *in* Peters D. (éd.), *Understanding the Placebo Effect in Complementary Medicine*, Édimbourg, Churchill Livingstone, 2001.

8. Turner J.A., Deyo R.A., Loeser J.D. *et al.*, «The importance of placebo effects in pain treatment and research», *Journal of the American Medical Association*, 1994, 271, p. 1609-1614; De Craen A.J.M., Lampe-Schoenmaeckers A.J.E.M., Kleijnen J., «Non-specific factors in randomized clinical trials : some methodological considerations», *in* Peters D. (éd.), *Understanding the Placebo Effect in Complementary Medicine*, Édimbourg, Churchill Livingstone, 2001.

9. Benson H., Epstein M.D., «The placebo effect : a neglected asset in the care of patients», *Journal of the American Medical Association*, 1975, 232, p. 1225-1227.

10. Moerman D., *Meaning, Medicine and the «Placebo Effect»*, Cambridge, Cambridge University Press, 2002.

11. Moerman D., «Cultural variations in the placebo effect : ulcers, anxiety and blood pressure», *Medical Anthropology Quarterly*, 2000, 14, p. 1-22.

12. Graceley R.H., Dubner R., Deeter W.R. *et al.*, «Clinicians' expectations influence placebo analgesia», *Lancet*, 1985, 331, p. 43.

13. Braithwaite A., Cooper P., «Analgesic effect of branding in treatment of headaches», *British Medical Journal (Clinical Research Ed.)*, 1981, 282, n° 6276, p. 1576-1578.

14. Nathan T., Stengers I., *Médecins et sorciers*, Paris, Les Empêcheurs de penser en rond, 1999.

15. Cette expression est empruntée à Alexandro Jodorowsky.

16. Lévi-Strauss C., «The sorcerer and his magic», in *Structural Anthropology*, Garden City, NY, Anchor Books, 1967, p. 180-201 (en français *Anthropologie structurale*, Paris, Plon, 1958).

17. Cobb L.A., Thomas G.I., Dillard D.H. *et al.*, «An evaluation of internal-mammary-artery-ligation by a double-blind technique», *New England Journal of Medicine*, 1959, 260, p. 1115-1118; Dimond E.G., Kittle C.F., Crockett J.E., «Comparison of internal mammary ligation and sham operation for angina pectoris», *American Journal of Cardiology*, 1960, 5, p. 483-486.

18. Moseley J.B., O'Malley K., Peterson N.J. *et al.*, «A controlled trial of arthroscopic treatment of osteoarthritis of the knee», *New England Journal of Medicine*, 2002, 347, p. 81.

19. McRae C., *Archives of General Psychiatry*, avril 2004.

20. Helman C.G., «Placebos and nocebos : the cultural construction of belief», *in* Peters D. (éd.), *Understanding the Placebo Effect in Complementary Medicine*, Édimbourg, Churchill Livingstone, 2001.

21. Long J., Gillilan R., Lee S.G., Kim C.R., «White-coat hypertension : detection and evaluation», *Maryland Medical Journal*, 1990, 39, p. 555-559; Campbell L.V., Ashwell S.M., Borkman M., Chisholm D., «White-coat hyperglycemia : disparity between diabetes clinic and home blood glucose concentrations», *British Medical Journal*, 1992, 305, p. 1194-1196.

22. Groopman J., *The Anatomy of Hope*, New York, Random House, 2004 (traduction française : *La Force de l'espoir. Son rôle dans la guérison*, Paris, Jean-Claude Lattès, 2004).

23. Barsky A.J., Saintfort R., Rogers M.P., Borus J.F., «Nonspecific medication side effects and nocebo phenomenon», *Journal of the American Medical Association*, 2002, 287, p. 622-627.

24. Eaker E., Pinsky L., Castelli W.P., «Myocardial infarction and coronary death among women : psychosocial predictors from a 20-year follow-up of women in the Framingham Study», *American Journal of Epidemiology*, 1992, 135, p. 854-864.

25. Hahn R.A., «The nocebo phenomenon : scope and foundations», *in* Harrington A. (éd.), *The Placebo Effect. An Interdisciplinary Exploration*, Cambridge, MA, Harvard University Press, 1997, p. 56-76.

26. Peterson C., Bossio L., «Healthy attitudes : optimism, hope, and control», in *Mind Body Medicine*, Consumer Reports Books 1993, p. 351-366.

27. Maruta T., Colligan R.C., Maclinchoc M., Offord K.P., «Optimism-pessimism assessed in the 1960s and self reported health status 30 years later», *Mayo Clinic Proceedings*, 2002, 77, p. 748-753.

28. Danner D., Snowden D., Friesen W., «Positive emotions in early life and longevity», *Journal of Personality and Social Psychology*, 2001, 8, p. 804.

29. Fenwick P., «Psychoneuroimmunology : the mind-brain connection», *in* Peters D. (éd.), *Understanding the Placebo Effect in Complementary Medicine*, Édimbourg, Churchill Livingstone, 2001.

30. Kamen-Siegel L., Rodin J., Seligman M., Dwyer J., «Explanatory style and cell mediated immunity in elderly men and women», *Health Psychology*, 1991, 10, p. 229-235.

31. Buchanan G.M., Seligman M.E.P., *Explanatory Style*, Hillsdale, NJ, Lawrence Erlbaum Associates, 1995, p. 303.

32. Levy S., Herberman R., Lippmann M., D'Angelo T., Lee J., «Immunological and psychological predictors of disease. Recurrence in patients with early stage breast cancer», *Behavioural Medicine*, 1991, 17, p. 67-75.

2 – ÉCLAIRANT : LA PSYCHO-NEURO-IMMUNOLOGIE

1. Jung C.G., *Collected Works of C.G. Jung*, 2e éd., vol. 2, Princeton, NJ, Princeton University Press, 1972.

2. Mackenzie J.N., « The production of so-called "rose cold" by means of an artificial rose », *American Journal of Medical Science*, 1895, 91, p. 47-57.

3. Hill L.E., *Philosophy of a Biologist*, Londres, Arnold, 1930.

4. Ader R., Cohen N., « Behaviourally conditioned immunosuppression ». *Psychosomatic Medicine*, 1975, 37, p. 333-340.

5. Felten D., Felten S., Carlson S., Olschowka J., Livnat S., « Noradrenergic and peptidergic innervation of lymphoid tissue », *The Journal of Immunology*, 1985, 135, p. 755-765.

6. Ader R., Cohen N., Felten D.L., « Psychoneuroimmunology : interactions between the nervous system and the immune system », *Lancet*, 1995, 345, p. 99-103; Cardinali D.P., Cutrera R.A., Esquifino A.I., « Psychoimmune neuroendocrine integrative mechanisms revisited », *Biological Signals and Receptors*, 2000, 9, p. 215-230.

7. Pert C.B., *Molecules of Emotion*, New York, Touchstone, 1997.

8. Stonier T., *Information and the Internal Structure of the Universe*, New York, Springer-Verlag, 1990.

9. Sperry R., « The great cerebral commissure », *Scientific American*, 1964, 210, p. 42-52.

10. Gazzaniga M., *The Social Brain : Discovering the Networks of the Mind*, New York, Basic, 1985.

11. Mazziotta J., Phelps M., Carson R., Kulh D., « Tomographic mapping of human cerebral metabolism : auditory stimulation », *Neurology*, 1982, 32, p. 921-937.

12. Janov A., *The Biology of Love*, New York, Prometheus Books, 2000 (traduction française : *La Biologie de l'amour*, Monaco, Éditions du Rocher, 2001).

13. LeDoux J., *The Emotional Brain*, New York, Simon & Schuster, 1996 (traduction française : *Le Cerveau des émotions*, Paris, Odile Jacob, 2005).

14. Travaux cités *in* Fredrickson B.L., « L'importance du bonheur », *Cerveau & Psycho*, juin-août 2004, 6, p. 44.

15. Fredrickson B.L., « The role of positive emotions in positive psychology : the broaden-and-build theory of positive emotions », *American Psychologist*, 2001, 56, p. 218.

16. Davidson R.J., Sutton S.K., « Affective neuroscience : the emergence of a discipline », *Current Opinion in Neurobiology*, 1995, 5, p. 217-224.

17. Tomarken A.J., Davidson R.J., « Frontal brain activation in repressors and non-repressors », *Journal of Abnormal Psychology*, 1994, 103, p. 339-349.

18. Wheeler R.E., Davidson R.J., Tomarken A.J., « Frontal brain asymmetry and emotional reactivity : a biological substrate and affective style », *Psychophysiology*, 1993, 30, p. 820-829.

19. Rossi G.F., Rosadini G., « Experimental analysis of cerebral dominance in man », in *Brain : Mechanisms Underlying Speech and Language*, New York, Grune & Statton, 1967.

20. Barnoud P., Le Moal M., Neveu P., « Asymmetrical distribution of monoamines in left and right-handed mice », *Brain Research*, 1990, 520, p. 317-321.

21. Kang D.H., Davidson R.J., Coe C., Wheeler R.E., Tomarken A.J., Ershler W.B., «Frontal brain asymmetry and immune function», *Behavioral Neuroscience*, 1991, 105, p. 860-869.

22. Rosenkranz M.A., Jackson D.C., Dalton K.M., Dolski I., Ryff C.D., Singer B.H., Muller D., Kalin N.H., Davidson R.J., «Affective style and in vivo immune response : neurobehavioral mechanisms», *Procedings of the National Academy of Sciences*, 2003, 100, p. 11148-11152; Meador K.J., Lecuona J.M., Helman S.W., Loring D.W., «Differential immunologic effects of language-dominant and non-dominant cerebral resections», *Neurology*, 1999, 53, p. 1183-1187.

23. Clerici M., Shearer G.M., «The Th1-Th2 hypothesis of HIV infection : new insights», *Immunology Today*, 1994, 15, p. 575-581.

24. Gruzelier J., Burgess A., Baldewig T. *et al.*, «Prospective associations between lateralised brain function and immune status in HIV infection : analysis of EEG, cognition and mood over 30 months», *International Journal of Psychophysiology*, 1996, 23, p. 215-224.

25. Martin I., «Human electroencephalographic (EEG) response to olfactory stimulation : to experiments using the aroma of food», *International Journal of Psychophysiology*, 1998, 30, p. 287-302; Clow A., «Behavioural conditioning of immune system», *in* Peters D. (éd.), *Understanding the Placebo Effect in Complementary Medicine*, Édimbourg, Churchill Livingstone, 2001.

26. Oppenheimer S., Gelb A., Girvin J., Hachinski V., «Cardiovascular effects of human insula cortex stimulation», *Neurology*, 1992, 42, p. 1727-1732.

27. Selye H., *The Stress of Life*, New York, McGraw-Hill, 1978.

28. Elenkov I.J., Chrousos G.P., «Stress hormones, proinflammatory and anti-inflammatory cytokines, and autoimmunity», *Annals of the New York Academy of Sciences*, 2002, 966, p. 290-303.

29. Levenstein S., «Psychosocial factors in peptic ulcer and inflammatory bowel disease», *Journal of Consulting and Clinical Psychology*, 2002, 70, p. 739-750.

30. Zautra A.J., Hamilton M.A., Potter P., Smith B., «Field research on the relationship between stress and disease activity in rheumatoid arthritis», *Annals of the New York Academy of Sciences*, 1999, 876, p. 397-412.

31. Walsh J.H., Peterson W.L., «The treatment of Helicobacter pylori infection in the management of peptic ulcere disease», *New England Journal of Medicine*, 1995, 333, p. 984-991.

32. Epel E., Lapidus R., McEwen B., Brownell K., «Stress may add bite to appetite in women : a laboratory study of stress-induced cortisol and eating behavior», *Psychoneuroendocrinoly*, 2000, 26, p. 37-49.

33. De Quervain D.J.F., Roozendaal B., McGaugh J.L., «Stress and glucocorticoides impair retrieval of long-term spatial memory», *Nature*, 1998, 394, p. 787-790; Sheline Y.I., Sanghavi M., Mintun M.A., Gado M.H., «Depression duration but not age predicts hippocampal volume loss in medically healthy women with recurrent major depression», *Journal of Neuroscience*, 1999, 19, p. 5034-5043.

34. Starkman M., Schteingart D., «Neuropsychiatric manifestations of patients with Cushing's syndrome», *Journal of Clinical Psychiatry*, 1981, 141, p. 215-219.

3 – INQUIÉTANT : LES DANGERS DU STRESS

1. www.stress.org.

2. Cohen S., Tyrrell D.A.J., Smith A.P., «Psychological stress and susceptibility to the common cold», *New England Journal of Medicine*, 1991, 325, p. 606-611.

3. Cohen S., Doyle W.J., Skoner D.P., «Psychological stress, cytokin production, and severity of upper respiratory illness», *Psychosomatic Medicine*, 1999, 61, p. 175-180.

4. Cohen S., Frank E., Doyle W.J., Skoner D.P., Rabin B.S., Gwaltney J.M., «Types of stressors that increase susceptibility to the common cold in healthy adults», *Health Psychology*, 1998, 17, p. 214-223.

5. Selye H., «The evolution of the stress concept», *American Science*, 1973, 61, p. 692-699; Segerstrom S.C., Miller G.E., «Psychological stress and the human immune system : a meta-analytic study of 30 years of inquiry», *Psychological Bulletin*, 2004, 130, p. 601-630.

6. Kasl S.V., Evans A.S., Niederman J.C., «Psychological risk factors in the development of infectious mononucleosis», *Psychosomatic Medicine*, 1979, 41, p. 445-466.

7. Luborsky L., Brightman V.J., Katcher A.H., «Herpes simplex virus and moods : a longitudinal study», *Journal of Psychosomatic Research*, 1976, 20, p. 543-548.

8. Kiecolt-Glaser J.K., Glaser R. *et al.*, «Modulation of cellular immunity in medical students», *Journal of Behavioral Medicine*, 1986, 9, p. 5-21; Jemmot J.B., Borysenko J.Z., Borysenko M., «Academic stress, power motivation and decrease in secretion rate of immunoglobulin A», *Lancet*, 1983, p. 1400-1402.

9. Arnetz B.B., Wasserman J., Petrini B. *et al.*, «Immune function in unemployed women», *Psychosomatic Medicine*, 1987, 49, p. 3-12; Marriott D., Kirwood B.J., Stough C., «Immunological effects of unemployement», *Lancet*, 1994, 344, p. 26-27.

10. Pressman S.D., Chen S., Miller G.E., Barkin A., Rabin B.S., Treanor J.J., «Loneliness, social network size, immune response to influenza vaccination in college freshmen», *Health Psychology*, 2005, 24, p. 297-306.

11. Janov A., *The Biology of Love*, New York, Prometheus Books, 2000 (traduction française : *La Biologie de l'amour*, Monaco, Éditions du Rocher, 2001).

12. Rosenthal M.J., «Psychosomatic study of infantile eczema», *Pediatrics*, 1952, 10, p. 581-593; Saint-Mézard P., Chavagnac C., Bosset S., Ionescu M., Peyron E., Kaiserlian D., Nicolas J.-F., Bérard F., «Psychological stress exerts an adjuvant effect on skin dendritic cell», *The Journal of Immunology*, 2003, 171, p. 4073-4080.

13. Bartrop R.W., Keller S.E. *et al.*, «Depressed lymphocyte function after bereavement», *Lancet*, 1977, 1, p. 834-836.

14. Irwin M., Daniels M., Risch C. *et al.*, «Plasma cortisol and natural killer cell activity during bereavement», *Biological Psychiatry*, 1988, 24, p. 173-178.

15. Kiecolt-Glaser J.K., Fisher L., Ogrocki P., Sout J., Speicher C., Glaser R., «Marital quality, marital disruption, and immune function», *Psychosomatic Medicine*, 1987, 49, p. 13-53.

16. Kiecolt-Glaser J.K., Glaser R., Cacioppo J.T., Malarkey W.B., «Marital stress : immunologic, neuroendocrine and autonomic correlates», *Annals of the New York Academy of Sciences*, 1998, 840, p. 656-663.

17. Vedhara K., Cox N.H.M., Wilcock G.K. *et al.*, «Chronic stress in elderly carers of dementia patients and antibody response to influenza vaccination», *Lancet*, 1999, 353, p. 627-631.

18. Kiecolt-Glaser J.K., Preacher K.J., MacCallum R.C., Atkinson C., Malarkey W.B., Glaser R., «Chronic stress and age-related increases in the proinflammatory cytokine IL-6», *Proceedings of the National Academy of Sciences*, 2003, 100, p. 9090-9095.

19. Kiecolt-Glaser J., Marucha P.T., Malarkey W.B., Mercadio A.M., Glaser R., «Slowing of wound healing by psychological stress», *Lancet*, 1995, 346, p. 1194-1196.

20. Glaser R., Robles T.F., Sheridan J., Malarkey W.B., Kiecolt-Glaser J., «Mild depressive symptoms are associated with amplified and prolonged inflammatory responses after influenza virus vaccination on older adults», *Archives of General Psychiatry*, 2003, 60, p. 1009-1014; Rosenkranz M.A., Jackson D.C., Dalton K.M., Dolski I., Ryff C.D., Singer B.H., Muller D., Kalin H., Davidson R.J., «Affective style and in vivo immune response : neurobehavioral mechanisms», *Proceedings of the National Academy of Sciences*, 2003, 100, p. 11148-11152.

21. Solomon G., Moos R., «Psychological aspects of response to treatment in rheumatoid arthritis», *General Practitioner*, 1965, 32, p. 113-119.

22. Zautra A.J., Hamilton M.A., Potter P., Smith B., «Field research on the relationship between stress and disease activity in rheumatoid arthritis», *Annals of the New York Academy of Sciences*, 1999, 876, p. 397-412.

23. Sternberg E.M., «The stress response and the regulation of inflammatory disease», *Annals of Internal Medicine*, 1992, 117, p. 854-866.

24. Qui B.S., Vallance B.A., Blennerhassett P.A., Collins S.M., «The role of CD4+ lymphocytes in the susceptibility of mice to stress-induced reactivation of experimental colitis», *Nature*, 1999, 5, p. 1178-1182.

25. Aoyama N., Kinoshita Y., Fujimoto S. *et al.*, «Peptic ulcers after the Hanshin-Awaji earthquake increased incidence of bleeding gastric ulcers», *American Journal of Gastroenterology*, 1998, 93, p. 311-316.

26. Walsh J.H., Peterson W.L., «The treatment of Helicobacter pylori infection in the management of peptic ulcere disease», *New England Journal of Medicine*, 1995, 333, p. 984-991.

27. Levenstein S., «Stress and peptic ulcer. Life beyond Helicobacter», *British Medical Journal*, 1998, 316, p. 538-541 ; Levenstein S., «The very model

of a modern etiology : a biopsychosocial view of peptic ulcer», *Psychosomatic Medicine*, 2000, 62, p. 176-185.

28. Miller G.E., Freedland K.E., Carney R.M., Stetler C.A., Banks W.A., «Cynical hostility, depressive symptoms, and the expression of inflammatory risk markers for coronary heart disease», *Journal of Behavioral Medicine*, 2003, 26, p. 501-515.

29. Miller G.E., Freedland K.E., Carney R.M., Stetler C.A., Banks W.A., «Pathways linking depression, adiposity, and inflammatory markers in healthy young adults», *Brain, Behavior and Immunity*, 2003, 17, p. 276-285.

30. Baghurst K.I., Baghurst P.A., Record S.J., «Public perceptions of the role of dietary and other environmental factors in cancer causation or prevention», *Journal of Epidemiology and Community Health*, 1992, 46, p. 120-126.

31. Chen C.C., David A.S., Nunnerley H., Michell M., Dawson J.L., Berry H., Dobbs J., Fahy T., «Adverse life events and breast cancer : case-control study», *British Medical Journal*, 1995, 311, p. 1527-1530; Lillberg K., Verkasalo P.K., Kaprio J., Teppo L., Helenius H., Koskenvuo M., «Stressful life events and risk of breast cancer in 10808 women : a cohort study», *American Journal of Epidemiology*, 2003, 157, p. 415-423.

32. Protheroe D., Turvey K., Horgan K., Benson E., Bowers D., House A., «Stressful life events and difficulties and onset of breast cancer : case-control-study», *British Medical Journal*, 1999, 319, p. 1027-1030.

33. Schernhammer E.S., Hankinson S.E., Rosner B., Kroenke C.H., Willett W.C., Colditz G.A., Kawachi I., «Job stress and breast cancer risk», *American Journal of Epidemiology*, 2004, 160, p. 1079-1086; Kroenke C.H., Hankinson S.E., Schernhammer E.S., Colditz G.A., Kawachi I., Holmes M.D., «Caregiving stress, steroid hormone levels, and breast cancer incidence», *American Journal of Epidemiology*, 2004, 159, p. 1019-1027.

34. Fenwick P., «Psychoneuroimmunology : the mind-brain connection», *in* Peters D. (éd.), *Understanding the Placebo Effect in Complementary Medicine*, Édimbourg, Churchill Livingstone, 2001.

35. Persky V.W., Kempthorne J., Shekelle R.B., «Personality and risk of cancer : 20 years follow-up of the Western Electric Study», *Psychosomatic Medicine*, 1987, 49, p. 435-449.

36. Perrin L., *Le Psychisme, le stress et l'immunité. La santé est en nous*, Paris, Odile Jacob, 2003; Zonderman A.B., Costa P.T., McCrae R.R., «Depression as a risk for cancer morbidity and mortality in a nationally representative sample», *Journal of the American Medical Association*, 1989, 262, p. 1191-1195; Kaplan G.A., Reynolds P., «Depression and cancer mortality and morbidity prospective evidence from the Alameda County study», *Journal of Behavioral Medicine*, 1988, 11, p. 1-13; Hahn R.C., Petitti D.B., «Minnesota Multiphasic Personality Inventory-rated depression and the incidence of breast cancer», *Cancer*, 1988, 61, p. 845-848.

37. Tomei L.D., Kiecolt-Glaser J.K., Kennedy S., Glaser R., «Psychological stress and phorbol ester inhibition of radiation-induced apoptosis in human PBLs», *Psychiatry Research*, 1990, 33, p. 59-71; Kiecolt-Glaser J.K., Stephen

R.E., Lipitz P.D., Speicher C.E., Glaser R., «Distress and DNA repair in human lymphocytes», *Journal of Behavioral Medicine*, 1985, 8, p. 311-320; Glaser R., Thorn B.E., Tarr K.L., Kiecolt-Glaser J.K., D'Ambrosio S.M., «Effects of stress on methyltransferase synthesis : an important DNA repair enzyme», *Health Psychology*, 1985, 4, p. 403-412.

38. Epel E.S., Blackburn E.H., Lin J., Dhabhar F.S., Adler N.E., Morrow J.D., Cawthon R.M., «Accelerated telomere shortening in response to life stress», *Proceedings of the National Academy of Sciences*, 2004, 101, p. 17312-17315.

39. Vulliamy T., Marrone A., Goldman F., Dearlove A., Bessler M., Mason P.J., Dokal I., «The RNA component of telomerase is mutated in autosomal dominant dyskeratosis congenita», *Nature*, 2001, 413, p. 432-435; Cawthon R., Smith K., O'Brien E., Sivatchenko A., Kerber R., «Association between telomere length in blood and mortality in people aged 60 years or older», *Lancet*, 2003, 361, p. 393-395; Brouilette S., Singh R.K., Thompson J.R., Goodall A.H., Samani N.J., «White cell telomere length and risk of premature myocardial infarction», *Arteriosclerosis, Thrombosis and Vascular Biology*, 2003, 23, p. 842-846.

40. Jung W., Irwin M., «Reduction of natural killer cytotoxic activity in major depression : interaction between depression and cigarette smoking», *Psychosomatic Medicine*, 1999, 61, p. 263-270.

41. Linkins R.W., Comstock G.W., «Depressed mood and development of cancer», *American Journal of Epidemiology*, 1990, 132, p. 962-972.

42. Kiecolt-Glaser J.K., Glaser R., «Psychoneuroimmunology and immunotoxicology : implications for carcinogenesis», *Psychosomatic Medicine*, 1999, 61, p. 271-272.

43. Visintainer M., Volpicelli J., Seligman M., «Tumor rejection in rats after inescapable or escapable shock», *Science*, 1982, 216, p. 437-439.

44. Riley V., «Psychoneuroendocrine influence on immunocompetence and neoplasia», *Science*, 1981, 212, p. 110.

45. Friedman M., Rosenman R., *Type A Behavior and Your Heart*, New York, Knopf, 1974; Friedman M., «Type A behavior : its diagnosis, cardiovascular relation and the effect of its modification on recurrence of coronary artery disease», *American Journal of Cardiology*, 1989, 64, p. 12-19.

46. Propos recueillis en 2001 par Elaine Woo, journaliste au *Los Angeles Times*.

47. McCormick C.M., Smythe J.W., Sharma S., Meany M.J., «Sex-specific effects of prenatal stress on hypothalamic-pituitary-adrenal responses to stress and brain glucocorticoid receptor density in adult rats», *Brain Research. Developmental Brain Research*, 1995, 84, p. 55-61.

48. Maccari S., Darnaudéry M., Van Reeth O., «Hormonal and behavioral abnormalities induced by stress "in utero" : an animal model for depression», *Stress*, 2001, p. 11-23.

49. Morley-Fletcher S., Rea M., Maccari S., Laviola G., «Environmental enrichment during adolescence reverses the effects of prenatal stress on play

behaviour and HPA axis reactivity in rats», *European Journal of Neuroscience*, 2003, 18, p. 1-8.

50. Lesage J., Del-Favero F., Leonhardt M., Louvart H., Maccari S., Vieau D., Darnaudéry M., «Prenatal stress induces intrauterine growth restriction and programs insulin resistance and feeding behavior disturbance in the aged rat», *Journal of Endocrinology*, 2004, 181, p. 291-296.

51. Kofman O., «The role of prenatal stress in the etiology of developmental behavioural disorders», *Neuroscience and Biobehavioral Reviews*, 2002, 26, p. 457-470.

52. Huizink A.C., Robles de Medina P.G., Mulder E.J., Visser G.H., Buitelaar J.K., «Psychological measures of prenatal stress as predictors of infant temperament», *Journal of the American Academy of Child and Adolescent Psychiatry*, 2002, 41, p. 1078-1085; Buitelaar J.K., Huizink A.C., Mulder E.J., Robles de Medina P.G., Visser G.H., «Prenatal stress and cognitive development and temperament in infants», *Neurobiology of Aging*, 2003, 24, p. S53-S60.

53. Poggi Davis E., Snidman N., Wadhwa P.D., Glynn L.M., Schetter C.D., Sandman C.A., «Prenatal maternal anxiety and depression predict negative behavioural reactivity in infancy», *Infancy*, 2004, 6, p. 319-331.

54. Linnet K.M., Dalsgaard S., Obel C., Wisborg K., Henriksen T.B., Rodriguez A., Kotimaa A., Moilanen I., Thomsen P.H., Olsen J., Jarvelin M.-R., «Maternal lifestyle factors in pregnancy risk of attention deficit hyperactivity disorder and associated behaviours : review of current evidence», *American Journal of Psychiatry*, 2003, 160, p. 1028-1040.

55. Kippin T.E., Cain S.W., Masum Z., Ralph M.R., «Neural stem cell show bidirectional experience-dependent plasticity in the perinatal mammalian brain», *The Journal of Neuroscience*, 2004, 24, p. 2832-2836.

56. Kandle E.R., «Cellular mechanisms of learning and the biological basis of individuality», in *Principles of Neural Science*, New York, McGraw-Hill, 2000.

4 – RASSURANT : LA FORCE DE L'ESPRIT

1. Seligman M.E.P., *Authentic Happiness*, New York, The Free Press, Simon & Schuster, 2002.

2. Cette expression est empruntée à Matthieu Ricard (*Le Moine et le Philosophe*, Paris, Nil Éditions, 1997).

3. Davidson R.J., «Affective style, psychopathology, and resilience : brain mechanisms and plasticity», *American Psychologist*, 2000, 55, p. 1196-1214.

4. Csikszentmihalyi M., *Flow : The Psychology of Optimal Experience*, New York, Harper & Row, 1990 (traduction française : *Vivre. La psychologie du bonheur*, Paris, Robert Laffont, 2004).

5. Fredrickson B.L., «The role of positive emotions in positive psychology : the broaden-and-built theory of positive emotions», *American Psychologist*, 2001, 56, p. 218.

6. Cousins N., « Anatomy of an illness (as perceived by the patient) », *New England Journal of Medicine*, 1976, 295, p. 1458-1463.

7. Berk L.S., Felten D.L., Tan S.A., Bittman B.B., Westengard J., « Modulation of neuroimmune parameters during the eustress of humor-associated mirthful laughter », *Alternative Therapies*, 2001, 7, p. 62-76.

8. Tan S.A., Tan L.G., Berk L.S., Lukman S.T., Lukman L.F., « Mirthful laughter an effective adjunct in cardiac rehabilitation », *Canadian Journal of Cardiology*, 1997, 13 (suppl. B), p. 190.

9. Kimata H., « Effect of humor on allergen-induced wheal reactions », *Journal of the American Medical Association*, 2001, 285, p. 738.

10. Yoshino S., Fujimori J., Kohda M., « Effects of mirthful laughter on neuroendocrine and immune systems in patients with rheumatoid arthritis », *Journal of Rheumatology*, 1996, 23, p. 793-794.

11. Pennebaker J.W., *Opening Up. The Healing Power of Confiding in Others*, New York, W.M. Morrox & Co., 1990.

12. Petrie K.J., Booth R.J., Pennebaker J.W., Davison K.P., Thomas M.G., « Disclosure of trauma and immune response to hepatitis B vaccination program », *Journal of Consulting and Clinical Psychology*, 1995, 63, p. 787-792.

13. Smyth J.M., Stone A.A., Hurwitz A., Kaell A., « Effects of writing about stressful experiences on symptom reduction in patients with asthma or rheumatoid arthritis. A randomized trial », *Journal of the American Medical Association*, 1999, 281, p. 1304-1309 ; Spiegel D., « Healing words. Emotional expression and disease outcome », *Journal of the American Medical Association*, 1999, 281, p. 1328-1329.

14. Hirshberg C., Barasch M.I., *Remarkable Recovery*, New York, Riverhead Books, 1995 (traduction française : *Guérisons remarquables*, Paris, Robert Laffont, 1996).

15. Visintainer M., Volpicelli J., Seligman M., « Tumor rejection in rats after inescapable or escapable shock », *Science*, 1982, 216, p. 437-439 ; *Science*, 1983, 221, p. 568-570.

16. Cole S.W., Kemeny M.E., Taylor B.R. *et al.*, « Elevated physical health risk among gay men who conceal their homosexuality identity », *Health Psychology*, 1996, 15, p. 243-251.

17. Cole S.W., Kemeny M.E., Taylor B.R. *et al.*, « Accelerated course of human immunodeficiency virus infection in gay men who conceal their homosexual identity », *Psychosomatic Medicine*, 1996, 58, p. 219-231.

18. Cole S.W., Naliboff B.D., Kemeny M.E. *et al.*, « Impaired response to HAART in patients with high autonomic nervous system activity », *Proceedings of the National Academy of Sciences*, 2001, 98, p. 12695-12700.

19. Spiegel D., Bloom J.R., Kraemer H., Gottheil E., « Effect of psychosocial treatment on survival of patients with metastatic breast cancer », *Lancet*, 1989, 50, p. 681-689.

20. Fawzy F.I., Fawzy N.W., Hyun C.S., Elashoff R., Guthrie D., Fahey J.L., Morton D.L., « Malignant melanoma : effects of an early structured

psychiatric intervention, coping, and affective state on recurrence and survival 6 years later», *Archives of General Psychiatry*, 1993, 50, p. 681-689.

21. Goodwin P.J., Leszcz M., Ennis M. *et al.*, « The effect of group psychosocial support on survival in metastatic breast cancer», *New England Journal of Medicine*, 2001, 345, p. 1719-1726.

22. Riley V., «Psychoneuroendocrine influence on immunocompetence and neoplasia», *Science*, 1981, 212, p. 110.

23. Andersen B.L., Farrar W.B., Golden-Kreutz D. *et al.*, «Stress and immune responses after surgical treatment for regional breast cancer», *Journal of the National Cancer Institute*, 1998, 90, p. 30-36.

24. Andersen B.L., Farrar W.B. *et al.*, «Psychological, behavioral, and immune changes after a psychological intervention : a clinical trial», *Journal of Clinical Oncology*, 2004, 22, p. 3570-3580.

25. Spiegel D., Sephton S.E., Terr A.I., Stites D.P., «Effects of psychosocial treatment in prolonging cancer survival may be mediated by neuroimmune pathways», *Annals of the New York Academy of Sciences*, 1998, 840, p. 674-683.

26. Luborsky L., Singer B., Luborsky L., «Comparative studies of psychotherapies. Is it true that "everyone has won and all must have prizes"?», *Archives of General Psychiatry*, 1975, 32, p. 995-1008; Smith M.L., Glass G.V., «Meta-analysis of psychotherapy outcome studies», *American Psychologist*, 1977, 32, p. 752-760; Landman J.T., Dawes R.M., «Psychotherapy outcome. Smith and Glass' conclusions stand up under scrutiny», *American Psychologist*, 1982, 37, p. 504-516.

27. Strupp H.H., Hadley S.W., «Specific vs non-specific factors in psychotherapy. A controlled study of outcome», *Archives of General Psychiatry*, 1979, 36, p. 1125-1136.

28. Moerman D., *Meaning, Medicine and the « Placebo Effect »*, Cambridge, Cambridge University Press, 2002.

29. Lévi-Strauss C., «The effectiveness of symbols», in *Structural Anthropology*, Garden City, NY, Anchor Books, 1967 (en français *Anthropologie structurale*, Paris, Plon, 1958).

30. Benson H., Alexander S., Feldman C.L., «Decreased premature ventricular contractions through use of the relaxation response in patients with stable ischemic heart-disease», *Lancet*, 1975, 2, p. 380-382.

31. Benson H., *The Relaxation Response*, New York, Morrow, 1975.

32. Kiecolt-Glaser J.K., Glaser R., Wiliger D. *et al.*, «Psychosocial enhancement of immunocompetence in a geriatric population», *Health Psychology*, 1985, 4, p. 25-41; Cacioppo J.T., Bernston G.G., Malarkey W.B., Kiecolt-Glaser J. *et al.*, «Autonomic neuroendocrine and immune responses to psychological stress : the reactivity hypothesis», *Annals of the New York Academy of Sciences*, 1998, 840, p. 664-673.

33. Bernardi L., Sleight P., Bandinelli G. *et al.*, «Effect of rosary prayer and yoga mantras on autonomic cardiovascular rhythms : comparative study», *British Medical Journal*, 2001, 323, p. 1446-1449.

34. Ernst E., Rand J.I., Stevinson C., «Complementary therapies for depression : an overview», *Archives of General Psychiatry*, 1998, 55, p. 1026-1032.

35. Teasdale J., Williams J., Soulsby J. *et al.*, «Prevention of relapse/recurrence in major depression of mindfulness-based cognitive therapy», *Journal of Consulting and Clinical Psychology*, 2000, 68, p. 615-623 ; Miller J., Fletcher K., Kabat Zinn J., «Three-year follow-up and clinical implications of a mindfulness meditation-based stress reduction intervention in the treatment of anxiety disorders», *General Hospital Psychiatry*, 1995, 17, p. 192-200.

36. Castillo-Richmond A. *et al.*, «Effects of stress reduction on carotid artherosclerosis in hypertensive African American», *Stroke*, 2000, 31, p. 568-573.

37. Barnes V.A., Treiber F.A., Johnson M.H., «Impact of transcendental meditation on ambulatory blood pressure in African-American adolescents», *American Journal of Hypertension*, 2004, 17, p. 366-369.

38. Davidson R.J., Kabat-Zinn J., Schumacher J., Rosenkranz M. *et al.*, «Alterations in brain and immune function produced by mindfulness meditation», *Psychosomatic Medicine*, 2003, 65, p. 564-570.

39. Lutz A., Greischar L.L., Rawlings N.B., Ricard M., Davidson R.J., «Long-term meditators self-induce high-amplitude gamma synchrony during mental practice», *Proceedings of the National Academy of Sciences*, 2004, 101, p. 16369-16373.

40. Begley S., «Scans of monks' brains show meditation alters structure, functioning», *The Wall Street Journal*, 5 novembre 2004.

41. Simonton C.O., Matthews-Simonton S., Creighton J., *Getting Well Again*, New York, Bantam, 1978 (traduction française : *Guérir envers et contre tout*, Paris, Desclée de Brouwer, 1990).

42. Bakke A.C., Purtzer M.Z., Newton P., «The effect of hypnotic-guided imagery on psychological well-being and immune function in patients with prior breast cancer», *Journal of Psychosomatic Research*, 2002, 53, p. 1131-1137.

43. Mundy E.A., DuHamel K.N., Montgomery G.H., «The efficacy of behavioural interventions for cancer treatment-related side effects», *Seminars in Clinical Neuropsychiatry*, 2003, 8, p. 253-275.

44. Ranganathan V.K., Siemionow V., Liu J.Z., Sahgal V., Yue G.H., «From mental power to muscle power. Gaining strength by using the mind», *Neuropsychologia*, 2004, 42, p. 944-956.

45. Warner L., McNeill M.E., «Mental imagery and its potential for physical therapy», *Physical Therapy*, 1988, 68, p. 516-521.

46. Morganti F., Gaggioli A., Castelnuovo G., Bulla D. *et al.*, «The use of technology-supported mental imagery in neurological rehabilitation : a research protocol», *Cyberpsychology & Behavior*, 2003, 6, p. 421-427.

47. Lehrer P.M., Vaschillo E. *et al.*, «Biofeedback treatment for asthma», *Chest*, 2004, 126, p. 352-361.

48. McCraty R., *Science of the Heart : Exploring the Role of the Heart in Human Performance*, Boulder Creek, CA, Institute of HeartMath, 2001 (disponible sur commande : www.heartmath.org).

49. Lang E.V., Benotsch E.G., Fick L.J. *et al.*, «Adjunctive non-pharmacological analgesia for invasive medical procedures : a randomized trial», *Lancet*, 2000, 355, p. 1486-1490; Lang E.V., Rosen M.P., «Cost analysis of adjunct hypnosis with sedation during outpatient interventional radiologic procedures», *Radiology*, 2002, 222, p. 375-382.

50. Setter F., Kupper S., «Autonomic training : a meta-analysis of clinical outcome studies», *Applied Psychophysiology and Biofeedback*, 2002, 27, p. 45-98.

51. Black S., Humphrey J.H., Niven J.S.F., «Inhibition of Mantoux reaction by direct suggestion under hypnosis», *British Medical Journal*, 1963, p. 1649-1652.

52. Spiegel D., *Psychiatric Clinics of North America*, 12 juin 1989.

53. Lang E.V., Benotsch E.G., Fick L.J. *et al.*, «Adjunctive non-pharmacological analgesia for invasive medical procedures : a randomized trial», *Lancet*, 2000, 355, p. 1486-1490.

54. Spiegel H., Spiegel D., *Transe and Treatment : Clinical Uses of Hypnotism*, Washington, DC, American Psychiatric Press Inc., 1978.

55. Rainville P., Hofbauer R.K., Paus T., Duncan G.H., Bushnell M.C., Price D.D., «Cerebral mechanisms of hypnotic induction and suggestion», *Journal of Cognitive Neuroscience*, 1999, 11, p. 110-125; Rainville P., Carrier B., Hofbauer R.K., Bushnell M.C., Duncan G.H., «Dissociation of sensory and affective dimensions of pain using hypnotic modulation», *Pain*, 1999, 82, p. 159-171.

56. Faymonville M.-É., Meurisse M., Fissette J., «Hypnosedation : a valuable alternative to traditional anaesthetic techniques», *Acta Chirurgica Belgica*, 1999, 99, p. 141-146.

57. Horton J.E., Crawford H.J., Harrington G. *et al.*, «Increased anterior corpus callosum size associated positively with hypnotisability and the ability to control pain», *Brain*, 2004, 127, p. 1741-1747.

58. Faymonville M.-É., Roediger L., Del Fiore G. *et al.*, «Increased cerebral functional connectivity underlying the antinociceptive effects of hypnosis», *Cognitive Brain Research*, 2003, 17, p. 255-262.

59. Rainville P., Hofbauer R.K., Bushnell M.C., Duncan G.H., Price D.D., «Hypnosis modulates activity in brain structures involved in the regulation of consciousness», *Journal of Cognitive Neuroscience*, 2002, 14, p. 887-901.

60. Hoffman H.G., Patterson D.R., Carrougher G.J., «Use of virtual reality for adjunctive treatment of adult burn pain during physical therapy : a controlled study», *Clinical Journal of Pain*, 2000, 16, p. 244-250.

61. Hoffman H.G., Richards T., Coda B., Richards A., Sharar S.R., «The illusion of presence in immersive virtual reality during an fMRI Brain Scan», *Cyberpsychology & Behavior*, 2003, 6, p. 127-131.

5 – Observer le corps qui souffre

1. Sheldon W.H., *The Varieties of Temperament*, New York, Harper & Brothers Publishers, 1942.

2. Epel E.S., McEwen B., Seeman T., Matthews K., Castellazzo G., Brownell K.D., Bell J., Ickovics J.R., «Stress and body shape : stress-induced cortisol secretion is consistently greater among women with central fat», *Psychosomatic Medicine*, 2000, 62, p. 623-632.

3. Svoboda R., Lade A., *Tao and Dharma : Chinese Medicine and Ayurveda*, Twin Lakes, WI, Lotus Press, 1995; Frawley D., *Ayurveda and the Mind*, Twin Lakes, WI, Lotus Press, 1997.

4. Olson J.M., Vernon P.A., Aitken Harris J., «The heritability of attitudes. A study of twins», *Journal of Personality and Social Psychology*, 2001, 80, p. 845-860.

5. Reich W., *Character Analysis*, New York, Touchstone, 1972.

6 – INTERROGER LE CORPS QUI SE SOUVIENT

1. Extrait d'une lettre envoyée par Sigmund Freud à son ami Wilhelm Fliess le 13 mars 1895. *In* Masson J. (éd.), *The Complete Letters of Sigmund Freud to Wilhelm Fliess*, Harvard, MA, Belknap, 1985, p. 120.

2. Eiden B., «Application of post-Reichian body psychotherapy : a Chiron perspective», *in* Staunton T. (éd.), *Body Psychotherapy*, Hove, UK, Brunner-Routledge, 2002.

3. Lowen A., *Bioenergetics*, New York, Penguin Books, 1975; Lowen A., *The Language of the Body*, New York, Macmillan, 1971 (tout d'abord publié sous le titre *Physical Dynamics of Character Structure*, New York, Grune & Stratton, 1958); Lowen A., *The Vibrant Way to Health : a Manual of Exercices*, New York, Harper & Row, 1977.

4. James W., *The Principles of Psychology*, Cambridge, MA, Harvard University Press, 1981 (édition originale : 1890).

5. Rosenberg M.B., *Nonviolent Communication : A Language of Compassion*, Del Mar, CA, PuddleDancer Press, 1999 (traduction française : *Les mots sont des fenêtres (ou bien ce sont des murs)*, Paris, La Découverte & Syros, 1999).

6. Berthoz S., Artiges E., Van de Moortele P.-F., Poline J.-B., Rouquette S., Consoli S.M., Martinot J.-L., «Effect of impared recognition and expression of emotions on frontocingulate cortices : an fMRI study of men with alexithymia», *American Journal of Psychiatry*, 2002, 159, p. 961-967.

7. Rolf I.P., *Rolfing : The Integration of Human Structures*, Santa Monica, CA, Dennis-Landman, 1977.

8. Le cas de Jeannine est très proche de celui vécu par la pédopsychiatre Joëlle Coron, relaté dans Coron J., «La mémoire altérée», *in* Ferragut É. (éd.), *Émotion et mémoire. Le corps et la souffrance*, Paris, Masson, 2004.

9. Janov A., *Why You Get Sick and How You Get Well*, West Hollywood, CA, Dove Books, 1996 (traduction française : *Le corps se souvient*, Monaco, Éditions du Rocher, 1997, p. 256).

10. Janov A., *The Biology of Love*, New York, Prometheus Books, 2000 (traduction française : *La Biologie de l'amour*, Monaco, Éditions du Rocher, 2001).

11. Ferragut É. (éd.), *Émotion et mémoire. Le corps et la souffrance*, Paris, Masson, 2004.

12. Janov A., *Why You Get Sick and How You Get Well*, West Hollywood, CA, Dove Books, 1996 (traduction française : *Le corps se souvient*, Monaco, Éditions du Rocher, 1997, p. 235).

13. Damasio A.R., *Descartes'Error : Emotion, Reason, and the Human Brain*, New York, Avon Books, 1994 (traduction française : *L'Erreur de Descartes*, Paris, Odile Jacob, 1995).

14. Devroede G., *Ce que les maux de ventre disent de notre passé*, Paris, Payot, 2003.

15. Devroede G., *Ce que les maux de ventre disent de notre passé*, Paris, Payot, 2003, p. 133.

16. Kisilevsky B.S., Hains S.M.J., Lee K., Xie X., Huang H., Ye H.H., Zhang K., Wang Z., «Effects of experience on fetal voice recognition», *Psychological Science*, 2003, 14, p. 220-224.

17. Ancelin Schützenberger A., *Aïe, mes aïeux!*, Paris, Desclée de Brouwer, 1993.

18. Des recherches statistiques sur le «syndrome d'anniversaire» ont été effectuées de 1952 à 1957 par Josephine Hilgard sur 8680 malades admis dans deux hôpitaux californiens. Elles sont commentées par Anne Ancelin Schützenberger dans son livre *Aïe, mes aïeux!*, Paris, Desclée de Brouwer, 1993.

19. Abraham N., Török M., *L'Écorce et le noyau*, Paris, Aubier-Flammarion, 1987, p. 431.

20. Gampel Y., *Ces parents qui vivent à travers moi*, Paris, Fayard, 2005, p. 84.

21. Ancelin Schützenberger A., Devroede G., *Ces enfants malades de leurs parents*, Paris, Payot, 2003, p. 123.

22. Zajde N., *Souffle sur tous ces morts et qu'ils vivent!*, Grenoble, La Pensée sauvage, 1993.

23. Van Eersel P., Maillard C., *J'ai mal à mes ancêtres. La psychogénéalogie aujourd'hui*, Paris, Albin Michel, 2002, p. 87.

24. Hamer R.G., *Fondement de la Médecine nouvelle*, Chambéry, ASAC, 1993.

25. Dransart P., *La maladie cherche à me guérir*, Grenoble, Le Mercure dauphinois, 1999; Flèche C., *Mon corps pour me guérir : décodage psychobiologique des maladies*, Barret-le Bas, Le Souffle d'or, 2000; Martel J., *Le Grand Dictionnaire des malaises et des maladies*, Aubagne, Éditions Quintessence, 1998; Sellam S., *Origines et prévention des maladies*, Aubagne, Éditions Quintessence, 2000.

26. Souzenelle A. de, *Le Symbolisme du corps humain*, Paris, Albin Michel, 1991; Odoul M., *Dis-moi où tu as mal, je te dirai pourquoi*, Paris, Albin Michel, 2002.

27. Shapiro D., *Your Body Speaks Your Mind*, Londres, Judy Piatkus Pub., 1996 (traduction française : *L'Intelligence du corps*, Saint-Jean-de-Braye, Dangles, 1998).

28. Siegel B.S., *Peace, Love, and Healing*, New York, Harper & Row, 1989 (traduction française : *Messages de vie : de l'amour à l'autoguérison*, Paris, Robert Laffont, 1991).

29. Payer L., *Medicine and Culture*, New York, Holt, 1988.

30. Harrington A., *The Placebo Effect. An Interdisciplinary Exploration*, Cambridge, MA, Harvard University Press, 1997.

7 – TOUCHER LE CORPS QUI S'APAISE

1. Freud S., Breuer J., *Studies on Hysteria* (1895), in *Penguin Freud Library*, vol. 3, Harmondsworth, Penguin, 1974.

2. Montagu A., *Touching. The Human Significance of the Skin*, New York, Harper & Row, 1986, p. 204 (traduction française : *La Peau et le toucher. Un premier langage*, Paris, Seuil, 1979).

3. Crusco A., Wetzel C.G., « Touch », *Journal of Personality and Social Psychology*, 1973, 10, p. 21-29.

4. Fisher J.A., Rytting M., Heslin R., « Affective and evaluative effects of an interpersonal touch », *Sociometry*, 1976, 39, p. 416-421.

5. Juhan D., *Job's Body : A Handbook for Bodywork*, New York, Station Hill Press, 1987.

6. Field T., *Touch*, Cambridge, MA, MIT Press, 2001 (traduction française : *Les Bienfaits du toucher*, Paris, Payot, 2003).

7. Harlow H., Zimmerman R.R., « The development of affectional responses in infant monkeys », *Proceedings of the American Philosophical Society*, 1958, 102, p. 501-509.

8. Suomi S.J., « Touch and the immune system in rhesus monkeys », *in* Field T. (éd.), *Touch in Early Development*, Mahwah, NJ, Lawrence Erlbaum Associates, 1995.

9. Spitz R., « Hospitalism », *Psychoanalytic Study of the Child*, 1945, 1, p. 53-74.

10. Field T., « Young children's adaptations to repeated separations from their mothers », *Child Development*, 1991, 62, p. 539-547.

11. Rosenthal M.J., « Psychosomatic study of infantile eczema », *Pediatrics*, 1952, 10, p. 581-593.

12. Montagu A., *Touching. The Human Significance of Skin*, New York, Harper & Row, 1986, p. 282 (traduction française : *La Peau et le toucher. Un premier langage*, Paris, Seuil, 1979).

13. Field T., « Preschoolers in America are touched less and are more aggressive than preschoolers in France », *Early Child Development and Care*, 1999, 151, p. 11-17.

14. Field T., « American adolescents touch each other less and are more aggressive toward their peers as compared with French adolescents », *Adolescence*, 1999, 34, p. 753-758.

15. Field T., Quintino O., Hernandez-Reif M., Koslovsky G., « Adolescents with attention deficit hyperactivity disorder benefit from massage therapy », *Adolescence*, 1998, 33, p. 103-108.

16. Nathan B., « Philosophical notes on osteopathic theory. Part II : on persons, bodies, touching, and inherent self-healing capacity », *British Osteopathic Journal*, 1995, 15, p. 15-19.

17. Gellhorn E., « Motion and emotion : the role of proprioception in the physiology and the pathophysiology of emotions », *Psychological Review*, 1964, 71, p. 457-472.

18. Lynch J.J. *et al.*, « Effects of human contact on the heart activity of curarized patients in a shock-trauma unit », *American Heart Journal*, 1974, 88, p. 160-169.

19. Veldman F., *Haptonomie, amour et raison*, Paris, PUF, 2004.

20. Triplett J., Arneson S., « The use of verbal and tactile comfort to alleviate distress in young hospitalized children », *Research in Nursing and Health*, 1979, 2, p. 22.

21. Penny K.S., « Postpartum perceptions of touch received during labor », *Research in Nursing and Health*, 1979, 2, p. 9-16.

22. Field T.M., Hernandez-Reif M., Quintino O., Schanberg S., Kuhn C., « Elder retired volunteers benefit from giving massage therapy to infants », *Journal of Applied Gerontology*, 1998, p. 229-239.

23. Fied T., Shanberg S.M., Scadifi F. *et al.*, « Tactile/kinaesthetic stimulation effects on preterm neonates », *Pediatrics*, 1986, 77, p. 654-658.

24. Uvnas-Moberg K., « Role of efferent and afferent vagal nerve activity during reproduction : integrating function of oxytocin metabolism and behaviour », *Psychoendocrinology*, 1994, 19, p. 687-695.

25. Field T., Morrow C., Valdeon C. *et al.*, « Massage reduces anxiety in child and adolescent psychiatric patients », *Journal of the American Academy of Child and Adolescent Psychiatry*, 1992, 31, p. 125-131.

26. Hart S., Field T., Hernandez-Reif M. *et al.*, « Anorexia nervosa symptoms are reduced by massage therapy », *Eating Disorders. The Journal of Treatment and Prevention*, 2001, 9, p. 217-228.

27. Jones N.A., Field T., « Right frontal EEG asymmetry is attenuated by massage and music therapy », *Adolescence*, 1999, 34, p. 529-534.

28. Hernandez-Reif M., Dieter J., Field T. *et al.*, « Migraine headaches are reduced by massage therapy », *International Journal of Neuroscience*, 1998, 96, p. 1-11.

29. Sunshine W., Field T., Quintino O. *et al.*, « Fibromyalgia benefits from massage therapy and transcutaneous electrical stimulation », *Journal of Clinical Rheumatology*, 1996, 2, p. 18-22 ; Field T. *et al.*, « Burn injuries benefit from massage therapy », *Journal of Burn Care and Rehabilitation*, 1998, 19, p. 241-244 ; Post-White J., Kinney M.E., « The effects of therapeutic massage and healing touch on cancer patients », présenté au First International Symposium on Science of Touch, mai 2002, Montréal, Québec (rapporté par Kahn J., « Therapeutic massage in rehabilitation », *in* Davis C.M. (éd.), *Complementary Therapies in Rehabilitation : Evidence for Efficacy in Therapy, Prevention and Wellness*, Thorofare, NJ, Slack Inc., 2004).

30. Field T., présentation au First International Symposium on Science of Touch, mai 2002, Montréal, Québec.

31. Ironson G., Field T., Scafidi F. *et al.*, «Massage therapy is associated with enhancement of the immune system's cytotoxic capacity», *International Journal of Neuroscience*, 1996, 84, p. 205-217.

32. Diego M.A., Hernandez-Reif M., Field T. *et al.*, «Massage therapy effects on immune function in adolescents with HIV», *International Journal of Neuroscience*, 2001, 106, p. 35-45.

33. Hernandez-Reif M., Ironson G., Field T. *et al.*, «Breast cancer patients have improved immune functions following massage therapy», étude mentionnée dans l'article de Field T., «Massage therapy», *in* «Complementary and alternative medicine», *The Medical Clinics of North America*, janvier 2002, 86 (1), p. 163-171.

34. Field T., Hernandez-Reif M., Quintino O. *et al.*, «Elder retired volunteers benefit from giving massage therapy to infants», *Journal of Applied Gerontology*, 1998, 17, p. 229-239.

35. Field T., Hernandez-Reif M., LaGreca A. *et al.*, «Massage therapy lowers blood glucose levels in children with diabetes», *Diabetes Spectrum*, 1997, 10, p. 237-239.

36. Shulman K.R., Jones G.E., «The effectiveness of massage therapy intervention on reducing anxiety in the workplace», *Journal of Applied Behavioral Science*, 1996, 32 (2), p. 160-173.

37. Hodge M. *et al.*, «Employee outcomes following work-site acupressure and massage», *in* Rich G.J. (éd.), *Massage Therapy : The Evidence for Practice*, Saint Louis, Mosby, 2002.

38. Field T. *et al.*, «Massage therapy reduces anxiety and enhances EEG pattern of alertness and math computations», *International Journal of Neuroscience*, 1996, 86 (3-4), p. 197-205.

8 ALIGNER LE CORPS QUI S'ÉQUILIBRE

1. Robbie D.L., «Tensional forces in the human body», *Orthopaedic Review*, 1977, 6, p. 45-48.

2. Myers T.W., «The "anatomy trains"», *Journal of Bodywork and Movement Therapies*, 1997, 1, p. 134-145.

3. Rolf I.P., «Structural integration. Gravity : an unexplored factor in a more human use of human beings», *Journal of the Institute for the Comparative Study of History, Philosophy and the Sciences*, 1962, 1, p. 3-20; Rolf I.P., *Rolfing : The Integration of Human Structures*, Santa Monica, CA, Dennis-Landman, 1977.

4. Goldthwait J.E., Brown L.T., Swain L.T., Kuhns J.G., *Body Mechanics in the Study and Treatment of Disease*, Philadelphie, J.B. Lippincott, 1934.

5. Strait L.A., Inman V.T., Ralston H.J., «Sample illustrations of physical principles selected from physiology and medicine», *American Journal of Physiology*, 1947, 15, p. 375-382; Hellebrandt F.A., Franseen E.B., «Physiological study of the vertical stance of man», *Physiological Review*, 1943, 23, p. 220-255.

6. Tanaka T., «Gels», *Scientific American*, 1981, 244, p. 124-138.

7. Rolf I.P., *Rolfing : The Integration of Human Structures*, Santa Monica, CA, Dennis-Landman, 1977.

8. Wang J.Y., Butler J.P., Ingber D.E., «Mechanotransduction across the cell surface and through the cytoskeleton», *Science*, 1993, 260, p. 1124-1127.

9. Ingber D.E., «The architecture of life», *Scientific American*, 1998, 278 (1), p. 48-57; Ingber D.E., «Cellular tensegrity : defining new rules of biological design that govern the cytoskeleton», *Journal of Cell Science*, 1993, 104, p. 613-627.

10. Chen C.S., Mrksich M., Huang S., Whitesides G.M., Ingber D.E., «Geometric control of cell life and death», *Science*, 1993, 276, p. 1425-1428.

11. Oschman J.L., *Energy Medicine : The Scientific Basis*, Édimbourg, Churchill Livingstone, 2000.

12. Alexander F.M., *Man's Supreme Inheritance*, Long Beach, Centerline Press, 1984.

13. Alexander F.M., *The Use of the Self and Conscious Constructive Control of the Individual*, Long Beach, Centerline Press, 1984.

14. Tinbergen N., «Ethology and stress diseases», *Science*, 1974, 185, p. 20-27.

15. Batson G., «The Alexander Technique», in *Alternative Medicine and Rehabilitation : A Guide for Practitioners*, New York, Demos, 2003; Dennis R.J., «Functional reach improvement in normal older women after Alexander Technique instruction», *Journals of Gerontology. Series A, Biological Sciences and Medical Sciences*, 1999, 54, p. 8-11; Austin J.H., Ausubel P., «Enhanced respiratory muscular function in normal adults after lessons in proprioceptive musculoskeletal education without exercices», *Chest*, 1992, 102, p. 486-490.

16. Stallibrass C., Sissons P., Chalmers C., «Randomized controlled trial of the Alexander Technique for idiopathic Parkinson's disease», *Clinical Rehabilitation*, 2002, 16, p. 695-708.

17. Feldenkrais M., *The Potent Self. A Guide to Spontaneity*, San Francisco, Harper & Row, 1985.

18. Feldenkrais M., *Body Awareness as Healing Therapy : The Case of Nora*, Berkeley, Frog Ltd., 1993; Kaas J.H., «Plasticity of sensory and motor maps in adult mammals», *Annual Review of Neuroscience*, 1991, 14, p. 137-167; Nudo R.J., Milliken G.W., Jenkins W.M., Merzenich M.M., «Use-dependent alterations of movement representations in primary motor cortex of adult squirrel monkeys», *Journal of Neuroscience*, 1996, 16, p. 785-807; Nudo R.J., Friel K.M., «Cortical plasticity after stroke : implications for rehabilitation», *Revue neurologique (Paris)*, 1999, 155, p. 713-717.

19. Damasio A.R., *Descartes' Error : Emotion, Reason, and the Human Brain*, New York, Avon Books, 1994 (traduction française : *L'Erreur de Descartes*, Paris, Odile Jacob, 1995).

20. Bertherat T., *Le corps a ses raisons : auto-guérison et anti-gymnastique*, Paris, Seuil, 1976; Bertherat T., *Les Saisons du corps : garder et regarder la forme*, Paris, Albin Michel, 1985.

21. Pilates J.H., *Return to Life Through Contrology*, New York, J.J. Augustin, 1945.

22. Kudlas M.J., « Chiropractic », *in* Leskowitz E.D. (éd.), *Complementary and Alternative Medicine in Rehabilitation*, New York, Churchill Livingstone, 2003 ; Fietchtner J.J., Brodeur R.R., « Manual and manipulation techniques for rheumatic disease », *The Medical Clinic of North America*, janvier 2002, 86 (1), p. 91-103.

23. Haldeman S., « Neurologic effects of the adjustment », *Journal of Manipulative and Physiological Therapeutics*, 2000, 23, p. 112-114 ; Nelson C.F., « The subluxation question », *Journal of Chiropractic Humanities*, 1997, 7, p. 46-55 ; Hestbaek L., Lebœuf-Yde C., « Are chiropractic tests for lumbopelvic spine reliable and valid ? A systematic critical literature reviews », *Journal of Manipulative and Physiological Therapeutics*, 2000, 23, p. 258-275.

24. Assendelft W.J. *et al.*, « The relationship between methodological quality and conclusions in reviews of spinal manipulation », *Journal of the American Medical Association*, 1995, 274, p. 1942-1948.

25. Ernst E., Harkness E., « Spinal manipulation : a systematic review of sham-controled, double-bind, randomized clinical trials », *Journal of Pain and Symptom Management*, 2001, 22, p. 879-889.

26. Bronfort G., Assendelft W.J., Bouter L., « Efficacy of spinal manipulative therapies for conditions other than neck and back pain : a systematic review and best evidence synthesis », *Proceedings of the International Conference on Spinal Manipulation*, 1996, Bournemouth, UK, Brookline, MA, Fondation for Chiropractic Education and Research, 1996, p. 105-106.

27. Kaptchuk T.J., Eisenberg D.M., « Chiropractic : origins, controversies, and contributions », *Archives of Internal Medicine*, 1998, 158, p. 2215-2224 ; Morley J., Rosner A.L., Redwood D., « A case study of misrepresentation of the scientific literature : recent reviews of chiropractic », *Journal of Alternative and Complementary Medicine*, 2001, 7, p. 65-78 ; Cooper R.A., McKee H.J., « Chiropractic in the United States : trends and issues », *Milbank Q*, 2003, 81, p. 107-138 ; Assendelft W.J. *et al.*, « Spinal manipulative therapy for low back pain », *Annals of Internal Medicine*, 2003, 138, p. 871-881.

28. Cherkin D.C. *et al.*, « A comparison of physical therapy, chiropractic manipulation, and provision of an educational booklet for treatment of patients with low back pain », *New England Journal of Medicine*, 1998, 339, p. 1021-1029.

29. Ramey D.W., Rollin B.E., *Complementary and Alternative Veterinary Medicine Considered*, Ames, IA, Iowa State Press, 2004.

30. Ramey D.W., Rollin B.E., *Complementary and Alternative Veterinary Medicine Considered*, Ames, IA, Iowa State Press, 2004, p. 132.

31. Oschman J.L., *Energy Medicine : The Scientific Basis*, Édimbourg, Churchill Livingstone, 2000.

32. Still A.T., *Autobiography with a History of the Discovery and Development of the Science of Osteopathy*, New York, Arno Press, 1972.

33. Ramey D.W., Rollin B.E., *Complementary and Alternative Veterinary Medicine Considered*, Ames, IA, Iowa State Press, 2004.

34. Oschman J.L., *Energy Medicine : The Scientific Basis*, Édimbourg, Churchill Livingstone, 2000.

35. Burton A.K., Tillotson K.M., Cleary J., « Single-blind randomized controlled trial of chemonucleolysis and manipulation in the treatment of symptomatic lumbar disc herniation », *European Spine Journal*, 2000, 9, p. 202-207; Jarski R.W., Loniewski E.G., William J. *et al.*, « The effectiveness of osteopathic manipulative treatment as complementary therapy following surgery : a prospective, match-controlled outcome study », *Alternative Therapies in Health and Medicine*, 2000, 6, p. 77-81; Fiechtner J.J., Brodeur R.R., « Manual and manipulation techniques for rheumatic disease », *The Medical Clinics of North America*, 2002, 88 (1), p. 91-103.

36. Sainte-Rose M., *La Santé au bout des doigts. L'ostéopathie, médecine moderne*, Paris, Robert Laffont, 2000.

37. Giaquinto-Wahl D., « Craniosacral therapy », *in* Davis C.M. (éd.), *Complementary Therapies in Rehabilitation : Evidence for Efficacy in Therapy, Prevention and Wellness*, Thorofare, NJ, Slack Inc., 2004.

38. Retzlaff E.W., Upledger J.E., Mitchell D., Beggert, « Structure of the cranial bones sutures : research report », *Journal of the American Osteopathic Association*, 1976, 75, p. 607-608; Retzlaff E.W., Upledger J.E., Mitchell D., Beggert, « Nerve fiber and endings in cranial sutures », *Journal of the American Osteopathic Association*, 1978, 77, p. 474-475.

39. Upledger J.E., *Craniosacral Therapy Study Guide*, Palm Beach Gardens, FL, Upledger Institute Publishing, 1997; Adams T. *et al.*, « Parietal bone mobility in the anesthetized cat », *Journal of the American Osteopathic Association*, 1992, 92 (5); Wallace, Avant, McKinney, Thurston, « Ultrasonic measurement of intracranial pulsations at 9 cycles/min », *Journal of Neurology*, 1975.

40. Rogers J.S., Witt P.L., « The controversy of cranial bone motion », *Journal of Orthopaedic and Sports Physical Therapy*, 1997, 26, p. 95-103.

41. Upledger J.E., « The reproductibility of craniosacral examination fingings : a statistical analysis », *Journal of the American Osteopathic Association*, 1977, 76, p. 890-899; Upledger J.E., « Relationship of craniosacral examination fingings in grade school children with developmental problems », *Journal of the American Osteopathic Association*, 1978, 77, p. 760-776; Green C., Martin C.W., Bassett K., Kazanjian A., « A systematic review of craniosacral therapy : biological plausibility, assessment, reliability, and clinical effectiveness », *Contemporary Therapies in Medicine*, 1999, 7, p. 201-207; Rogers J.S., Witt P.L., Gross M.T., Hacke J.D., Genova P.A., « Simultaneous palpation of the craniosacral rate at the head and the feet : intrarater and inter-rater reliability and rate comparison », *Physical Therapy*, 1997, 78, p. 1175-1185; Hartman S.E., Norton J.M., « Interexaminer reliability and cranial osteopathy », *Scientific Review of Alternative Medicine*, 2002, 6, p. 23-34.

42. Upledger J.E., « Craniosacral therapy », *in* Leskowitz E.D. (éd.), *Complementary and Alternative Medicine in Rehabilitation*, New York, Churchill Livingstone, 2003.

43. Green C., Martin C.W., Bassett K., Kazanjian A., « A systematic review of craniosacral therapy : biological plausibility, assessment, reliability, and clinical effectiveness », *Contemporary Therapies in Medicine*, 1999, 7, p. 201-207.

9 – Derrière les théories de la Chine

1. Phillips D.P., Ruth T.E., Wagner L.M., « Psychology and survival », *Lancet*, 1993, 342, p. 1142-1145.

2. Veith I., *The Yellow Emperor's Classic of Internal Medicine*, Berkeley, University of California Press, 1973.

3. Liang T.T., *T'ai Chi Ch'uan for Health and Self-Defense : Philosophy and Practice*, New York, Vintage Books, 1977.

4. Sancier K.M., « Therapeutic benefits of qigong exercices in combination with drugs », *Journal of Alternative and Complementary Medicine*, 1999, 5, p. 383-389 ; Reuther I., Aldridge D., « Qigong Yangsheng as a complementary therapy in the management of asthma : a single-case appraisal », *Journal of Alternative and Complementary Therapies*, 1998, 4, p. 173-183 ; Ernst E., « Breathing techniques : adjunctive treatment modalities for asthma ? A systematic review », *European Respiratory Journal*, 2000, 15, p. 969-972.

5. Mayer M., « Qigong and hypertension : a critique of research », *Journal of Alternative and Complementary Medicine*, 1999, 5, p. 371-382 ; Mayer M., « Qigong clinical studies », *in* Jonas W.B. et Crawford C.C. (éd.), *Healing, Intention and Energy Medicine : Science, Research Methods and Clinical Implications*, New York, Churchill Livingstone, 2003.

6. Tsujiuchi T., Kumano H., Yoshiuchi K. *et al.*, « The effect of Qi-gong relaxation exercice on the control of type 2 diabetes mellitus : a randomized controlled trial », *Diabetes Care*, 2002, 25, p. 241-242.

7. Lai J.S., Lan C., Wong M.K., Teng S.H., « Two-year trends in cardio-respiratory function among older T'ai Chi Chuan practitioners and sedentary subjects », *Journal of the American Geriatrics Society*, 1995, 43, p. 1222-1227 ; Lee M.S., Kim B.G., Huh H.J., Ryu H., Lee H.S., Chung H.T., « Effect of Qi-training on blood pressure, heart rate and respiration rate », *Clinical Physiology*, 2000, 20, p. 173-176.

8. Lee M.S., Kang C.W., Ryu H., Kim J.D., Chung H.T., « Effects of Chung-DoSunBup Qi-training on growth hormone, insulin-like growth factor-I, and testosterone in young and elderly subjects », *American Journal of Chinese Medicine*, 1999, 27, p. 167-175.

9. Lee M.S., Kang C.W., Shin Y.S., Huh H.J., Ryu H., Park J.H., Chung H.T., « Acute effects of ChungDoSunBup qigong Qi-training on blood concentrations of TSH, calcitonin, PTH and thyroid hormones in elderly subjects », *American Journal of Chinese Medicine*, 1998, 26, p. 275-281.

10. Hirshberg C., Barasch M.I., *Remarkable Recovery*, New York, Riverhead Books, 1995 (traduction française : *Guérisons remarquables*, Paris, Robert Laffont, 1996).

11. Jin P., « Changes in heart rate, noradrenaline, cortisol and mood during T'ai Chi », *Journal of Psychosomatic Research*, 1989, 33, p. 197-206 ; Ryu H., Lee H.S., Shin Y.S. *et al.*, « Acute effect of Qigong training on stress hormonal levels in man », *American Journal of Chinese Medicine*, 1996, 24, p. 193-198.

12. Sun X.S., Xu Y., Xia Y.J., « Determination of E-rosette-forming lymphocytes in aged subjects with T'ai Chi Quan exercice », *International Journal of Sports Medicine*, 1989, 10, p. 217-219 ; Ryu H., Mo H.Y., Mo G.D. *et al.*, « Delayed cutaneous hypersensitivity reaction in Qigong (Chun Do Sun Bup) trainees by multi-test cell mediated immunity », *American Journal of Chinese Medicine*, 1995, 23, p. 139-144 ; Ryu H., Jun C.D., Lee B.S. *et al.*, « Effect of Qigong training on proportion of lymphocyte subsets in human peripheral blood », *American Journal of Chinese Medicine*, 1995, 23, p. 27-36 ; Fukushima M., Kataoka T., Hamada C., Matsumoto M., « Evidence of Qi-gong energy and its biological effect on the enhancement of the phagocytic activity of human polymorphonuclear leukocytes », *American Journal of Chinese Medicine*, 2001, 29, p. 1-16.

13. Quah T.C., « Alternative and complementary cancer treatments », *Oncologist*, 1996, 1, p. 324-325 ; Wu W.H., Bandilla E., Ciccone D.S. *et al.*, « Effects of qigong on late-stage complex regional pain syndrome », *Alternative Therapies in Health and Medicine*, 1999, 5, p. 45-54.

14. Shang C., « Emerging paradigms in mind-body medicine », *Journal of Alternative and Complementary Medicine*, 1999, 5, p. 83-91 ; Xu S.H., « Psycho-physiological reactions associated with qigong therapy », *Chinese Medical Journal*, 1994, 107, p. 230-233.

15. Li M., Chen K., Mo Z., « Use of qigong in the detoxification of heroin addicts », *Alternative Therapies in Health and Medicine*, 2002, 8, p. 50-59.

16. Bottomley J.M., « T'ai Chi : choreography of body and mind », *in* Davis C.M. (éd.), *Complementary Therapies in Rehabilitation : Evidence for Efficacy in Therapy, Prevention, and Wellness*, Thorofare, NJ, Slack Inc., 2004 ; Chen K.M., Synder M., Krichbaum K., « Facilitators and barriers to elders' practice of T'ai Chi. A mind-body, low-intensity exercice », *Journal of Holistic Nursing*, 2001, 19, p. 238-255.

17. Jin P., « Efficacy of Tai Chi, brisk walking, meditation, and reading in reducing mental an emotional stress », *Journal of Psychosomatic Research*, 1992, 36, p. 361-370 ; Frontana J.A., « The energy costs of a modified form of Tai Chi exercice », *Nursing Research*, 2000, 49, p. 91-96.

18. Young D.R., Appeal L.J., Jee S.H. *et al.*, « The effects of aerobic exercice and Tai Chi on blood pressure in older people : result of randomized trial », *Journal of the American Geriatrics Society*, 1999, 47, p. 277-284.

19. Lan C., Chen S.Y., Lai J.S. *et al.*, « The effects of aerobic exercice and Tai Chi on cardiorespiratory function in patients with coronary artery bypass surgery », *Medicine and Science in Sports and Exercise*, 1999, 47, p. 634-638.

20. Channer K.S., Barrow D., Barrow R. *et al.*, «Changes in haemodynamic parameters following Tai Chi Chuan and aerobic exercice in patients recovering from acute myocardial infarction», *Postgraduate Medicine*, 1996, 72, p. 349-351; Fontana J.A., Colella C., Baas L.S., Ghazi F., «T'ai Chi Chih as an intervention for heart failure», *Nursing Clinics of North America*, 2000, 35, p. 1031-1046.

21. Brown D.D., Mucci W.G., Hetzeler R.K. *et al.*, «Cardiovascular and ventilatory responses during formalized T'ai Chi Chuan exercice», *Research Quarterly in Exercise and Sports*, 1989, 60, p. 246-250.

22. Wolf S.L., Barnhart H.X., Kutner N.G. *et al.*, «Reducing frailtry and falls in older persons : an investigation of Tai Chi and computerized balance training : Atlanta FICSIT group-frailtry and injuries : cooperative studies of intervention techniques», *Journal of the American Geriatrics Society*, 1996, 44, p. 489-497; Kessenich C.R., «Tai Chi as a method of fall prevention in the elderly», *Orthopaedic Nursing*, 1998, 17, p. 27-29.

23. Chan K.M., Au S.K., Choy W.Y. *et al.*, «Beneficial effect of one-year Tai Chi in retardation of bone loss in post-menopausal women», *Journal of Bone and Mineral Research*, 2000, 15, p. S444; Lane J.M., Nydick M., «Osteoporosis : current modes of prevention and treatment», *Journal of the American Academy of Orthopaedic Surgeons*, 1999, 7, p. 19-31.

24. Shapira M.Y., Chelouche M., Yanai R., Kaner C., Szold A., «T'ai Chi Ch'uan practice as a tool for rehabilitation of severe head trauma», *Archives of Physical Medicine and Rehabilitation*, 2001, 82, p. 1283-1285; Husted C., Pham L., Hekking A., Niederman R., «Improving quality of life for people with conditions : the example of T'ai Chi and multiple sclerosis», *Alternative Therapies in Health and Medicine*, 1999, 5, p. 70-74.

25. Hartman C.A., Manos T.M., Winter C. *et al.*, «Effects of Tai Chi training on function and quality of life indicators in older adults with osteoarthritis», *Journal of the American Geriatrics Society*, 2000, 48, p. 1553-1559; Yocum D.E., Castro W.L., Cornett M., «Exercice, education, and behavioural modification as alternative therapy for pain and stress in rheumatic disease», *Rheumatic Diseases Clinics of North America*, 2000, 26, p. 145-159.

26. Li F., Fisher K.J., Harmer P., Irbe D., Tearse R.G., Weimer C., «Tai chi and self-rated quality of sleep and daytime sleepiness in older adults : a randomized controlled trial», *Journal of the American Geriatrics Society*, 2004, 52, p. 892-900.

27. Cassileth B.R., «Evaluating complementary and alternative therapies for cancer patients», *CA : A Cancer Journal of Clinicians*, 1999, 49, p. 362-375.

28. Brown D.R., Wang Y., Ward A. *et al.*, «Chronic psychological effects on exercice and exercice plus cognitive strategies», *Medicine and Science in Sports and Exercise*, 1995, 27, p. 765-775.

29. Verity L.S., Czubryt P., Hamilton L. *et al.*, «Effects of Taichi, meditation and walking on stress and immune responses», *Medicine and Science in Sports and Exercise*, 1999, 31, p. S346.

30. Damas J.C. *et al.*, «Nuclear medicine investigation of transmission of acupuncture information», *Acupuncture in Medicine*, 1993, 11, p. 22-28; Damas J.C., «Isotopic and cytologic assays», in *Acupuncture in Energy Fields Medicine*, Kalamazoo, John E. Feltzer Foundation, 1989, p. 44-68.

31. Reichmanis M., Marino A.A., Becker R.O., «D.C. skin conductance variation at acupuncture loci», *American Journal of Chinese Medicine*, 1976, 4, p. 69-72; Reichmanis M., Marino A.A., Becker R.O., «Laplace plane analysis of transient impedance between acupuncture points LI-4 and LI-12», *IEEE Transactions on Biomedical Engineering*, 1977, 24, p. 402-427.

32. Comunetti A., Laage S., Schiessl N. *et al.*, «Characterization of human skin conductance at acupuncture points», *Experientia*, 1995, 51, p. 328-331; Sullivan S.G., Eggleston W.W., Martinoff J.T., Kroenig R.J., «Evoked electrical conductivity on the lung acupuncture points in healthy individuals and confirmed cancer patients», *American Journal of Acupuncture*, 1985, 13, p. 261-266.

33. Bergsmann O., Woolley-Hart A., «Differences in electrical skin conductivity between acupuncture points and adjacent skin areas», *American Journal of Acupuncture*, 1973, 1, p. 27-32.

34. Oschman J.L., *Energy Medicine. The Scientific Basis*, Édimbourg, Churchill Livingstone, 2000.

35. Szent-Györgyi A., «Toward a new biochemistry?», *Science*, 1941, 93, p. 609-611.

36. Shang C., «Electrophysiology of growth control and acupuncture», *Life Sciences*, 2001, 68, p. 1333-1342.

37. Reston J., «Now about my operation in Peking», *The New York Times*, 26 juillet 1971.

38. NIH Consensus Conference, «Acupuncture», *Journal of the American Medical Association*, 1998, 280, p. 1518-1524.

39. British Medical Association Board of Sciences, *Acupuncture: Efficacy, Safety and Practice*, Londres, Harwood Academic, 2000.

40. Linde K., Vickers A., Hondras M., ter Riet G., Thormahlen J., Berman B., Melchart D., «Systematic reviews of complementary therapies – an annotated bibliography. Part 1 : acupuncture», *BMC Complementary and Alternative Medicine*, 2001, 1, p. 3.

41. Ramey D.W., Rollin B.E., *Complementary and Alternative Veterinary Medicine Considered*, Ames, IA, Iowa State Press, 2004.

42. LaRiccia P.J., Galantino M.L., «Acupuncture theory and acupuncture-like therapeutics in physical therapy», *in* Davis C.M. (éd.), *Complementary Therapies in Rehabilitation : Evidence for Efficacy in Therapy, Prevention and Wellness*, Thorofare, NJ, Slack Inc., 2004, p. 313.

43. Lu G.D., Needham J., *Celestial Lancets : A History and Rationale of Acupuncture and Moxa*, Cambridge, Cambridge University Press, 1980, p. 225-226.

44. Streitberger K., Witte S., Mansmann U., Knauer C., Krämer J., Sharf H.-P., Victor N., «Efficacy and safety of acupuncture for chronic pain caused

by gonarthrosis : a study protocol of an ongoing multi-centre randomized controlled clinical trial [ISRCTN27450856]», *BMC Complementary and Alternative Medicine*, 2004, 4, p. 6.

45. Kaptchuk T.J., «Acupuncture : theory, efficacy, and practice», *Annals of Internal Medicine*, 2002, 136, p. 374-383.

46. Wu M.T., Hsieh J.C., Xiong J., Yang C.F., Pan H.B., Chen Y.C., Guochuan T., Rosen B.R., Kwong K.K., «Central nervous pathway for acupuncture stimulation : localization of processing with functional MR imaging of the brain – preliminary experience», *Radiology*, 1999, 212, p. 133-141; Hui K.K., Liu J., Makris N., Gollub R.L., Chen A.J., Moore C.I., Kennedy D.N., Rosen B.R., Kwong K.K., «Acupuncture modulates the limbic system and subcortical gray structures of the human brain : evidence from fMRI studies in normal subjects», *Humain Brain Mapping*, 2000, 9, p. 13-25.

47. Avants S.K., Margolin A., Chang P. *et al.*, «Acupuncture for the treatment of cocaine addiction : investigation of a needle puncture control», *Journal of Substance Abuse Treatment*, 1995, 12, p. 195-205; He D., Medbo J.I., Hostmark A.T., «Effect of acupuncture on smoking cessation or reduction : an 8-month and 5-year follow-up study», *Preventive Medicine*, 2001, 33, p. 364-372.

48. Alavi A., LaRiccia P.J., Sadek A.H. *et al.*, «Neuroimaging of acupuncture in patients with chronic pain», *Journal of Alternative and Complementary Medicine*, 1997, 3, p. 547-553.

49. Lewith G.T., White P.J., Pariente J., «Investigating acupuncture using brain imaging techniques : the current state of play», *eCAM*, 2005, 2, p. 315-319, en ligne : http://ecam.oxfordjournals.org/content/vol2/issue3/index.dtl; Pariente J., White P.J., Frackowiak R.S.J., Lewith G.T., «Expectancy and belief modulate the neuronal substrates of pain treated by acupuncture», *Neuroimage*, 2005, 25, p. 1161-1167.

50. Wang B.C., Wang E.Z. *et al.*, «Han's acupoint nerve stimulator (HANS) in combinaison with influence for anesthesia in cranial operation», *Clinical Journal of Anesthesiology*, 1994, 14, p. 427-429; Qu G.L., Zhunag X.L. *et al.*, «Clinical observation on combined anesthetics : acupuncture anesthesia in 50 patients undergoing renal transplantation», *Clinical Journal of Pain Medicine*, 1996, 2, p. 72-77.

51. Sung J.J.Y., «Acupuncture for gastrointestinal disorders : myth or magic», *Gut*, 2002, 51, p. 617-619.

52. Luo H.C., Jia Y.K. *et al.*, «Electroacupuncture vs. Amitriptyline in the treatment of depressive states», *Journal of Traditional Chinese Medicine*, 1985, 5, p. 3-8; Luo H.C., Shen Y.C. *et al.*, «A comparative study of the treatment of depression by electroacupuncture», *Acupuncture Scientific International Journal*, 1990, 1, p. 20-26; Wang S.M., Kain Z.N., «Auricular acupuncture : a potential treatment for anxiety», *Anesthesia and Analgesia*, 2001, 92, p. 548-553.

53. Cho Z.H., Chung S.C., Jones J.P., Park J.B., Park H.J., Lee H.J., Wong E.K., Min B.I., «New findings of the correlation between acupoints and corresponding brain cortices using functional MRI», *Proceedings of the National Academy of Sciences*, 1998, 95, p. 2670-2673.

54. Li G., Cheung R.T.F., Ma Q.Y., Yang E.S., « Visual cortical activations on fMRI upon stimulation of the vision-implicated acupoints », *Neuroreport*, 2003, 14, p. 669-673 ; Lee H., Park H.J., Kim S.A., Lee H.J., Kim M.J., Kim C.J., « Acupuncture stimulation of the vision-related acupoint (BI-67) increases c-Fos expression in the visual cortex of binoculary deprived rat pups », *American Journal of Chinese Medicine*, 2002, 30, p. 379-385 ; Siedentopf C., Golaszewski S.M., Mottaghy F.M., Ruff C.C., Felber S., Schlager A., « Functional magnetic resonance imaging detects activation of the visual association cortex during laser acupuncture of the foot in humans », *Neuroscience Letters*, 2002, 327, p. 53-56 ; Litscher G., Rachbauer D., Ropele S., Wang L., Achikora D., Fazekas F., « Acupuncture using laser needles modulates brain functions : first evidence from functional transcranial Doppler sonography and functional magnetic resonance imaging », *Lasers in Medical Science*, 2004, 19, p. 6-11.

55. Gareus I.K., Lacour M., Schulte A.C., Hennig J., « Is there a BOLD response of the visual cortex on stimulation of the vision-related acupoint GB 37 ? », *Journal of Magnetic Resonance Imaging*, 2002, 15, p. 227-232 ; Gareus I.K., Hennig J., Dobos G.J., « Enhanced efforts to investigate acupuncture by means of functional magnetic resonance imaging (fMRI) – a critical appraisal », *Focus on Alternative and Complementary Therapies*, 2003, 8, p. 4.

56. Cho Z.H., Na C.S., Wang E.K., « Functional magnetic resonance imaging of the brain in the investigation of acupuncture », *in* Stux G., Hammerschlag R. (éd.), *Clinical Acupuncture : Scientific Basis*, Berlin, Springer, 2001, p. 83-95.

57. Li G., Liu H.L., Cheung R.T.F., Hung Y.C., Wong K.K.K., Shen G.G.X., Ma Q.Y., Yang E.S., « An fMRI study comparing brain activation between word generation and electrical stimulation of language-implicated acupoints », *Humain Brain Mapping*, 2003, 18, p. 233-238.

58. Yoo S.S., Teh E.K., Blinder R.A., Jolesz F.A., « Modulation of cerebellar activities by acupuncture stimulation : evidence from fMRI study », *Neuroimage*, 2004, 22, p. 932-940.

59. Alimi D., Rubino C., Pichard-Leandri E., Fermand-Brule S., Dubreuil-Lemaire M.L., Hill C., « Analgesic effect of auricular acupuncture for cancer pain : a randomized, blinded, controlled trial », *Journal of Clinical Oncology*, 2003, 21, p. 4120-4126.

60. Oleson T.D., Kroening R.J., Bresler D.E., « An experimental evaluation of auricular diagnosis : the somatotopic mapping of musculoskeletal pain at ear acupuncture points », *Pain*, 1980, 8, p. 1347-1360.

61. Talbot M., *The Holographic Universe*, New York, Harper Collins, 1991 (traduction française : *L'univers est un hologramme*, Paris, Pocket, 1994, p. 189).

62. Joderkovsky R., « Hand acupuncture », *Physical Medicine and Rehabilitation Clinics of North America*, 1999, 10, p. 563-571 ; Yamamoto T., *New Scalp Acupuncture*, Japon, Alex Springer Publishing, 1998.

63. Field T., *Touch*, Cambridge, MA, MIT Press, 2001 (traduction française : *Les Bienfaits du toucher*, Paris, Payot, 2003).

64. Cardini F., Weixin H., «Moxibution for correction of breech presentation», *Journal of the American Medical Association*, 1998, 280, p. 1580-1584.

65. Kawada Y., Karcher S., *Essential Shiatsu*, Londres, Time Warner Books, 2002.

10 – DERRIÈRE LA TRADITION DE L'INDE

1. Hunt V.V., *Infinite Mind. Science of the Human Vibrations of Consciousness*, Malibu, CA, Malibu Publishing Co., 1996; Tiller W.A., *Science and Human Transformation. Subtle Energies, Intentionality and Consciousness*, Walnut Creek, CA, Pavior, 1997; Schwartz G.E.R., Russek L.G.S., *The Living Energy Universe*, Charlottesville, VA, Hampton Roads, 1999.

2. Oschman J.L., *Energy Medicine. The Scientific Basis*, Édimbourg, Churchill Livingstone, 2000.

3. Tiller W.A., *Science and Human Transformation. Subtle Energies, Intentionality and Consciousness*, Walnut Creek, CA, Pavior, 1997.

4. McCraty R., *Science of the Heart : Exploring the Role of the Heart in Human Performance*, Boulder Creek, CA, Institute of HeartMath, 2001 (disponible sur commande : www.heartmath.org).

5. Wisneski L.A., Anderson L., *The Scientific Basis of Integrative Medicine*, Boca Raton, FL, CRC Press, 2005.

6. Keller S., Schleifer S., Bartlett J., Eckholdt H., «Affective processes and immune dysfunction have health consequences», *Biological Psychiatry*, 1992, 31, p. 236A.

7. Taylor M.J., «Yoga therapeutics : an ancient practice in a 21st century setting», *in* Davis C.M. (éd.), *Complementary Therapies in Rehabilitation : Evidence for Efficacy in Therapy, Prevention and Wellness*, Thorofare, NJ, Slack Inc., 2004.

8. Ross R., «Yoga therapy», *in* Leskowitz E.D. (éd.), *Complementary and Alternative Medicine in Rehabilitation*, New York, Churchill Livingstone, 2003.

9. Schell F.J., Allolio B., Schonecke O.W., «Physiological and psychological effects of Hatha-Yoga exercice on healthy women», *International Journal of Psychosomatics*, 1994, 41, p. 46-52.

10. Malathi A., Damodaran A., «Stress due to exams in medical students : role of yoga», *Indian Journal of Physiology and Pharmacology*, 1999, 43, p. 218-224.

11. Cohen L., Warneke C., Fouladi R.T., Rodriguez M.A., Chaoul-Reich A., «Psychological adjustment and sleep quality in a randomized trial of the effects of a Tibetan yoga intervention in patients with lymphoma», *Cancer*, 2004, 100, p. 2253-2260; Platania-Scolazzo A. *et al.*, «Relaxation therapy reduces anxiety in child and adolescent psychiatric patients», *Acta Paedopsychiatrica*, 1992, 55, p. 115-120; Khumar S.S., Kaur P., Kaur S., «Effectiveness of Shavasana on depression among university students», *Indian Journal of Clinical Psychology*, 1993, 20, p. 82-87; Woolery A., Myers H., Sternlieb B., Zeltzer L., «A yoga intervention for young adults with elevated symptoms of

depression», *Alternative Therapies in Health and Medicine*, 2004, 10, p. 60-63; Shaffer H.J., LaSalvia T.A., Stein J.P., «Comparing Hatha Yoga with dynamic group psychotherapy for enhancing methadone maintenance treatment : a randomized clinical trial», *Alternative Therapies in Health and Medicine*, 1997, 3, p. 57-66; Gopinath K.S., Rao R., Raghuram N., Rama Rao N., Shirley T., Vinay C., Chandrashekara S., Srinath B.S. (The Yoga Study Group), «Evaluation of yoga therapy as a psychotherapeutic intervention in breast cancer patients on conventional combined modality of treatment», Bangalore, Bangalore Institute of Oncology, 2003.

12. Ornish D., Scherwitz L., Billings J.H., «Intensive lifestyle changes for reversal of coronary heart disease», *Journal of the American Medical Association*, 1998, 280, p. 23.

13. Manchanda S.C., Narang R., Reddy K.S., Sachdeva U., Prabhakaran D., Dharmanand S., Rajani M., Bijlani R., «Retardation of coronary artherosclerosis with yoga lifestyle intervention», *Journal of the Association of Physicians of India*, 2000, 48, p. 687-694; Mahajan A.S., Reddy K.S., Sachdeva U., «Lipid profile of coronary risk subjects following yogic lifestyle intervention», *Indian Heart Journal*, 1999, 51, p. 37-40; Jatuporn S., Sangwatanaroj S., Saengsiri A.O., Rattanapruks S., Srimahachota S., Uthayachalerm W., Kuanoon W., Panpakdee O., Tangkijvanich P., Tosukhowong P., «Short-term effects of an intensive lifestyle modification program on lipid peroxidation and antioxydant systems in patients with coronary artery disease», *Clinical Hemorheology and Microcirculation*, 2003, 29, p. 429-436.

14. Patal C., North W.R., «Randomized controlled trial of yoga and biofeedback in management of hypertension», *Lancet*, 1975, 2, p. 93-95; Murugesan R., Govindarajulu N., Bera T.K., «Effect of selected yogic practices on the management of hypertension», *Indian Journal of Physiology and Pharmacology*, 2000, 44, p. 207-210.

15. Nagaranthna R., Nagendra H.R., «Yoga for bronchial asthma : a controlled study», *British Medical Journal (Clinical Research Ed.)*, 1985, 291, p. 1077-1079; Nagendra H.R., Nagaranthna R., «An integrated approach of yoga therapy for bronchial asthma : a 3-54-month prospective study», *Journal of Asthma*, 1986, 23, p. 123-137; Jain S.C., Rai L., Valecha A., Jha U.K., Bhatnagar S.O., Ram K., «Effect of yoga training on exercice tolerance in adolescents with chilhood asthma», *Journal of Asthma*, 1991, 28, p. 437-442; Ram F.S., Holloway E.A., Jones P.W., «Breathing retaining for asthma», *Respiratory Medicine*, 2003, 97, p. 501-507.

16. Taneja I., Deepak K.K., Poojary G., Acharya I.N., Pnadey R.M., Sharma M.P., «Yogic versus conventional treatment in diarrhea-predominant irritable bowel syndrome : a randomized control study», *Applied Psychophysiology and Biofeedback*, 2004, 29, p. 19-33.

17. Ross R., «Yoga therapy», *in* Leskowitz E.D. (éd.), *Complementary and Alternative Medicine in Rehabilitation*, New York, Churchill Livingstone, 2003.

18. Bhargava R., Gogate M.G., Mascarenhas J.F., «Autonomic response to breath holding and its variations following pranayama», *Indian Journal of Physiology and Pharmacology*, 1988, 32, p. 257-264.

19. Site Web de Sri Shyam-ji Bhatnagar : www.innertuning.org.

20. Klein R., Armitage R., «Rhythms in human performances : one-and-a-half-hour oscillations in cognitive style», *Science*, 1979, 204, p. 1326-1328.

21. Werntz D., Bickford R., Bloom F., Shannahoff-Khalsa D., «Alternating cerebral hemispheric activity and lateralization of autonomic nervous function», *Human Neurobiology*, 1982, 2, p. 225-229; Telles S., Nagarathna R., Nagendra H.R., «Breathing through a particular nostril can alter metabolism and autonomic activities», *Indian Journal of Physiology and Pharmacology*, 1994, 38, p. 133-137.

22. Shannahoff-Khalsa D., «Lateralized rhythms of the central and autonomic nervous systems», *International Journal of Psychophysiology*, 1991, 11, p. 225-251; Werntz D., Bickford R., Shannahoff-Khalsa D., «Selective hemispheric stimulation by unilateral forced nostril breathing», *Human Neurobiology*, 1982, 6, p. 165-171; Stancak A., Kuna M., «EEG changes during forced alternate nostril breathing», *International Journal of Psychophysiology*, 1994, 18, p. 75-79.

23. Osowiec D., *Ultradian Rhythms in Self-Actualization, Anxiety, and Stress-Related Somatic Symptoms*, thèse de doctorat non publiée, California Institute of Integral Studies.

24. Satyananda P., *Swara Yoga*, Chesley, Swam Editions, 2000; Johari H., *Breath, Mind and Consciousness*, Rochester, VT, Destiny Books, 1989.

25. Reinberg A., Labrecque G., Smolensky M., *Chronobiologie et chronothérapeutique*, Paris, Flammarion, 1991.

26. Weitzman E.D., Zimmerman J.C., Czeisler C.A., Ronda J., «Cortisol secretion is inhibited during sleep in normal man», *Journal of Clinical Endocrinology and Metabolism*, 1983, 56, p. 352-358.

27. Rossi E.L., *The Psychobiology of Mind-Body Healing*, New York, Norton, 1993 (traduction française : *Psychobiologie de la guérison*, Barret-sur-Méouge, Le Souffle d'or, 2002).

28. Coudron O., *Les Rythmes du corps. Chronobiologie et santé*, Paris, Nil Éditions, 1997, p. 112.

11 – DERRIÈRE LES CROYANCES DU NEW AGE

1. Vernette J., *Le XXIe siècle sera mystique ou ne sera pas*, Paris, PUF, 2002, p. 75.

2. Lenoir F., *La Rencontre du bouddhisme et de l'Occident*, Paris, Fayard, 1999.

3. Krieger D., *Accepting Your Power to Heal : The Personal Practice of Therapeutic Touch*, Santa Fe, NM, Bear and Company Inc., 1993; Krieger D., *The Therapeutic Touch : How to Use Your Hands to Help or Heal*, New York, Simon & Shuster, 1979.

4. Anderson E.Z., « Therapeutic touch », *in* Davis C.M. (éd.), *Complementary Therapies in Rehabilitation : Evidence for Efficacy in Therapy, Prevention, and Wellness*, Thorofare, Slack Inc., 2004.

5. Rosa L., Rosa R., Sarner L., Barrett S., « A close look at therapeutic touch », *Journal of the American Medical Association*, 1998, 279, p. 1005-1010.

6. Achterberg J., « Clearing the air in the therapeutic touch controversy », *Alternative Therapies in Health and Medicine*, 1998, 4, p. 100 ; Leskowitz E.D., « Undebunking therapeutic touch », *Alternative Therapies in Health and Medicine*, 1998, 4, p. 101-102.

7. Ireland M., « Therapeutic touch with HIV-infected children : a pilot study », *Journal of the Association of Nursing in AIDS Care*, 1998, 9, p. 68 ; Kramer N.A., « Comparison of therapeutic touch and causal touch in stress reduction of hospitalized children », *Pediatric Nursing*, 1990, 16, p. 483-485 ; Quinn J.F., Strelkauskas A.J., « Psychoimmunologic effects of therapeutic touch on practitioners and recently bereaved recipients : a pilot study », *Advances in Nursing Science*, 1993, 15, p. 13-26 ; Heidt P., « Effect of therapeutic touch on the anxiety level of hospitalized patients », *Nursing Research*, 1981, 30, p. 32-37 ; Turner J.G., Clarck A.J., Gauthier D.K., Williams M., « The effect of therapeutic touch on pain and anxiety in burn patients », *Journal of Advanced Nursing*, 1998, 28, p. 10-28 ; Gagne D., Toye R.C., « The effects of therapeutic touch and relaxation therapy in reducing anxiety », *Archives of Psychiatric Nursing*, 1984, 8, p. 184-187 ; Simington J.A., Laing G.P., « Effects of therapeutic touch on anxiety in the institutionalized elderly », *Clinical Nursing Research*, 1993, 2, p. 184-187 ; Lin Y., Taylor A.G., « Effects of therapeutic touch in reducing pain and anxiety in an elderly population », *Integrative Medicine*, 1998, 1, p. 155-162 ; Samarel N., Fawcett J., Davis M.M., Ryan F.M., « Effects of dialogue and therapeutic touch on preoperative and postoperative experiences of breast cancer surgery : an exploratory study », *Oncology Nursing Forum*, 1998, 25, p. 1369-1376.

8. Leskowitz E.D., « Phantom limb pain treated with therapeutic touch : a case report », *Archives of Physical Medicine and Rehabilitation*, 2000, 81, p. 552-524 ; Peck S.D., « The effectiveness of therapeutic touch for decreasing pain in elders with degenerative arthritis », *Journal of Holistic Nursing*, 1997, 15, p. 176-198 ; Gordon A., Merenstein J.H., D'Amico F., Hudgen D., « The effects of therapeutic touch on patients with osteoarthritis of the knee », *The Journal of Family Practice*, 1998, 47, p. 271-276 ; Keller E., Bzdek V.M., « Effects of therapeutic touch on tension headache pain », *Nursing Research*, 1986, 35, p. 102-106 ; Meehan T.C., « Therapeutic touch and postoperative pain : a Rogerian research study », *Nursing Science Quarterly*, 1993, 6, p. 69-78.

9. Warber S., Kile G., Gillepsie B., « "Energy" healing research », *in* Jonas W.B. et Crawford C.C. (éd.), *Healing, Intention, and Energy Medicine : Science, Research, Methods and Clinical Implications*, New York, Churchill Livingstone, 2003.

10. Austin J.A., Harkness E., Ernest E., « The efficacy of "distant healing" : a systematic review of randomized trials », *Annals of Internal Medicine*, 2000, 132, p. 903-910.

11. Mackay N., « Autonomic nervous system changes during reiki treatment : a preliminary study », *Journal of Alternative and Complementary Medicine*, 2004, 10, p. 1077-1081.

12. Wardell D.W., Engebreston J., « Biological correlates of Reiki Touch healing », *Journal of Advanced Nursing*, 2001, 3, p. 439-445.

13. Wirth D.P., Chang R.J., Eidelman W.S., Paxton J.B., « Hematological indicators of complementary healing intervention », *Complementary Therapies in Medicine*, 1996, 4, p. 4-20.

14. Olson K., Hanson J., « Using Reiki to manage pain : a preliminary report », *Cancer Prevention and Control*, 1997, 1, p. 108-113 ; Wirth D.P., Brelan D.R., Levine R.J., Rodriguez C.M., « The effect of complementary healing therapy on postoperative pain after surgical removal of impacted third molar teeth », *Complementary Therapies in Medicine*, 1993, 1, p. 133-138 ; Wirth D.P., Richardson J.T., Eidelman W.S., « Wound healing and complementary therapies : a review », *The Journal of Alternative and Complementary Medicine*, 1996, p. 493-502 ; Bullock M., « Reiki : a complementary therapy for life », *American Journal of Hospice and Palliative Care*, 1997, 14, p. 31-33.

15. Singg S., « Reiki : an alternative and complementary healing therapy », *in* Davis C.M. (éd.), *Complementary Therapies in Rehabilitation : Evidence for Efficacy in Therapy, Prevention, and Wellness*, Thorofare, NJ, Slack Inc., 2004.

16. Dressen L.J., Singg S., « Effects of Reiki on pain and select affective and personality variables of chronically ill patients », *Subtle Energies & Energy Medicine*, 1998, 9, p. 51-82 ; Singg S., Dressen L.J., « Desirable self-perceived psychophysiological changes in chronically ill patients : an experimental study of Reiki », présenté à la 9ᵉ conférence annuelle de l'International Society for Study of Subtle Energies and Energy Medicine, juin 1999, Boulder, Colorado.

17. Mansour A.A., Beuche M., Laing G., Leis A., Nurse J., « A study to test the effectiveness of placebo Reiki standardization procedures developed for a planned Reiki efficacy study », *Journal of Alternative and Complementary Medicine*, 1999, 5, p. 153-164.

18. Alandydy P., Alandydy K., « Using Reiki to support surgical patients », *Journal of Nursing Care Quality*, 1999, 13, p. 89-91.

19. Rand W.L., « Reiki news articles : the International Center for Reiki Training. Reiki in hospitals », consultable sur http://www.reiki.org/reikinews/reiki_in_hospitals.html ; Barnett L., Chambers M., *Reiki Energy Medicine : Bringing Healing Touch into Home, Hospital, and Hospice*, Rochester, VT, Healing Arts Press, 1996 ; Sawyer J., « The first Reiki practitioner in our OR », *Association of Operating Room Nurses Journal*, 1998, 67, p. 674-677 ; Wing J., Wolf A., « How we got Reiki into the hospital », *Reiki News*, 28-29 septembre 2000 ; Miles P., True G., « Reiki – review of a biofield therapy. History, theory, practice, and research », *Alternative Therapies*, 2003, 9, p. 62-72.

20. Motz J., *Hands of Life*, New York, Bantam, 1998; Oz M., *Healing from the Heart*, New York, Dutton, 1999.

21. Brennan A.B., *Hands of Light*, New York, Bantam, 1987 (traduction française : *Le Pouvoir bénéfique des mains*, Paris, Tchou, 1993); Brennan A.B., *Light Emerging*, New York, Bantam, 1993 (traduction française : *Guérir par la lumière*, Paris, Tchou, 1995).

22. Williams H., Pembroke A., «Sniffer dogs in the melanoma clinic?», *Lancet*, 1989, 1, p. 734; Church J., Williams H., «Another sniffer dog for the clinic?», *Lancet*, 2001, 358, p. 930; Phillips M., Gleeson K., Hughes J.M., Greenberg J., Cataneo R.N., Baker L., «Volatile compounds in breath as a marker of lung cancer : a cross-sectional study», *Lancet*, 1999, 353, p. 2897-2898; Phillips M., Cataneo R.N., Ditkoff B.A., Fisher P., Greenberg J., Gunawardena R., «Volatile markers of breast cancer in the breath», *Breast Journal*, 2003, 9, p. 184-191.

23. Willis C.M., Church S.M., Guest C.M., Cook W.A., McCrathy N., Bransbury A.J., Church M.R.T., Church J.C.T., «Olfactory detection of human bladder cancer by dogs : proof of principle study», *British Medical Journal*, 2004, 329, p. 712-715.

24. Benor D.J., *Spiritual Healing : Scientific Validation of a Healing Revolution (Healing Research Vol. I)*, Southfield, Vision Publication, 2001.

25. Wirth D.P., «The effect of non-contact therapeutic touch on the healing rate of full thickness dermal wounds», *Subtle Energies*, 1992, 1, p. 1; Wirth D.P., Richardson J.T., Eidelman W.S., O'Malley A.C., «Full thickness dermal wounds treated with non-contact therapeutic touch : a replication and extension», *Complementary Therapies in Medicine*, 1993, 1, p. 127-132; Wirth D.P., Barrett M.J., Eidelman W.S., «Non-contact therapeutic touch and cound re-epithelializational : an extension of previous research», *Complementary Therapies in Medicine*, 1994, 2, p. 187-192; Wirth D.P., Richardson J.T., Martinez R.D., Eidelman W.S., Lopez M.E., «Non-contact therapeutic touch intervention and full-thickness cutaneous wounds : a replication», *Complementary Therapies in Medicine*, 1996, 4, p. 237-240.

26. Ginandes C.S., Rosenthal D.I., «Using hypnosis to accelerate the healing of bone fractures : a randomized controlled pilot study», *Alternative Therapies*, 1999, 5.

27. Ginandes C., Brooks P., Sando W., Jones C., Aker J., «Can medical hypnosis accelerate post-surgical wound healing : result of a clinical trial», *American Journal of Clinical Hypnosis*, 2003, 45, p. 333-351.

28. Cha K.Y., Wirth D.P., Lobo R.A., «Does prayer influence the success of in vitro fertilization-embryo transfer?», *Journal of Reproductive Medicine*, 2001, 46, p. 781-787.

29. Flamm B.L., «Faith healing by prayer : review of Cha K.Y., Wirth D.P., Lobo R.A., "Does prayer influence the success of in vitro fertilization-embryo transfer?"», *Scientific Review of Alternative Medicine*, 2002, 6, p. 47-50; Flamm B.L., «Faith healing confronts modern medicine», *Scientific Review of Alternative Medicine*, 2004, 8, p. 9-14.

30. Cohen D., « Magnetic fields around the torso : production by electrical activity of the human heart », *Science*, 1967, 156, p. 652-654.

31. Cohen D., « Magnetoencephalography : detection of the brain's electrical activity with a superconducting magnetometer », *Science*, 1972, 175, p. 664-666.

32. Oschman J.L., *Energy Medicine : The Scientific Basis*, Édimbourg, Churchill Livingstone, 2000.

33. Bassett C.A.L., Mitchell S.N., Gaston S.R., « Pulsing electromagnetic field treatment in ununited fractures and failed arthrodeses », *Journal of the American Medical Association*, 1982, 247, p. 623-628 ; Bassett C.A.L., « Bioelectromagnetics in the service of medicine », in *Electromagnetic Fields : Biological Interactions and Mechanisms. Advances in Chemistry Series 250*, American Chemical Society, Washington, DC, 1995, p. 261-275.

34. Sisken B.F., Walker J., « Therapeutic aspects of electromagnetic fields for soft-tissue healing », in *Electromagnetic Fields : Biological Interactions and Mechanisms. Advances in Chemistry Series 250*, American Chemical Society, Washington, DC, 1995, p. 277-285.

35. Zimmerman J., « Laying-on-of-hands healing and therapeutic touch : a testable theory », *BEMI Currents. Journal of the Bio-Electro-Magnetics Institute*, 1990, 2, p. 8-17 (disponible auprès du Dr John Zimmerman, 2490 West Moana Lane, Reno, Nevada 89509-3936, États-Unis ; voir aussi son article publié en 1985 : « New technologies detect effects of healing hands », *Brain/Mind Bulletin*, 30 septembre, 10, p. 3).

36. Seto A., Kusaka C., Nakazato S. *et al.*, « Detection of extraordinary large bio-magnetic field strength from human hand », *Acupuncture and Electro-Therapeutics Research International Journal*, 1992, 17, p. 75-94.

37. Beck R., « Mood modification with ELF magnetic fields : a preliminary exploration », *Archaeus*, 1986, 4, p. 48.

38. Galejs J., *Terrestrial Propagation of Long Electromagnetic Waves*, Oxford, Pergamon Press, 1972 ; Balser M., Wagner C.A., « Observation of earth : ionosphere cavity resonances », *Nature*, 1960, 188, p. 4751.

39. Direnfeld L.K., « The genesis of the EEG and its relation to electromagnetic radiation », *Journal of Bioelectricity*, 1983, 2, p. 111-121 ; Gould, « Magnetic field sensitivity in animals », *Annual Review of Physiology*, 1984, 46, p. 585-598 ; Gaugelin M., *The Cosmic Clock*, New York, Avon Books, 1984.

40. Oschman J.L., *Energy Medicine. The Scientific Basis*, Édimbourg, Churchill Livingstone, 2000.

41. Friedenberg R., Reese W., Reading W.H., « Detector device and process for detecting ovulation », United States Patent 3 924 609, 9 décembre 1975.

42. McCraty R., Atkinson M., Tomasino D., Tiller W., « The electricity of touch : detection and measurement of cardiac energy exchange between people », *in* Pribram K. (éd.), *Brain and Values : Is a Biological Science of Values Possible ?*, Mahwah, NJ, Lawrence Erlbaum Associates, 1998, p. 359-379.

43. Russek L.G., Schwartz G.E., « Interpersonal heart-brain registration and the perception of parental love : a 42-year follow up of the Harvard

Mastery of Stress Study», *Subtle Energies*, 1994, 5, p. 195-208; Russek L.G., Schwartz G.E., «Energy cardiology : a dynamical energy systems approach for integrating conventional and alternative medicine», *The Journal of Mind-Body Health*, 1996, 12, p. 4-24.

44. Tiller W., McCraty R., Atkinson M., «Cardiac coherence : a new, noninvasive measure of autonomic nervous system order», *Alternative Therapies in Health and Medicine*, 1996, 2, p. 52-65; McCraty R., *The Energetic Heart. Bioelectromagnetic Interactions Within and Between People*, Boulder Creek, CA, Institute of HeartMath, 2003 (disponible sur commande : http://www.heartmath.org).

45. Hatfield E., *Emotional Contagion*, New York, Cambridge University Press, 1994; Levenson R.W., Ruef A.M., «Physiological aspects of emotional knowledge and rapport», *in* Ickes W. (éd.), *Empathic Accuracy*, New York, Guilford Press, 1997; Reidbord S.P., Redington D.J., «Nonlinear analysis of autonomic responses in a therapist during psychotherapy», *Journal of Nervous and Mental Disease*, 1993, 181, p. 428-435; Robinson J., Herman A., Kaplan B., «Autonomic responses correlate with counselor-client empathy», *Journal of Counseling Psychology*, 1982, 29, p. 195-198.

46. Jonas W.B., Crawford C.C. (éd.), *Healing, Intention and Energy Medicine : Science, Research Methods and Clinical Implications*, New York, Churchill Livingstone, 2003, p. 107; Lee M.S., Huh H.J., Jang H.S. *et al.*, «Effects of emitted Qi on in vitro natural killer cell cytotoxicity activity», *American Journal of Chinese Medicine*, 2001, 29, p. 17-22.

47. Lu Z., *Scientific Qigong Exploration : The Wonders and Mysteries of Qi*, Malvern, PA, Amber Leaf Press, 1997.

48. Jonas W.B., Crawford C.C. (éd.), *Healing, Intention and Energy Medicine. Science, Research Methods and Clinical Implications*, New York, Churchill Livingstone, 2003, p. 39-57.

Conclusion

1. Million Women Study Collaborators, «Breast cancer and hormone replacement therapy in the million women study», *Lancet*, 2003, 362, p. 419-427.

2. Servan-Schreiber D., *Guérir le stress, l'anxiété et la dépression sans médicaments ni psychanalyse*, Paris, Robert Laffont, 2003.

3. Johnson P., *The Birth of the Modern*, New York, Harper Perennial, 1991; Randall J.H., *The Making of the Modern Mind*, Cambridge, MA, Houghton Mifflin, 1940.

4. Mokdad A.H., Marks J.S., Stroup D.F., Gerberding J.L., «Actual causes of death in the United States, 2000», *Journal of the American Medical Association*, 2004, 291, p. 1238-1241.

5. Rifkin J., *The European Dream : How Europe's Vision of the Future is Quietly Eclipsing the American Dream*, New York, Penguin, 2004 (traduction

française : *Le Rêve européen, ou comment l'Europe se substitue peu à peu à l'Amérique dans notre imaginaire*, Paris, Fayard, 2005, p. 102-118).

6. Ray P.H., Anderson S.R., *The Cultural Creatives : How 50 Millions People Are Changing the World*, New York, Harmony Books, 2000 (traduction française : *L'Émergence des créatifs culturels*, Barret-le-Bas, Éditions Yves Michel, 2001, p. 337-340).

7. Ray P.H., Anderson S.R., *The Cultural Creatives : How 50 Millions People Are Changing the World*, New York, Harmony Books, 2000 (traduction française : *L'Émergence des créatifs culturels*, Barret-le-Bas, Éditions Yves Michel, 2001).

8. Luyckx Ghisi M., *Au-delà de la modernité, du patriarcat et du capitalisme*, Paris, L'Harmattan, 2001, p. 84.

9. Rosnay J. de, *L'Homme symbiotique*, Paris, Seuil, 1995, p. 370 (traduction américaine : *The Symbiotic Man*, New York, McGraw-Hill, 2000).

10. Weil A., *Spontaneous Healing*, New York, Alfred Knopf Inc., 1995 (traduction française : *Le Corps médecin*, Paris, J'ai lu, 2000, p. 371).

11. *La Recherche*, juin 2004, n° 376, p. 32.

12. Kitano H., «Systems biology : a brief overview», *Science*, 2002, 295, p. 1662.

13. Fields D.R., «The other half of the brain», *Scientific American*, 2004, 290 (4), p. 27-33 (traduction française : «La moitié oubliée du cerveau», *Pour la science*, septembre 2004, p. 56-61).

14. Holmes M.D., Chen W.Y., Feskanich D., Kroenke C.H., Colditz G.A., «Physical activity and survival after breast cancer diagnosis», *Journal of the American Medical Association*, 2005, 293, p. 2479-2486.

15. Strauss L., *Natural Right and History*, Chicago, University of Chicago Press, 1950, p. 315 (traduction française : *Droit naturel et histoire*, Paris, Flammarion, 1986).

Bibliographie

ABRAHAM, Nicolas, TÖRÖK, Maria, *L'Écorce et le noyau*, Paris, Aubier-Flammarion, 1987.

ACHTERBERG, Jeanne, *Imagery in Healing : Shamanism and Modern Medicine*, Boston, Shambhala, 1985.

ALEXANDER, Frederick Matthias, *The Use of the Self and Conscious Constructive Control of the Individual*, Long Beach, Centerline Press, 1984.

—, *Man's Supreme Inheritance*, Long Beach, Centerline Press, 1984.

ANCELIN SCHÜTZENBERGER, Anne, *Aïe, mes aïeux !*, Paris, Desclée de Brouwer, 1993.

ANCELIN SCHÜTZENBERGER, Anne, DEVROEDE, Ghislain, *Ces enfants malades de leurs parents*, Paris, Payot, 2003.

ANSERMET, François, MAGISTRETTI, Pierre, *À chacun son cerveau : plasticité neuronale et inconscient*, Paris, Odile Jacob, 2004.

APOSHYAN, Susan, *Natural Intelligence : Body-Mind Integration and Human Development*, Baltimore, MD, Williams and Wilkins, 1999.

AUSTIN, James H., *Zen and the Brain*, Cambridge, MA, MIT Press, 1998.

BARNETT, Libby, CHAMBERS, Maggie, *Reiki Energy Medicine : Bringing Healing Touch into Home, Hospital, and Hospice*, Rochester, VT, Healing Arts Press, 1996.

BECKER, Robert O., SELDEN, Garry, *The Body Electric : Electromagnetism and the Foundation of Life*, New York, William Morrow and Company, 1985.

BEINFIELD, Harriet, KORNGOLD, Efrem, *Between Heaven and Earth : A Guide to Chinese Medicine*, New York, Ballantine, 1991.

BENSON, Herbert, *The Relaxation Response*, New York, Morrow, 1975.

BERTHERAT, Thérèse, *Le corps a ses raisons : auto-guérison et anti-gymnastique*, Paris, Seuil, 1976.

—, *Les Saisons du corps : garder et regarder la forme*, Paris, Albin Michel, 1985.

BRELET, Claudine, *Médecines du monde : histoire et pratiques des médecines traditionnelles*, Paris, Robert Laffont, 2002.

BRENNAN, Barbara Ann, *Hands of Light*, New York, Bantam, 1987 (traduction française : *Le Pouvoir bénéfique des mains*, Paris, Tchou, 1993).

—, *Light Emerging*, New York, Bantam, 1993 (traduction française : *Guérir par la lumière*, Paris, Tchou, 1995).

BUCHANAN, Gregory McClellan, SELIGMAN, Martin E.P., *Explanatory Style*, Hillsdale, NJ, Lawrence Erlbaum Associates, 1995.

CALLAHAN, Daniel, *The Role of Complementary and Alternative Medicine : Accommodating Pluralism*, Washington, DC, Georgetown University Press, 2002.

CHILDRE, Doc, MARTIN, Howard, *The HeartMath Solution*, New York, Harper Collins, 1999.

COUDRON, Olivier, *Les Rythmes du corps : chronobiologie et santé*, Paris, Nil Éditions, 1997.

CSIKSZENTMIHALYI, Mihaly, *Flow : The Psychology of Optimal Experience*, New York, Harper & Row, 1990 (traduction française : *Vivre. La psychologie du bonheur*, Paris, Robert Laffont, 2004).

DAMASIO, Antonio R., *Descartes' Error : Emotion, Reason, and the Human Brain*, New York, Avon Books, 1994 (traduction française : *L'Erreur de Descartes*, Paris, Odile Jacob, 1995).

DAVIS, Carol M. (éd.), *Complementary Therapies in Rehabilitation : Evidence for Efficacy in Therapy, Prevention, and Wellness*, Thorofare, NJ, Slack Inc., 2004.

DEVROEDE, Ghislain, *Ce que les maux de ventre disent de notre passé*, Paris, Payot, 2003.

DRANSART, Philippe, *La maladie cherche à me guérir*, Grenoble, Le Mercure dauphinois, 1999.

ERICKSON, Milton, ROSSI, Ernest L., *Experiencing Hypnosis : Therapeutic Approaches to Altered States*, New York, Irvington, 1981.

FELDENKRAIS, Moshe, *The Potent Self. A Guide to Spontaneity*, San Francisco, Harper & Row, 1985.

—, *Body Awareness as Healing Therapy : The Case of Nora*, Berkeley, Frog Ltd., 1993.

FERRAGUT, Éliane, *Émotion et mémoire. Le corps et la souffrance*, Paris, Masson, 2004.

FIELD, Tiffany (éd.), *Touch in Early Development*, Mahwah, NJ, Lawrence Erlbaum Associates, 1995.

FIELD, Tiffany, *Touch Therapy*, Édimbourg, Churchill Livingstone, 2000.

—, *Touch*, Cambridge, MA, MIT Press, 2001 (traduction française : *Les Bienfaits du toucher*, Paris, Payot, 2003).

FLÈCHE, Christian, *Mon corps pour me guérir : décodage psychobiologique des maladies*, Barret-le-Bas, Le Souffle d'or, 2000.

FRAWLEY, David, *Ayurveda and the Mind*, Twin Lakes, WI, Lotus Press, 1997.

FREUD, Sigmund, *Studies on Hysteria* (1895), in *Penguin Freud Library*, vol. 3, Harmondsworth, Penguin, 1974.

FRIEDMAN, Meyer, ROSENMAN, Ray, *Type A Behavior and Your Heart*, New York, Knopf, 1974.

GAMPEL, Yolanda, *Ces parents qui vivent à travers moi*, Paris, Fayard, 2005.

GAUGELIN, Michel, *The Cosmic Clock*, New York, Avon Books, 1984.

GAZZANIGA, Michael, *The Social Brain : Discovering the Networks of the Mind*, New York, Basic, 1985.

GOLDMAN, Daniel, *Emotional Intelligence*, New York, Bantam Books, 1995 (traduction française : *L'Intelligence émotionnelle*, Paris, Robert Laffont, 1997).

—, *Destructive Emotions*, New York, Bantam Books, 2003 (traduction française : *Surmonter les émotions destructrices*, Paris, Robert Laffont, 2003).

GOLDTHWAIT, Joel E., BROWN, Lloyd T., SWAIN, Loring T., KUHNS, John G., *Body Mechanics in the Study and Treatment of Disease*, Philadelphie, J.B. Lippincott, 1934.

GROOPMAN, Jerome, *The Anatomy of Hope : How People Prevail in the Face of Illness*, New York, Random House, 2004 (traduction française : *La Force de l'espoir. Son rôle dans la guérison*, Paris, Jean-Claude Lattès, 2004).

HAMMOND, Pierre, *La Guérison à portée de la main*, Paris, Presses de la Renaissance, 2001.

—, *La Mémoire du corps : l'approche ostéopathique*, Paris, Presses de la Renaissance, 2004.

HARRINGTON, Anne (éd.), *The Placebo Effect. An Interdisciplinary Exploration*, Cambridge, MA, Harvard University Press, 1997.

HATFIELD, Elaine, *Emotional Contagion*, New York, Cambridge University Press, 1994.

HILL, Leonard Erskine, *Philosophy of a Biologist*, Londres, Arnold, 1930.

HIRSHBERG, Caryle, BARASCH, Marc Ian, *Remarkable Recovery*, New York, Riverhead Books, 1995 (traduction française : *Guérisons remarquables*, Paris, Robert Laffont, 1996).

HUNT, Valerie V., *Infinite Mind. Science of the Human Vibrations of Consciousness*, Malibu, CA, Malibu Publishing Co., 1996.

ICKES, William (éd.), *Empathic Accuracy*, New York, Guilford Press, 1997.

JAMES, William, *The Principles of Psychology*, Cambridge, MA, Harvard University Press, 1981.

JANOV, Arthur, *Why You Get Sick and How You Get Well*, West Hollywood, CA, Dove Books, 1996 (traduction française : *Le corps se souvient*, Monaco, Éditions du Rocher, 1997).

—, *The Biology of Love*, New York, Prometheus Books, 2000 (traduction française : *La Biologie de l'amour*, Monaco, Éditions du Rocher, 2001).

JOHARI, Harish, *Breath, Mind, and Consciousness*, Rochester, VT, Destiny Books, 1989.

JOHNSON, Paul, *The Birth of the Modern*, New York, Harper Perennial, 1991.

JONAS, Wayne B., CRAWFORD, Cindy C. (éd.), *Healing, Intention, and Energy Medicine : Science, Research Methods and Clinical Implications*, New York, Churchill Livingstone, 2003.

JUHAN, Deane, *Job's Body : A Handbook for Bodywork*, New York, Station Hill Press, 1987.

JUNG, Carl Gustav, *Collected Works of C.G. Jung*, 2ᵉ éd., vol. 2, Princeton, NJ, Princeton University Press, 1972.

KAWADA, Yuichi, KARCHER, Stephen, *Essential Shiatsu*, Londres, Time Warner Books, 2002.

KRIEGER, Dolores, *The Therapeutic Touch : How to Use Your Hands to Help or Heal*, New York, Simon & Shuster, 1979.

—, *Accepting Your Power to Heal : The Personal Practice of Therapeutic Touch*, Santa Fe, NM, Bear and Company Inc., 1993.

LEDOUX, Joseph, *The Emotional Brain*, New York, Simon & Schuster, 1996 (traduction française : *Le Cerveau des émotions*, Paris, Odile Jacob, 2005).

LENOIR, Frédéric, *La Rencontre du bouddhisme et de l'Occident*, Paris, Fayard, 1999.

LERNER, Michael, *Choices in Healing : Integrating the Best of Conventional and Complementary Approaches to Cancer*, Londres, MIT Press, 1996.

LESKOWITZ, Eric D. (éd.), *Complementary and Alternative Medicine in Rehabilitation*, New York, Churchill Livingstone, 2003.

LÉVI-STRAUSS, Claude, *Anthropologie structurale*, Paris, Plon, 1958 (traduction anglaise : *Structural Anthropology*, Garden City, NY, Anchor Books, 1967).

LEWIS, Dennis, *The Tao of Natural Breathing*, San Francisco, Mountain Wind Publishing, 1998.

LIANG, T.T., *T'ai Chi Ch'uan for Health and Self-Defense : Philosophy and Practice*, New York, Vintage Books, 1977.

LOWEN, Alexander, *The Language of the Body*, New York, Macmillan, 1971.

—, *Bioenergetics*, New York, Penguin Books, 1975.

—, *The Vibrant Way to Health : A Manual of Exercices*, New York, Harper & Row, 1977.

LU, Gwei-Djen, NEEDHAM, Joseph, *Celestial Lancets : A History and Rationale of Acupuncture and Moxa*, Cambridge, Cambridge University Press, 1980.

LU, Zuyin, *Scientific Qigong Exploration : The Wonders and Mysteries of Qi*, Malvern, PA, Amber Leaf Press, 1997.

LUYCKX GHISI, Marc, *Au-delà de la modernité, du patriarcat et du capitalisme*, Paris, L'Harmattan, 2001.

MARTEL, Jacques, *Le Grand Dictionnaire des malaises et des maladies*, Aubagne, Éditions Quintessence, 1998.

MASSON, J. (éd.), *The Complete Letters of Sigmund Freud to Wilhelm Fliess*, Harvard, MA, Belknap, 1985.

MATTINGLY, Cheryl, GARRO, Linda C. (éd.), *Narrative and the Cultural Construction of Illness and Healing*, Berkeley, CA, University of California Press, 2000.

MICOZZI, Marc S. (éd.), *Fundamentals of Complementary and Alternative Medicine*, New York, Churchill Livingstone, 1996.

MOERMAN, Daniel, *Meaning Medicine and the « Placebo Effect »*, Cambridge, Cambridge University Press, 2002.

MONTAGU, Ashley, *Touching. The Human Significance of the Skin*, New York, Harper & Row, 1986 (traduction française : *La Peau et le toucher. Un premier langage*, Paris, Seuil, 1979).

MOTZ, Julie, *Hands of Life*, New York, Bantam, 1998.

NATHAN, Bevis, *Touch and Emotion in Manual Therapy*, Édimbourg, Churchill Livingstone, 1999.

NATHAN, Tobie, STENGERS, Isabelle, *Médecins et sorciers*, Paris, Les Empêcheurs de penser en rond, 1999.

NOGIER, Paul, *De l'auriculothérapie à l'auriculomédecine*, Paris, Maisonneuve et Larose, 1998.

ODOUL, Michel, *Dis-moi où tu as mal, je te dirai pourquoi*, Paris, Albin Michel, 2002.

ORNISH, Dean, *Love and Survival : 8 Pathways to Intimacy and Health*, New York, Harper Perennial, 1998.

OSCHMAN, James L., *Energy Medicine : The Scientific Basis*, Édimbourg, Churchill Livingstone, 2000.

—, *Energy Medicine in Therapeutics and Human Performance*, Philadelphie, Butterworth Heinemann, 2003.

OZ, Mehmet, *Healing from the Heart*, New York, Dutton, 1999.

PAYER, Lynn, *Medicine and Culture*, New York, Holt, 1988.

PENNEBAKER, James W., *Opening Up. The Healing Power of Confiding in Others*, New York, W.M. Morrox & Co., 1990.

PERLMAN, Adam (éd.), *Complementary and Alternative Medicine*, Philadelphie, W.B. Saunders Company, *The Medical Clinics of North America*, vol. 86, n° 1, janvier 2002.

PERRIN, Louis, *Le Psychisme, le stress et l'immunité. La santé est en nous*, Paris, Odile Jacob, 2003.

PERT, Candace B., *Molecules of Emotion. The Science Behind Mind-Body Medicine*, New York, Touchstone, 1997.

PETERS, David (éd.), *Understanding the Placebo Effect in Complementary Medicine : Theory, Practice, and Research*, Édimbourg, Churchill Livingstone, 2001.

PHILLIPS, Maggie, *Finding the Energy to Heal : How EMDR, Hypnosis, TFT, Imagery, and Body-Focused Therapy Can Help Restore Mind-Body Health*, New York, Norton, 2000.

PILATES, Joseph H., *Return to Life Through Contrology*, New York, J.J. Augustin, 1945.

PRIBRAM, Karl (éd.), *Brain and Values : Is a Biological Science of Values Possible?*, Mahwah, NJ, Lawrence Erlbaum Associates, 1998.

RAMEY, David W., ROLLIN, Bernard E., *Complementary and Alternative Veterinary Medicine Considered*, Ames, IA, Iowa State Press, 2004.

RANDALL, John Herman Jr., *The Making of the Modern Mind*, Cambridge, MA, Houghton Mifflin, 1940.

RAY, Paul H., ANDERSON, Sherry Ruth, *The Cultural Creatives : How 50 Millions People are Changing the World*, New York, Harmony Books, 2000 (traduction française : *L'Émergence des créatifs culturels*, Barret-le-Bas, Éditions Yves Michel, 2001).

REICH, Wilhelm, *Character Analysis*, New York, Touchstone, 1972.

REINBERG, Alain, LABRECQUE, Gaston, SMOLENSKY, Michael, *Chronobiologie et chronothérapeutique*, Paris, Flammarion, 1991.

REUTER, Liliane, *Votre esprit est votre meilleur médecin*, Paris, Robert Laffont, 1999.

RICARD, Matthieu, *Le Moine et le Philosophe*, Paris, Nil Éditions, 1997.

—, *Plaidoyer pour le bonheur*, Paris, Nil Éditions, 2003.

RICH, Grant Jewell (éd.), *Massage Therapy : The Evidence for Practice*, Saint Louis, Mosby, 2002.

RIFKIN, Jeremy, *The European Dream : How Europe's Vision of the Future is Quietly Eclipsing the American Dream*, New York, Penguin, 2004 (traduction française : *Le Rêve européen, ou comment l'Europe se substitue peu à peu à l'Amérique dans notre imaginaire*, Paris, Fayard, 2005).

ROLF, Ida P., *Rolfing : The Integration of Human Structures*, Santa Monica, CA, Dennis-Landman, 1977.

ROSENBERG, Jack Lee, *Body, Self, and Soul : Sustaining Integration*, Atlanta, Humanics Ltd. Partners, 1985 (traduction française : *Le Corps, le soi et l'âme*, Montréal, Éditions Québec Amérique, 1989).

ROSENBERG, Marshall, *Nonviolent Communication : A Language of Compassion*, Del Mar, CA, PuddleDancer Press, 1999 (traduction française : *Les mots sont des fenêtres (ou bien ce sont des murs)*, Paris, La Découverte & Syros, 1999).

ROSNAY, Joël de, *L'Homme symbiotique*, Paris, Seuil, 1995 (traduction américaine : *The Symbiotic Man*, New York, McGraw-Hill, 2000).

ROSSI, Ernest L., *The Psychobiology of Mind-Body Healing : New Concepts of Therapeutic Hypnosis*, New York, Norton, 1993 (traduction française : *Psychobiologie de la guérison*, Barret-sur-Méouge, Le Souffle d'or, 2002).

—, *The Psychobiology of Gene Expression : Neuroscience and Neurogenesis in Hypnosis and the Healing Arts*, New York, Norton, 2002.

SAINTE-ROSE, Maurice, *La Santé au bout des doigts. L'ostéopathie, médecine moderne*, Paris, Robert Laffont, 2000.

SANDOZ, Thomas, *Histoires parallèles de la médecine*, Paris, Seuil, 2005.

SATYANANDA, Paramahamsa, *Swara Yoga*, Chesley, Swam Editions, 1998.

SCHLITZ, Marilyn, AMOROK, Tina, MICOZZI, Marc (éd.), *Consciousness and Healing : Integral Approach to Mind-Body Medicine*, Saint Louis, MO, Elsevier Churchill Livingstone, 2005.

SCHWARTZ, Gary E.R., RUSSEK, Linda G.S., *The Living Energy Universe*, Charlottesville, VA, Hampton Roads, 1999.

SELIGMAN, Martin E.P., *Authentic Happiness. Using the New Positive Psychology to Realize Your Potential for Lasting Fulfilment*, New York, The Free Press, Simon & Schuster, 2002.

SELLAM, Salomon, *Origines et prévention des maladies*, Aubagne, Éditions Quintessence, 2000.

SELYE, Hans, *The Stress of Life*, New York, McGraw-Hill, 1978.

SERVAN-SCHREIBER, David, *Guérir le stress, l'anxiété et la dépression sans médicaments ni psychanalyse*, Paris, Robert Laffont, 2003.

SHAPIRO, Debbie, *Your Body Speaks Your Mind*, Londres, Judy Piatkus Pub., 1996 (traduction française : *L'Intelligence du corps*, Saint-Jean-de-Braye, Dangles, 1998).

SHELDON, William H., *The Varieties of Temperament*, New York, Harper & Brothers Publishers, 1942.

SIEGEL, Bernie S., *Peace, Love, and Healing*, New York, Harper & Row, 1989 (traduction française : *Messages de vie : de l'amour à l'autoguérison*, Paris, Robert Laffont, 1991).

SIMONTON, Carl O., MATTHEWS-SIMONTON, Stephanie, CREIGHTON, James, *Getting Well Again*, New York, Bantam, 1978 (traduction française : *Guérir envers et contre tout*, Paris, Desclée de Brouwer, 1990).

SMITH, Edward W.L., *The Body in Psychotherapy*, Jefferson, NC, McFarland & Company, 1985.

SOUZENELLE, Annick de, *Le Symbolisme du corps humain*, Paris, Albin Michel, 1991.

SPIEGEL, Herbert, SPIEGEL, David, *Transe and Treatment : Clinical Uses of Hypnotism*, Washington, DC, American Psychiatric Press Inc., 1978.

STAUNTON, Tree (éd.), *Body Psychotherapy*, Hove, UK, Brunner-Routledge, 2002.

STILL, Andrew Taylor, *Autobiography with a History of the Discovery and Development of the Science of Osteopathy*, New York, Arno Press, 1972.

STONIER, Tom, *Information and the Internal Structure of the Universe*, New York, Springer-Verlag, 1990.

STRAUSS, Leo, *Natural Right and History*, Chicago, University of Chicago Press, 1950 (traduction française : *Droit naturel et histoire*, Paris, Flammarion, 1986).

STUX, Gabriel, HAMMERSCHLAG, Richard (éd.), *Clinical Acupuncture : Scientific Basis*, Berlin, Springer, 2001.

SVOBODA, R., LADE, A., *Tao and Dharma : Chinese Medicine and Ayurveda*, Twin Lakes, WI, Lotus Press, 1995.

TALBOT, Michael, *The Holographic Universe*, New York, Harper Collins, 1991 (traduction française : *L'univers est un hologramme*, Paris, Pocket, 1994).

TILLER, William A., *Science and Human Transformation. Subtle Energies, Intentionality, and Consciousness*, Walnut Creek, CA, Pavior, 1997.

TONNAC, Jean-Philippe de, LENOIR, Frédéric (éd.), *La Mort et l'immortalité. Encyclopédie des savoirs et des croyances*, Paris, Bayard, 2004.

VAN EERSEL, Patrice, MAILLARD, Catherine, *J'ai mal à mes ancêtres. La psychogénéalogie aujourd'hui*, Paris, Albin Michel, 2002.

VEITH, I., *The Yellow Emperor's Classic of Internal Medicine*, Berkeley, University of California Press, 1973.

VELDMAN, Frans, *Haptonomie, amour et raison*, Paris, PUF, 2004.

VERNETTE, Jean, *Le XXIe siècle sera mystique ou ne sera pas*, Paris, PUF, 2002.

WAINAPEL, Stanley F., FAST, Avital (éd.), *Alternative Medicine and Rehabilitation : A Guide for Practitioners*, New York, Demos Medical Publishing, 2003.

WATKINS, Alan, *Mind-Body Medicine : A Clinician's Guide to Psychoneuroimmunology*, New York, Churchill Livingstone, 1997.

WEIL, Andrew, *Spontaneous Healing*, New York, Alfred Knopf Inc., 1995 (traduction française : *Le Corps médecin*, Paris, J'ai lu, 2000).

WISNESKI, Leonard A., ANDERSON, Lucy, *The Scientific Basis of Integrative Medicine*, Boca Raton, FL, CRC Press, 2005.

ZAJDE, Nathalie, *Souffle sur tous ces morts et qu'ils vivent !*, Grenoble, La Pensée sauvage, 1993.

Index général

Les numéros de page en gras indiquent les passages plus spécifiquement consacrés au thème concerné.

Cet ouvrage a été composé en Times par Palimpseste à Paris

Impression réalisée sur CAMERON par
BRODARD ET TAUPIN
La Flèche

pour le compte des Éditions Fayard
en octobre 2007

Imprimé en France
Dépôt légal : octobre 2007
N° d'édition : 95447 – N° d'impression : 44155
35-57-2751-2/14